CHINA FINANCIAL SECURITY REPORT

中国金融安全报告

2015

金融安全协同创新中心
西南财经大学中国金融研究中心　◎ 著

中国金融出版社

责任编辑：王效端　张菊香
责任校对：张志文
责任印制：丁淮宾

图书在版编目（CIP）数据

中国金融安全报告 2015（Zhongguo Jinrong Anquan Baogao 2015）／金融安全协同创新中心，西南财经大学中国金融研究中心著 . —北京：中国金融出版社，2015.11
ISBN 978 - 7 - 5049 - 8224 - 7

Ⅰ.①中…　Ⅱ.①金…②西…　Ⅲ.①金融风险—风险管理—研究报告—中国—2015
Ⅳ.①F832.1

中国版本图书馆 CIP 数据核字（2015）第 273507 号

出版
发行　**中国金融出版社**

社址　北京市丰台区益泽路 2 号
市场开发部　（010）63266347，63805472，63439533（传真）
网 上 书 店　http：//www.chinafph.com　（010）63286832，63365686（传真）
读者服务部　（010）66070833，62568380
邮编　100071
经销　新华书店
印刷　北京市松源印刷有限公司
尺寸　185 毫米 ×260 毫米
印张　11.5
字数　252 千
版次　2015 年 11 月第 1 版
印次　2015 年 11 月第 1 次印刷
定价　32.00 元
ISBN 978 - 7 - 5049 - 8224 - 7/F. 7784
如出现印装错误本社负责调换　联系电话（010）63263947
编辑部邮箱：jiaocaiyibu@126.com

编 委 会

自　序

经过长期的培育、组建与探索，2012年8月25日，由西南财经大学倡议并牵头，中国人民大学、武汉大学、国家审计署、中国银行业监督管理委员会等联合发起成立了"金融安全协同创新中心"。本着"深度融合、动态开放、优势互补、资源共享、持续发展"的建设原则，中心紧密结合国家金融安全领域的重大战略需求和学术前沿发展，提供高水平研究成果，推动高层次拔尖创新人才培养，提升国内金融学科实力，为中国金融业的科学发展提供智力支持。

金融安全不仅是现代金融学研究的基本问题，也是现代国家安全的重要组成部分。当前，国际国内形势正在发生着深刻的变化。从国际形势来看，第三次工业革命极大地推动了人类社会经济、政治、文化领域的变革，在世界政治多极化、经济全球化和社会信息化三大趋势的推动下，国际政治经济形势更加复杂，大国博弈更加剧烈。从国内形势来看，中国经济发展进入了新的阶段，但结构性问题仍然突出，"中等收入陷阱"隐患犹存，金融体系建设还不完善，金融市场的运行机制还不健全，伴随国内经济转型所形成的系统性金融风险和区域性金融风险因素也在不断累积，这一系列因素造成了中国的金融安全形势仍然严峻。也正因如此，如何评估我国金融风险及金融安全状态，并及时预警金融危机就显得尤为重要。

《中国金融安全报告》是金融安全协同创新中心自成立以来所开展的一项重要研究工作，自2014年始，每年度持续跟踪发布。报告分为两个部分：一是编制中国金融安全指数，对中国金融安全状态进行评估，并对中国未来金融安全隐患进行分析；二是针对当年影响金融安全的重要事件进行专题分析。专题研究仅代表专题作者本人观点，文责自负，不代表金融安全指数编制团队的观点。

报告编制过程中，金融安全协同创新中心的十几位研究员在反复论证报告框架的基础上，分赴国内几十家重要金融机构和监管部门开展调研，在获得了大量一手信息并深刻理解各个金融领域的实际安全状况之后，开始该报告的撰写工作。期间，举行讨论会不下十几场，报告几易其稿，最终形成大家目前所看到的该报告的正式版本。

《中国金融安全报告》是一项浩大的工程，也是一项伟大的事业。它的诞生，得到了西南财经大学及协同单位的鼎力支持，同时也离不开业界同仁的无私帮助，在此表示感谢。我们也会将《中国金融安全报告》的编制工作长期坚持下去，协心戮力，不负众望。

目　录

表　录

图　　录

第一章　金融安全评估概述

第一节　金融安全的概念及内涵[①]

通常，人们在遇到危险或感到有威胁时才会想到安全问题，所以安全概念最基本的特征就是与威胁和危险相关联。在汉语里安全的习惯用法是指一种状态，它有三个含义：没有危险、不受威胁、不出事故。按照韦伯词典关于英语 security 相关词条的解释，一方面指安全的状态，即免于危险，没有恐惧；另一方面还有维护安全的含义。两者的基本意思均为不存在威胁和危险。现实主义代表性人物阿诺·德沃尔弗斯（Arnold. Wolfers）在《冲突与合作》中指出：安全在客观的意义上表明对所获得价值不存在威胁，在主观的意义上表明不存在这样的价值会受到攻击的恐惧[②]。可见两种文化中的意思几近相同。如果将这一定义进一步分解，它应该包含这样几种构成要素：一是安全既是一种客观存在的生存状态，又是一种主观的心理反应，后者以前者的存在为基础；二是安全是一种特定的社会关系，而非孤立存在的单个形态，是主体与自然、社会发生关系的结果，离开了具体的社会活动，就无所谓安全与非安全之分；三是安全是一种实践活动，是一种有目的的自觉行为。

在国外的研究中，较少使用金融安全的概念，而更多地使用了经济安全、金融稳定、金融危机、金融主权、金融稳健等一系列相关的概念。国外对经济安全的界定存在颇多分歧，为此 Mangold（1990）认为没有必要为经济安全下一个明确的定义，因为经济安全与国家利益紧密相关，界定过于宽泛，没有实际意义；界定过于狭窄，又易于忽略一些重要的议题。美国国际关系学家 Krause 和 Nye（1975）对经济安全的定义具有代表性：经济福利不受被严重剥夺的威胁。在少数几篇研究金融领域战略性安全的文献中，西方学者将金融的安全视为经济安全的核心组成部分，例如，亨廷顿列举了西方文明控制世界的 14 个战略要点，控制国际银行体系、控制硬通货、掌握国际资本市场分别列第一、第二和第五项，金融安全问题居于最重要的战略地位[③]。Stiglitz 和 Greenwald（2003）将宏观金融运行的安全性问题定义

[①]　刘锡良等：《中国金融国际化中的风险防范与金融安全研究》，北京，经济科学出版社，2012。

[②]　Arnold Wolfers. National Security as an Ambiguious Symbol, Political Science Quarterly, 67/1952；倪世雄：《当代西方国际关系理论》，上海，复旦大学出版社，2001。

[③]　亨廷顿：《文明的冲突与世界秩序的重建》，北京，新华出版社，1998。

为：第一，金融机构破产的重要性是第一位的，因此，宏观金融决策必须考虑对破产概率的影响。第二，面对危机，特别是在重组金融体系时，国家必须考虑重组对信用流的影响，即重组对整体社会资金运行必将产生某种影响。第三，多市场的一般均衡效应与单一市场的局部均衡效应存在差别，有必要对银行重组的经济和金融效应做全面的前瞻性分析，最大可能地提高金融体系的稳定性。Stiglitz 和 Greenwald 的观点给我们的启示是：金融安全的第一要素是金融机构的破产概率与危机救助。

1997 年亚洲金融危机之后，很多国内学者开始关注和研究金融安全问题，并从不同角度给金融安全概念进行界定。王元龙（1998）和梁勇（1999）分别从金融的实质角度和国际关系学角度对金融安全概念进行了界定。王元龙（1998）从金融实质角度，认为所谓金融安全，就是货币资金融通的安全，凡是与货币流通及信用直接相关的经济活动都属于金融安全的范畴，一国国际收支和资本流动的各个方面，无论是对外贸易，还是利用外商直接投资、借用外债等都属于金融安全的范畴，其状况直接影响着金融安全。梁勇（1999）从国际关系学角度认为，金融安全是对"核心金融价值"的维护，包括维护价值的实际能力与对此能力的信心。"核心金融价值"是金融本身的"核心价值"，主要表现为金融财富安全、金融制度的维持和金融体系的稳定、正常运行与发展。各种经济问题首先在金融领域中积累，到金融体系无法容纳这些问题时，它们便剧烈地释放出来。金融安全程度的高低取决于国家防范和控制金融风险的能力与市场对这种能力的感觉与态度。因此，国家金融安全是指一国能够抵御内外冲击，保持金融制度和金融体系正常运行和发展，即使受到冲击也能保持本国金融及经济不受重大损害，如金融财富不大量流失，金融制度与金融体系基本保持正常运行和发展的状态，维护这种状态的能力和对这种状态与维护能力的信心与主观感受，以及通过这种状态和能力所获得的政治、军事与经济的安全。

张幼文（1999）认为，金融安全不等于经济安全，但金融安全是经济安全的必要条件。一方面由于金融在现代市场经济中的命脉地位，使由金融系统产生的问题可能迅速成为整体经济的问题；另一方面也由于金融全球化的发展使世界局部金融问题迅速转化为全球性金融问题，从而使金融安全成为经济安全的核心。刘沛（2001）认为，金融安全是指一国经济在独立发展道路上，金融运行的动态稳定状况，并在此基础上从七个方面对金融稳定状态进行了说明。在前人研究的基础上，王元龙（2004）对金融安全进行了重新界定，即金融安全简而言之就是货币资金融通的安全，是指在金融全球化条件下，一国在其金融发展过程中具备抵御国内外各种威胁、侵袭的能力，确保金融体系、金融主权不受侵害、使金融体系保持正常运行与发展的一种态势。刘锡良（2004）认为，从金融功能的正常履行来认识金融安全，可以分成微观、中观和宏观三个层次，金融安全的主体是一国的金融系统；金融安全包括金融资产的安全、金融机构的安全和金融发展的安全。陆磊（2006）认为，对于我国这样的金融转型国家，国家金融安全还存在着更为复杂的内容，往往需要从一般均衡的角度加以认识。

国内外研究表明，金融安全是经济安全的核心组成部分，经济安全的含义更多地和经济危机、国家主权相联系，因此，在金融安全的研究中，学者们更多地借鉴经济安全的研究成果。尽管国内学者在金融安全界定上做出了努力，但这些概念过于抽象，对其内涵和外延界定也颇多争议，导致后续研究变得较为困难。为此，我们需对一些近似概念进行界定与梳理。

第一，金融稳定与金融稳健。我国央行认为金融稳定是金融体系处于能够有效发挥其关键功能的状态（中国金融稳定报告，2005）。在这种状态下，宏观经济健康运行，货币和财政政策稳健有效，金融生态环境不断改善，金融机构、金融市场和金融基础设施能够发挥资源配置、风险管理、支付结算等关键功能，而且在受到内外部因素冲击时，金融体系整体上仍然能够平稳运行。刘锡良（2004）认为，金融稳定是指金融体系不发生大的动荡、可以正常行使其功能；金融稳定并不必然表示安全，但不稳定就会爆发金融危机，可见金融安全的概念要包括金融稳定。王元龙（2004）认为，金融安全是一种动态均衡状态，而这种状态往往表现为金融稳定发展。金融稳定侧重于金融的稳定发展，不发生较大的金融动荡，强调的是静态概念；而金融安全侧重于强调一种动态的金融发展态势，包括对宏观经济体制、经济结构调整变化的动态适应。对金融稳健性的界定，远未达成共识。Andrew Crockett 把金融稳健性定义为没有不稳健性。国外一般从金融不稳健的角度对其进行定义。Roger Ferguson 从三个基本标准来判断或者界定金融不稳健：某些重要的金融资产的价格似乎与其基础有很大脱离或国内的和国际的市场功能和信贷的可获得性都存在明显的扭曲，结果是总支出与经济的生产能力出现明显的偏离（或即将偏离）。IMF 的金融部门评估规划（FSAPs）对金融稳健指标进行了界定，Evans 等（2000）以及 Sundararajan 等（2002）在 FSAP 的工作和 IMF 的监督指令的背景下，发展了一套金融稳健指标，并推动各国政府在对金融部门外部分析中采用这些指标（IMF，2003）。他们领导的研究小组开发出了一个核心指标集和鼓励指标集，但是至今没有开发出一个衡量金融稳健性的综合指标。可见，金融稳健与金融稳定概念比较接近，前者侧重手段，后者侧重目的，精准界定其差异尚需斟酌；金融安全是一个动态的概念，比金融稳定的外延更为广泛，更能反映一国金融体系的真实运行状况。

第二，风险、危机、主权与金融安全。风险是指能用数值概率表示的随机性，侧重于不确定性和不确定性引起的不利后果。[1] 金融当局关注的焦点是负面风险而非最可能的前景，它们试图弄清楚影响稳定的潜在威胁。[2] 我国央行发布的《中国金融稳定报告（2005）》强调金融体系的整体稳定及其关键功能的正常发挥，注重防止金融风险跨行业、跨市场、跨地区传染，核心是防范系统性风险。"系统性风险"则是指一个事件在一连串的机构和市场构成的系统中引起一系列连续损失的可能性（Kaufman，1995）。单个的金融风险并不足以使一个国家的金融体系受到很大损害，只有当单个风险迅速扩大及转移扩散演变成全局性和战略性风险，对金融体系的功能发挥造成重大影响时才能威胁到金融安全，金融危机是危害金

---

① 参见《新帕尔格雷夫经济学大词典》中关于风险的相关词条。
② 英格兰银行第 17 期《金融稳定报告》。

融安全的最主要的途径（刘锡良，2004）。总体而言，金融风险与金融安全密切相关，金融风险的产生构成对金融安全的威胁，金融风险的积累和爆发造成对金融安全的损害，对金融风险的防范就是对金融安全的维护。但是，金融风险与金融安全又相互区别。金融风险主要是从金融结果的不确定性角度来探讨风险的产生和防范问题，金融安全则主要从保持金融体系运行与发展的角度来探讨威胁与侵袭来自何方及如何消除。在西方经济学中，对金融危机的含义有多种表述，但最具代表性的是《新帕尔格雷夫经济学大辞典》中对金融危机的定义："全部或大部分金融指标——短期利率、资产（证券、房地产、土地）价格、商业破产数和金融机构倒闭数的急剧、短暂和超周期的恶化。"金融危机的特征是基于预期资产价格下降而大量抛出不动产或长期金融资产。金融危机一般具体表现为货币危机、债务危机与银行危机。实际上，金融危机是指一个国家的金融领域已经发生了严重的混乱和动荡，并在事实上对该国银行体系、货币金融市场、对外贸易、国际收支乃至整个国民经济造成了灾难性的影响。金融安全的反义词是金融不安全，但绝不是金融危机的爆发。金融危机根源于金融风险的集聚，是危害金融安全的极端表现，是金融不安全状况累积的爆发结果。总体来说，金融安全体现为一国金融体系的稳定运行状态，关键在于核心金融价值的维护，取决于一国政府维护或控制金融体系的能力和金融机构的竞争能力。单个的金融风险不足以影响到一国金融体系的正常运行，只有当单个风险迅速扩大、转移和扩散演变成系统性风险时，才能对金融体系造成重大影响，进而威胁到金融安全。金融危机是危害金融安全的极端表现，而金融主权则是国家维护金融安全的重要基础。

我们认为金融安全是一个现实命题，它既包含经济方面也包含政治方面。在分析金融安全问题的时候，我们应该坚持"以国家为中心"的现实的分析视角，特别是在涉及国家主权的部分，不能舍弃现实主义的分析手段；然而在规范要素上，中国学者则应该以中共中央提出的"互信、互利、平等、协作"为核心内容的"新安全观"为基本价值取向。中共中央提出的"新安全观"与"和谐世界"的主张是一脉相承的，讨论的是人类社会的终极走向，因此它带有理想主义的色彩。新安全观要彰显的是一种大国"有容乃大"的气质和肚量，但它并不与"国家中心"的分析视角矛盾，因为金融安全的提出本来就是以一国为基本研究单位。2014 年 4 月 15 日上午，习近平主持召开中央国家安全委员会第一次会议，提出构建集政治安全、国土安全、军事安全、经济安全、文化安全、社会安全、科技安全、信息安全、生态安全、资源安全、核安全等于一体的国家安全体系。为此，本书在研究过程中秉承了上述"新金融安全观"的思维模式①。

基于这样的认识，本书尝试性地给出金融安全的定义。金融安全是一个高度综合的概

---

① "新金融安全观"包含了价值规范与分析要素两方面内容。理想主义与现实问题的融合具有非凡的意义，其类似于中国传统文化中对"道"和"术"的理解。"行正道"是人类的价值规范，然而"法术"的本身则包含有"兵者，诡道"的意味。人的观念根植于人性，我们也可以从人性角度来解释这种矛盾，费尔巴哈在《基督教的本质》一书中将人的本质归结为理性、情感和意志。基于现实约束的理性分析是为人称道的，但它并不是人的全部。因为现实的理性让我们看到冲突、残忍和荒唐，完美的世界只能在情感世界中出现。因此，理性似乎更多地表现为一种分析要素；而很多人的行为不是完全基于理性的，他们是更忠于自己理想的人。

念，与金融危机、金融主权密切相关。它体现为一国金融体系的稳定运行状态，关键在于核心金融价值的维护，根本取决于一国政府维护和控制金融体系的能力。

第二节 金融安全报告文献述评

瑞典央行认为金融稳定报告的目的是识别金融体系的潜在风险，评估金融体系抵御风险的能力。金融稳定分析的内容是金融体系抵御不可预见冲击的能力，这些冲击一般是对金融性公司和金融基础设施构成影响，其中的金融基础设施是进行支付和金融产品交易必不可少的。金融系统的稳定主要依靠构成系统的机构、体系和管理安排。因为金融系统也影响或被宏观经济环境影响，不稳定的影响或冲击可能来自于其内部或其外部，能相互作用引发一个比局部影响总和要大得多的整体影响。欧洲中央银行认为金融稳定的定义宽泛而复杂，并非仅指防范和化解金融危机一个方面。金融稳定概念包括积极主动维稳定义，即保障金融系统中的一切常规业务能够在现期及可预见的将来始终安全正常运作。金融体系的稳定要求其中的各主体部门——金融机构、金融市场及金融支撑系统等——能够协同应对来自负面的干扰。金融体系功能是连接储蓄与投资，安全有效率地重新配置资源，科学准确地进行风险评估和产品定价以及有效地管理金融风险。此外，金融稳定还包括前瞻性要求，预防资本配置的低效和风险定价的失准对金融体系未来稳定形成威胁，进而影响到整体经济的稳定。为全面描述金融系统的稳定状况，必须做好三项工作：第一，对金融体系各主体部门（金融机构、金融市场、基础设施）的健康状况进行个体和整体的评估；第二，对风险点、薄弱点及诱因进行甄别；第三，对金融系统应对危机的能力进行评价，并由整体评估的结论决定是否采取应对措施。需要明确的是，关注风险点和薄弱点的诱因并非以预测货币政策的成效为目的，而是为了找出那些潜藏的金融风险源并加以防范，尽管它们离真实爆发尚有时日。

Delisle Worrell（2004）提出了一整套的金融部门量化评估方法及应用领域。他指出学术界量化方法主要用于测算以下三个问题：金融部门稳定性、风险暴露和对冲击时的脆弱性。第一，金融稳健指标的运用：一是作为判断工具，用于对市场变化趋势、主要扰动和其他因素的判断；二是构建信号模型，用于评估金融系统的脆弱性、金融危机发生的可能性以及建立一套早期预警系统。第二，压力测试，测试金融部门对极端事件的可能性和敏感程度，以及危机在各个金融部门中的传导机制，用于衡量金融机构在危机中存活下来的能力。第三，基于模型的金融预测，衡量危机发生的可能性。为此，一个整体的金融系统评估方法应综合阐述以下四个问题：一是构建单个金融部门风险的早期预警系统；二是建立一个对金融部门进行预测的框架；三是阐述进行压力测试的步骤；四是在考虑银行间的风险传染基础上如何对模型进行修正。

世界银行与IMF（2005）编制的金融部门评估手册中认为：广义的金融体系稳定意味着既无大规模的金融机构倒闭，金融体系中介功能也未发生严重混乱。金融稳定可以视为金融体系在一个稳定区间内长时间安全运转的情况，当逼近区间边界时即面临不稳定，在越过区间边界时即出现了不稳定。金融稳定分析旨在识别危机金融体系稳定的因素，并据此制定适当的政策措施。其重点关注的内容是金融体系的风险敞口、风险缓冲能力及其相互联系，进而评估金融体系稳健和脆弱性，并关注对金融稳健具有决定性影响的经济、监管和制度等因素。金融稳定的分析框架以宏观审慎监测为核心，以金融市场监测、宏观财务关系分析、宏观经济状况监测为补充。第一，金融市场监测有助于评估金融部门受某一特定冲击或组合性冲击时面临的主要风险，一般采用 EWS 模型，对金融体系带来极大冲击的可能性进行前瞻性评估；第二，宏观审慎监测旨在评估金融体系的健康状况及其对潜在冲击的脆弱性，侧重于研究国内金融体系受宏观经济冲击后的脆弱性；第三，宏观财务联系分析力图了解引发冲击的风险敞口如何通过金融体系传递到宏观经济，评估金融部门对宏观经济状况的冲击效果，所需要的数据包括各部门的资产负债表、私营部门获得融资的指标；第四，宏观经济状况的监测主要是监测金融体系对宏观经济状况的总体影响，特别是对债务可持续性的影响。

《全球金融稳定报告》侧重于三个领域：第一，从货币和金融状况、风险偏好等七个方面对全球金融稳定状况作出综合评估；第二，对当前重大风险银行进行专题分析；第三，提供相应政策建议。报告基于货币和金融状况、风险偏好、宏观经济风险、新兴市场风险、信用风险、市场和流动性风险七个维度对全球金融稳定状况作出评价。

中国人民银行《中国金融稳定报告》基本遵循了"金融部门评估"的框架，内容包括宏观经济描述、银行业、证券业、保险业、金融市场、政府、企业和住户财务分析、当前在宏观审慎管理上的政策推进。基本侧重于行业的总体财务数据分析，缺少各部门的关联分析。

叶永刚的《中国与全球金融风险报告》，采用或有权益分析法，分公共部门、上市金融部门、上市企业部门、家户部门、综合指数比较，并在此基础上分东部、东北部、中部、西部，按省分别对风险进行分析。李孟刚的《中国金融产业安全报告》基于金融业细分对金融产业安全作出了评估和预警。上海财经大学的《中国金融安全报告》侧重于风险专题的研究与探讨。

第三节　本报告框架与评估方法

一、基本框架

本报告拟从经济和政治两个视角，从金融机构、金融市场、经济运行三个层次，从静态风险和动态发展两个维度，全面评估我国金融安全状态以及维护金融安全的能力。具体有以下特点。

第一，金融安全评估包括经济和政治两个视角。金融安全问题是一个综合国际政治、经济、文化诸方面的重大课题，它一方面与系统性风险、金融危机等命题相关，另一方面涉及资源配置的权力、金融自主权等方面的内容。本报告从经济与政治两个视角来对金融安全问题进行解析。经济视角重点评估金融稳健性，分析个体风险、系统性风险、金融危机的潜在可能与威胁。政治视角重点评估金融自主权，分析在金融开放的过程中如何维护自己的主权，把握开放的进程，进而在全球政治经济新秩序重构中分享最大化收益。

第二，金融安全评估包括金融机构、金融市场与经济运行三个层次。我们试图在双重转型的特殊约束条件下，研究金融安全在不同层面上的相互转换与分担机制。金融机构与金融市场层次的金融安全主要探讨经济风险如何集中于金融体系，研究金融机构个体风险如何向系统性风险转换及金融机构、金融市场之间的风险传染机制。经济层面的金融安全主要探讨金融系统性风险与经济系统风险的分担与转换机制，研究金融系统性风险向金融危机、经济危机转化的临界条件与路径。

第三，金融安全评估包括静态风险评估与动态发展评估两个维度。前者从时间维度来监测我国金融安全的即时状态，重点描述"风险的结果"，即当前的金融风险处于一种什么样的状态；后者从动态角度描述我国维护金融安全的能力，重点描述"潜在的风险"，即从发展的眼光看有哪些因素会潜在地危害金融稳定。

第四，与经济主权相对应，金融自主权可以定义为一国享有独立自主地处理一切对内对外金融事务的权利，即表现为国家对金融体系的控制权与主导权。从具体表现看，金融自主权包括货币自主权、大宗商品定价权和国际金融话语权等内容。

总体来看，金融安全的评估框架具体如表1-1所示。

表1-1　　　　　　　　　　　　金融安全评估框架

一级指标	二级指标	三级指标
金融稳健性	金融机构安全评估	银行业、证券业、保险业
	金融市场安全评估	股票市场、房地产市场
	经济运行安全评估	总体经济、经济部门
金融自主权	货币自主权	货币替代率、货币政策独立性、货币国际化
	大宗商品定价权	动态比价指标
	国际金融事务话语权	国际金融组织投票权、政治全球化指数、持有美国国债占比

二、指数体系构建方法

金融安全指数合成可采用线性综合评价模型：$Y_i = \sum_{j=1}^{m} w_j X_{ij}$（$i = 1, 2, \cdots, n; j = 1, 2, \cdots, m$）。式中 X_{ij} 为第 i 个被评价对象第 j 项指标观测值；w_j 为评价指标 X_j 的权重系数；Y_i 为第 i 个被评价对象的综合值。从这个模型来看，影响综合评价结果可靠性的因素包括所选取的指标 X_j 及各指标的权数 w_j。

（一）指标筛选

除专家指标主观筛选法之外，国内学者对综合评价中筛选指标提出的方法主要集中在统计和数学方法上[①]。

1. 主观筛选法：Delphi 法。在评价指标的筛选中，德尔菲（Delphi）法经常被提到。这是一种向专家发函、征求意见的调研方法，即评价者在所设计的调查表中列出一系列评价指标，分别征询专家的意见，然后进行统计处理，并向专家反馈结果，经过几轮咨询后，专家的意见趋于一致，从而确定出具体的评价指标体系。这种方法的优缺点都很显著，缺点就是主观性太强，缺乏客观标准，并且成本耗时高。

2. 客观筛选法。一是基于相关性分析的指标筛选方法，在筛选指标时应尽量降低入选指标之间的相关性，而相关性分析就是通过对各个评价指标间予以相关程度的分析，删除一些相关系数较大的评价指标，以期削弱重复使用评价指标所反映的信息对最终评价结果造成的负面影响。具体包括极大不相关法（又名复相关系数法）、互补相关新指标生成法等。二是基于区分度的指标筛选方法，区分度是表示指标之间的差异程度，区分度越大，表明指标的特性越大，越具有对被评价对象特征差异的鉴别能力。一般采用的方法有条件广义方差极小法、最小均方差法、极小极大离差法。三是基于回归分析的指标筛选方法，包括偏最小二乘回归法、逐步回归法等。四是基于代表性分析的指标筛选方法，包括主成分分析法、聚类分析法等。

就上述的主、客观指标筛选法而言，专家筛选法缺乏客观性，从而降低了由此构建的评价指标体系的科学性；而上述统计方法运用于指标筛选虽都有其合理的理论依据，但由于在金融安全评价的实践中，这些方法往往只考虑了数据本身的特征，未进行经济理论的分析，这通常将造成各类评价指标分布严重的不均衡，而且指标体系的经济意义难以解释[②]。如某类经济意义非常重要的指标没有入选，而其他类别的指标却非常集中，这样的指标体系用于综合评价则欠缺科学性和说服力。由此看来，综合评价指标的筛选完全依靠主观方法或者客观的统计学方法都是不科学的，单纯的主观方法选择综合评价指标，往往主观随意性太强，不同的专家对代表性指标和重要性指标的看法不同，难以协调统一，而且选出的指标之间很容易存在较大的相关性或者指标的鉴别力不强。而单纯运用统计学方法也会造成前述的种种问题。所以，金融安全评估指标的筛选必须采用主客观相结合的方法，在对金融安全理论本质认识的基础上，再结合适当的统计学方法来进行。

（二）指标的无量纲化处理

为了方便对指标进行加总及比较，我们需对指标进行无量纲化处理，本报告处理的方法如下。

1. 指标的同向化处理。我们均将指标处理结果变为值越大金融指数越安全。

（1）对于极小型指标 X。一般而言，在对极小型指标的原始数据进行趋势性变换时，采用下述的方式将极小型指标转化为极大型指标：①对绝对数极小型指标使用倒数法，即令

---

① 吕香亭：《综合评价指标筛选方法综述》，载《合作经济与科技》，2009（9），54 页。
② 张立军、罗珍：《上市公司经营业绩评价指标的筛选方法》，载《统计与决策》，2008（18），63 – 65 页。

$X^* = 1/X$（$X > 0$）；②对相对数极小型指标使用差值法，即令 $X^* = 1 - X$。如果该相对数极小型指标具有一个阈值（即该指标 X 有一个允许上界 M），则也可采用令 $X^* = M - X$ 的方式来使其转化为极大型指标。

（2）对于区间型指标 X，令 $X = \begin{cases} 1 - \dfrac{q_1 - X}{\max(q_1 - m, M - q_2)}, X < q_1 \\ 1, q_1 \le X \le q_2 \\ 1 - \dfrac{X - q_2}{\max(q_1 - m, M - q_2)}, X > q_2 \end{cases}$，式中 $[q_1, q_2]$

为指标 X 的最佳稳定区间；m 为指标 X 的一个允许下界；M 为指标 X 的一个允许上界。我们采用的惯例为最优区间为 X 的均值加减 0.3 个标准差。

2. 指标的无量纲化处理。功效系数法的基本思路是先确定每个评价指标的满意值 M_j 和不容许值 m_j，令 $X'_{ij} = 60 + \dfrac{X_{ij} - m_j}{M_j - m_j} \times 40$。这种转化能够反映出各评价指标的数值大小，可充分地体现各评价单位之间的差距，且单项评价指标值一般在 60 ~ 100。但须在事前确定两个对比标准，评价的参照系——满意值和不容许值，因此操作难度较大。许多综合评价问题中理论上没有明确的满意值和不容许值。实际操作时一般有如下的变通处理：（1）以历史上的最优值、最差值来代替；（2）在评价总体中分别取最优、最差的若干项数据的平均数来代替。我们进行指数处理的方法为：M 为满意值，可以采用中国历史最优值或者 OECD 最优值的 10% 分位或 20% 分位；m 为不容许值，可以采用危机国家最差值的 10% 分位或 20% 分位或者中国的历史最差值。

（三）指数权重的赋予

任何评价体系都无法避免会遇到指标赋权这一难题，而多指标综合评价中指标权数的合理性、准确性直接影响评价结果的可靠性。指标权数的确定在评价指标体系中，各个评价指标在综合评价结果中的地位和作用是不一样的。有鉴于此，为了使评价的结论更具有客观性和可信性，原则上就要求，应该对每一个评价指标赋予不同的权重。尽管指标权重的确定在综合评价中的意义显著，但是如何给评价指标赋权，却是一件比较困难的事情。目前，指标的赋权法有主观赋权法、客观赋权法以及建立在这两者基础之上的组合赋权法三类。

主观赋权法是研究者根据其主观价值判断来确定各指标权数的一类方法。这类方法主要有专家赋权法、层次分析法等。各指标权重的大小取决于各专家自身的知识结构和个人喜好。客观赋权法是利用数理统计的方法将各指标值经过分析处理后得出权数的一类方法。根据数理依据，这类方法又分为熵值法、变异系数法、主成分分析法等。这类方法根据样本指标值本身的特点来进行赋权，具有较好的规范性。但其容易受到样本数据的影响，不同的样本会根据同一方法得出不同的权数。

由于权重的客观赋值方法依赖于各指标对应的历史数据，现囿于历史数据的可得性及其与金融安全理论的关联性缺乏深入论证，我们无法在事前运用客观法或组合赋权法对指标予以赋权。为此，基于文献及我们以前的理论实证研究结论，我们召集了数十位专家对权重进行了讨论并最后赋予权重。最后，我们也采用了层次分析法等对权重进行了鲁棒性测试，对金融安全指数的分位排序并不会造成影响。

（四）金融安全指数的经济学含义

金融安全指数合成后，金融安全指数越大表示越安全，一般而言：第一，低于60分是危机区间，对应颜色为红色；第二，60~70分是危险区域，对应颜色为橙色；第三，70~80分为风险级别可控，对应颜色为蓝色；第四，80分以上，安全，对应颜色为绿色。

第四节　我国金融安全评估结论

一、我国金融安全总体情况（2001—2014）

（一）我国金融安全得到较大改善，总体可控，但自2012年以来呈下行趋势，需要高度关注

1. 我国金融安全指数总体震荡走高，表明我国金融安全总体得到改善，从表1-2中我们可以看出，金融安全指数从2001年的68.31上升到2011年80.69的高点；截至2014年虽有所下降，但金融安全指数仍达到了78.06的水平。

2. 我国金融安全状态可以粗略分为四个阶段：第一个阶段为2001—2007年，由于我国经济的快速发展、金融机构运营质量的提升及金融市场的发展，我国金融安全指数迅速好转，从2001年的68.31上升到2007年的76.53；第二个阶段为次贷危机时期，即2008—2009年，由于外部环境导致的经济下行，我国金融安全指数开始从2008年的76.53下降到2009年的74.80；第三个阶段为次贷危机恢复期，即2010—2011年，由于外部经济的稳定与我国大规模刺激政策的推出，我国金融安全状况迅速好转，从2009年的74.80上升到2011年的80.69；第四个阶段为转型阵痛期，即2012年至今，体现为我国经济增长模式变化带来的经济增长速度下滑、长期刺激政策带来的高杠杆率与金融机构稳健性下降，从而导致我国金融安全指数从2011年的80.69快速下降到2014年的78.06（见表1-2）。

3. 从金融安全的两个维度来看，我国金融稳健性指数运行周期及趋势与金融安全总体指数基本一致，成为制约我国金融安全状况的关键因素。同时，我国金融自主权平稳上升，从2001年的58.67上升到2014年的66.76（见图1-1和图1-2）。

表 1-2   中国金融安全指数

年份	金融机构安全指数	金融市场安全指数	经济运行安全指数	金融稳健性指数	金融自主权指数	中国金融安全指数
2001	65.87	76.94	74.67	70.72	58.67	68.31
2002	70.06	77.47	74.33	72.82	59.16	70.09
2003	74.91	76.01	79.56	76.53	58.68	72.96
2004	73.16	77.17	80.90	76.28	58.47	72.72
2005	72.53	76.48	82.43	76.29	60.86	73.20
2006	75.40	70.93	83.78	77.02	63.56	74.33
2007	83.16	64.30	84.88	79.91	63.01	76.53
2008	79.11	81.20	80.61	79.98	62.72	76.53
2009	83.15	69.23	73.81	77.57	63.74	74.80
2010	86.35	74.07	83.66	83.09	66.98	79.87
2011	87.98	80.62	79.83	84.06	67.17	80.69
2012	86.98	83.62	78.27	83.70	65.99	80.16
2013	81.55	84.15	78.25	81.08	67.25	78.31
2014	80.67	89.41	75.57	80.89	66.76	78.06

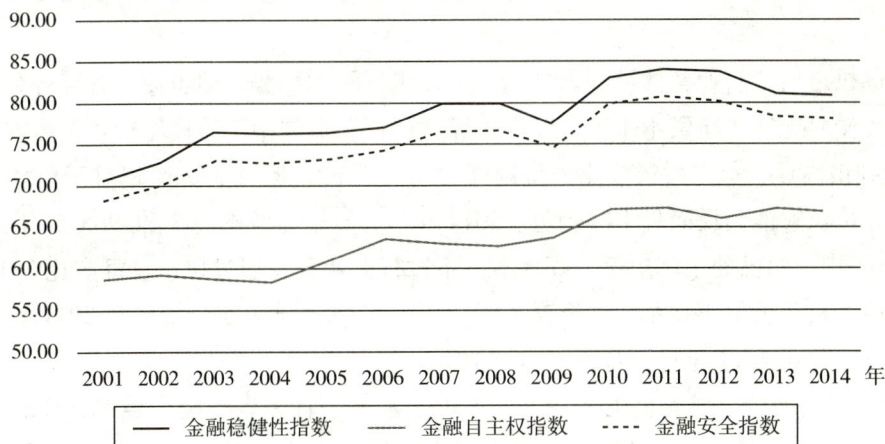

图 1-1   我国金融安全总体情况

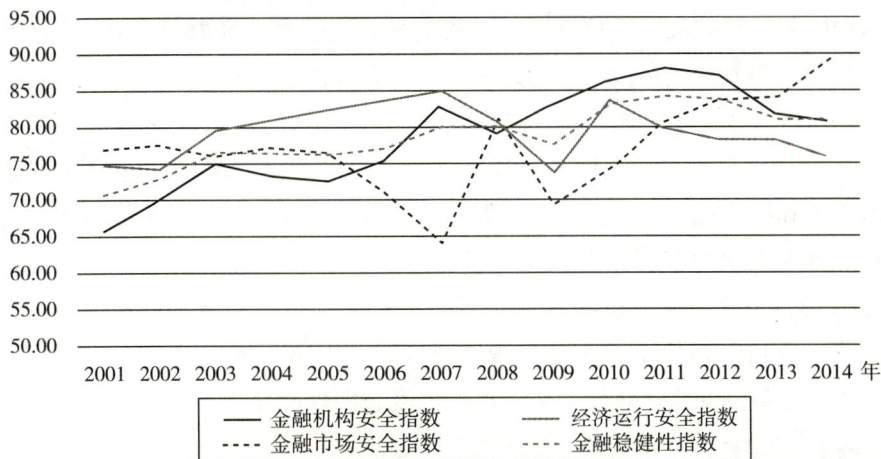

图 1-2   我国金融安全分项情况

（二）我国金融机构稳健性的总体改善是我国金融安全可控的核心保障，但 2012 年以后我国银行业与证券业稳健程度开始下降

1. 从我国银行业风险程度的总体表现看，在经历了本世纪初的低谷后（2001 年数值为 67.91），我国银行业的风险状况表现出持续改善趋势，并在 2012 年达到阶段性的峰值（91.90）。但是，在 2013 年和 2014 年，评价分值又分别下降为 84.61 和 85.71，甚至低于 2010 年的水平，显示银行业风险程度又出现上升苗头，应当引起决策者对银行业的关注。

2. 中国证券业的金融安全状况在全球处于中等水平，但近两三年的变化趋势不容乐观。在本世纪之初，证券业安全指数从 2001 年起就处于一个较低水平，更在 2002 年后出现连续的全行业低迷。但这段时间，尤其是在三年治理整顿期间，行业资本充足水平得到大幅改善，经营杠杆得到有效控制，这使得行业风险指数处于回升态势。到 2006 年，行业出现整体性扭亏为盈，并在 2007 年将盈利水平和发展指数推高到历史最好水平。2008 年，虽然全行业净利润等经营指标相比 2007 年出现了较大幅度的下降，但整体上依然较好，而且由于业务收缩较快，行业负债水平也得到下降，这使得行业风险指数和金融安全指数都得以进一步提高。

金融危机之后，行业整体盈利水平呈现出逐步下降的趋势，但也使得各证券公司得以在业务增长较慢时充实了净资本水平，降低了经营杠杆和负债率，从而使行业金融安全水平在 2011 年达到最高点，但之后虽然业务盈利能力略有改善，但行业资产相对于资本而言扩充过快，企业抗风险能力反而呈下降趋势。2014 年度，证券业实现净利润 965.54 亿元，虽然仍低于 2007 年，但已处于历史第二好水平。不过行业业务发展过快，总资产比 2013 年几乎增长了 2 倍，企业负债率高企，这拖累了行业风险指数和金融安全指数从 2011 年的高点开始快速下滑，并在 2014 年进一步下跌至较低水平。

3. 中国保险业的金融安全水平一直处于中等水平，且表现得较为稳健，受金融危机的影响相对较小，但从危机中恢复的力度也较小，金融安全水平还有待提高。保险业安全指数从世纪之初的低点逐步震荡上行，虽然在 2004 年左右出现了反复，但依然在 2007 年达到相对高点。这段时间，行业规模增长迅速，盈利水平大幅提高，尤其是 2007 年的行业利润率是历年来最好的，而且行业资产规模也大幅提高，而负债水平则下降明显。这主要得益于保险资金的运用范围在当年被大幅拓宽，且中国整个宏观经济、资本市场和投资市场也都处于高涨期。2008 年金融危机爆发之后，宏观经济景气程度迅速下滑，市场投资环境变差，虽然行业保费收入和资产规模依然在增长，但行业利润水平大幅下降，负债水平也上升明显。之后虽然行业各项指数均有所回升，发展指数甚至在 2010 年超过了 2007 年的高点，但从 2011 年开始又再次下降。尤其是 2011 年和 2012 年，行业发展进入困境，保费收入和利润水平都出现下降。直到 2014 年，情况才出现明显好转，保费收入增速加快，行业利润也回升到历史较高水平，但利润率还较低，经营杠杆也没有得到明显改善。

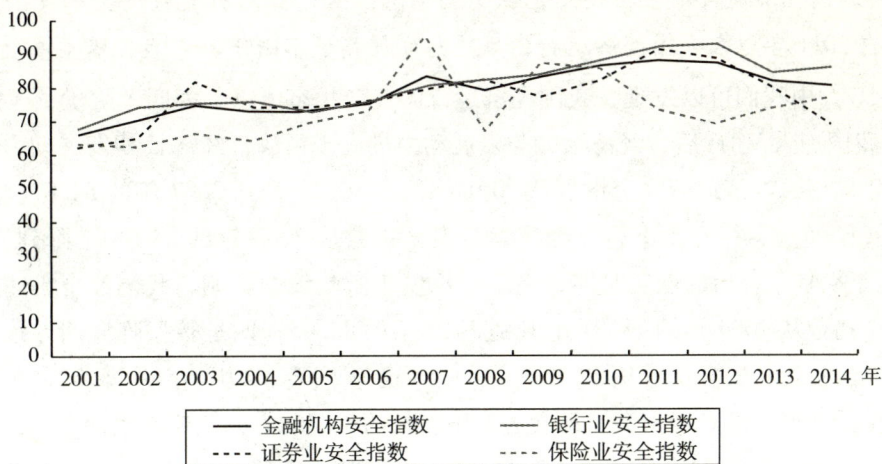

图 1 - 3　我国金融机构安全指数

（三）我国金融市场安全总体较好，金融市场发展指数逐年提高，金融市场泡沫有所缓解

如图 1 - 4 所示，2007 年之前，伴随着国内股票市场的逐步泡沫化，金融安全性逐年下降，并在 2007 年达到最低值，这主要与当时国内股票市场与房地产市场的全面过热有关。2008 年是一个比较特殊的年份，尽管股票市场与房地产市场大幅下跌，直接融资出现困难，但资产价格去泡沫化趋势明显，房价收入比也出现了合理降低，因此从股票市场、房地产市场和金融市场发展这三个方面综合的安全性角度来看，正如指数所反映的，2008 年的金融市场安全性出现了一定程度的提升。2009—2014 年间，股票市场及房地产市场基本保持宽幅震荡走势，而直接融资比重出现了明显上升的趋势性走势，使得我国金融市场安全状态不断提高。

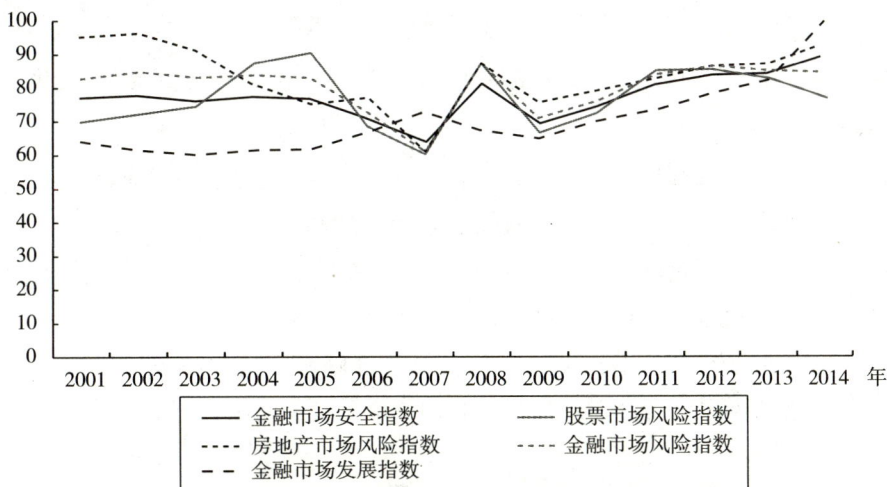

图 1 - 4　我国金融市场安全指数

（四）我国经济运行中存在较大金融安全隐患，这是当前引发我国金融安全问题的最大源头，自2011年以来我国经济运行的风险与发展指数不断下降，我们需要高度警惕

从图1-5中我们可以发现，我国经济运行的安全状态可以分为四个阶段：一是2001—2007年，我国加入WTO后，经济活力与发展动力进一步释放，经济长期发展动力与短期驱动因素逐年向好，经济运行安全指数从2001年的74.67上升到2007年的84.88；二是次贷危机后，我国经济运行开始下行，经济运行安全指数从2007年的84.88下降到2009年的73.81；三是次贷危机后的恢复时期，由于大规模刺激政策的影响，我国经济迅速好转，经济运行安全指数从2009年的73.81上升到2010年的83.65；四是转型阵痛期导致我国经济运行下行，经济运行安全指数从2010年的83.65迅速下降到2014年的75.57，尤其值得注意的是我国经济运行的发展指数，即我国经济增长的长期动力如全要素生产率、劳动力、储蓄率等因素不佳，从2007年的高点89.97下降到了2014年的78.64，仅略优于2001—2004年及2009年。

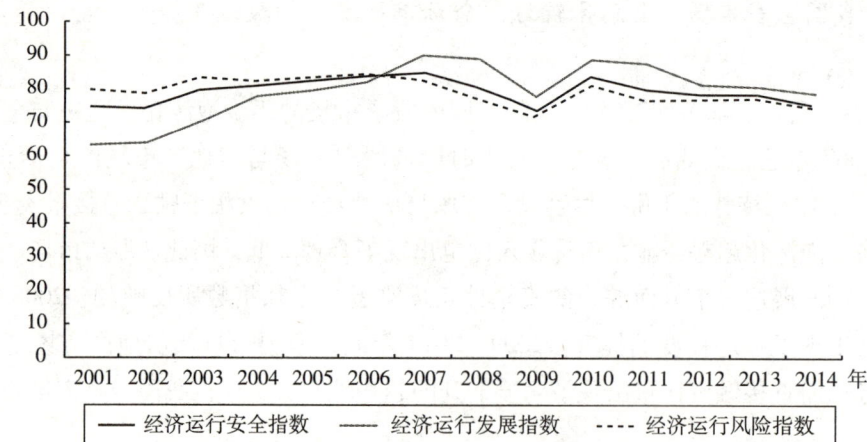

图1-5 我国经济运行安全指数

（五）我国金融自主权总体来说呈现明显上升趋势，但与我国经济总体实力相比，仍然有很大的提升空间

1. 当前我国货币主权风险总体可控。2000年以来，我国货币替代率整体不断减小，体现了居民持有人民币的信心增强，货币政策在调控上的独立性总体在70分左右波动，体现了我国货币政策调控仍然能以我国宏观经济形势为主要依据，但是也受到一些美国货币政策的影响。人民币的国际影响力有所提高，但国际化程度仍不足。

2. 大宗商品定价权较弱。我国多种大宗商品均面临着定价权缺失的局面，整体上我国大宗商品定价权现状不容乐观。而现货市场和期货市场发展的诸多不足也制约着我国增强自身国际大宗商品定价权的步伐。

3. 国际金融话语权与我国经济整体实力严重不相称。虽然我国目前GDP按购买力平价

算，已排名世界第一，虽然是美国国债的最大债主，并且政治影响力也在提升，但我国在国际金融事务中的话语权并不乐观。尤其是目前在重要的三大国际金融组织（国际货币基金组织、世界银行、国际清算银行）中，我国的话语权得分都不高，IMF 和世界银行基本上还是以美国为主导的机构，我国的利益诉求还无法从现有的投票权中得到体现。

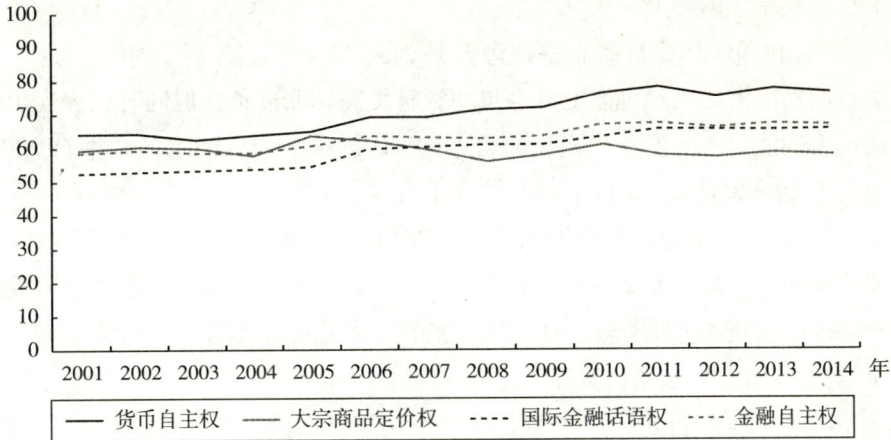

图1-6 我国金融自主权指数

二、当前我国金融安全的主要隐患

从图1-7中我们可以发现，对比2008年的次贷危机，当前我国金融安全的隐患主要在于：一是我国经济运行迅速下行，当前我国经济运行的风险隐患已经远高于2008年的水平；二是我国金融机构安全状况虽较2008年有所改善，但是仍处于下行状态；三是由于我国近年来金融市场的发展及资产泡沫的化解，金融市场安全状态有所缓解。

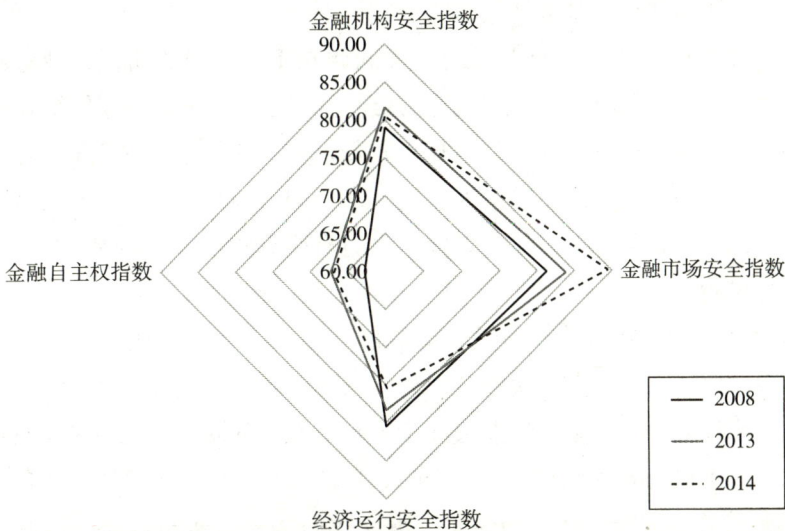

图1-7 我国金融安全的对比分析（2008—2014）

（一）我国金融机构安全状态开始走弱，需要高度关注

1. 2013—2014 年我国银行的平均不良贷款率出现上升，到 2014 年为 1.20%，反映出银行贷款风险可能由于经济下行的压力而增大。与国际比较，OECD 国家不良贷款率在 2008 年由于国际金融危机而出现明显上升，并于随后几年中都保持在 6% ~ 7% 的较高水平，反映出我国不良贷款率在国际上属较低水平。

2. 2009 年后我国的坏账准备金率逐渐升高，到 2014 年上升到 2.80%。这一趋势一方面表现出银行面临的潜在风险可能上升，迫使银行提高坏账准备，但同时也表现出银行应对可能出现的损失的能力有所增强。相比而言，OECD 国家平均坏账准备金率自 2008 年显著升高，2010 年后始终保持在 4% 以上，明显高于我国。

3. 2012 年后银行资本充足程度有所下降，2014 年下降到 17.28%，显示银行负债水平上升。但要注意的是，虽然差距已经显著缩小，我国银行业的资本充足程度在多数时间还低于 OECD 国家的平均资本充足程度。OECD 国家的资本充足程度均值在 17% 左右，且在金融危机后有所增高，2013 年达到 19% 以上。

4. 当前和未来的证券行业风险主要表现在市场风险、流动性风险、行业竞争风险和业务创新风险四个方面。

（1）市场风险。近年来，全球经济复苏乏力，各国中央银行货币政策操作频繁，大宗商品价格以及汇率、利率等金融市场价格均波动加大，全球金融市场之间的相互影响进一步加深，中国以产业转型和产业升级为目标的经济改革也将步入深水区，这些都可能会导致证券市场波动性的提高。更为重要的是，由于股指期货交易和融资融券业务规模的不断扩大，市场交易的杠杆性也在逐步提高，这会增加市场的波动性，从而提高行业所面临的市场风险。

（2）流动性风险。近几年，由于业务扩张，证券公司的经营杠杆呈现上升趋势，尤其是自营业务和融资融券业务扩张较快，行业流动性存在一定压力，特别是在市场剧烈波动时，流动性风险可能会迅速形成并加剧。

（3）行业竞争风险。证券公司发展的主要问题在于经营模式雷同，业务种类单一，同质化竞争严重。业务收入都还主要依赖于证券经纪和证券投资业务等传统业务，而投行业务、资产管理业务尤其是创新类业务的占比还较低。受同业竞争和互联网金融影响，证券交易佣金率不断降低，极大地压缩了传统业务的利润空间，而且传统业务与二级市场行情高度相关，这导致各证券公司的经营发展与风险水平具有明显的同步性和周期性，从而加大了整个行业的系统性风险。

（4）业务创新风险。在目前较为宽松的制度环境下，行业依托不断丰富的金融衍生品市场和互联网金融市场，有望在传统业务以外开发更多具有一定独特性的创新业务产品，从而摆脱同质化的恶性竞争。但创新性业务在带来行业发展的同时，也会带来更高的风险，尤其是其中的风险还未被充分认识和有效管理时，可能会给行业发展带来严重的不利影响。

5. 从中国保险业金融安全状况的变化来看，我们认为当前和未来的行业风险主要在于宏观经济风险、市场风险和业务创新风险。

（1）宏观经济风险。保险市场的深入发展要依赖于整体经济景气的回升、企业盈利能力和资产规模的扩大、居民长期收入水平和家庭财富的提高，而且经济周期对保险机构的资金投资收益、融资能力和资本扩张都有显著影响。当前全球经济不稳定因素很多，经济复苏乏力，资本市场和大宗商品市场波动剧烈，国内经济改革也进入关键时期，行业发展面临的宏观经济风险不容忽视。

（2）市场风险。目前，保险公司在资金运用渠道上受到的限制越来越少，资金投资规模不断扩大。虽然可投资领域的扩大有利于保险公司进行更为广泛的资产配置，从而可进行更大范围的资产组合管理，金融衍生品市场也为保险公司进行市场风险管理提供了更多的工具，但市场风险对行业盈利能力和风险管理能力，乃至行业长期安全稳定发展的影响也越来越大。尤其是在极端市场风险下，大规模系统性风险可能会迅速侵蚀行业的抗风险能力。

（3）业务创新风险。随着金融市场的快速发展，包括保险产品在内的各种金融产品的复杂度也大幅提升，其潜在风险变得更难以识别和计量，风险管理也变得更为困难。互联网金融的发展又将保险业务迅速扩张到更精细、更易变的互联网，新市场、新业务和更为复杂的新产品，可能会极大地提高行业风险，为行业的金融安全状况带来新的变数。

（二）2011 年以来，我国经济运行中蕴含的金融安全隐患越发凸显，这是我国当前最为重要的安全隐患

1. 经济增长速度的长期下降是我国当前经济运行中的最大金融安全隐患。第一，从短期需求来看，我国经济快速企稳概率较低，货物与服务净出口贡献度及资本形成贡献度不断下降。第二，我国经济正面临增长速度换挡期、结构调整阵痛期和前期刺激政策消化期的"三期叠加"阶段，在结构调整、转型升级的关键时期，既有的经济增长动力受到严峻挑战。一是我国面临人口结构的转型，2011 年以来，劳动年龄人口占比首次出现下降，劳动力的稀缺性加剧，抑制了资本的回报率，投资需求降低。二是我国全要素生产率自 2007 年的 9.6 逐年下降到了 2014 年的 3.3，这证明了传统要素投资对我国经济的驱动贡献度逐年下降。

2. 人民币运行风险加剧，面临较大的贬值预期。第一，中美出口贸易出现问题，从 2002—2005 年，美国向中国进口增速保持在 21% ~29%，虽然由于 2008 年的国际金融危机引起短暂的下滑，但 2009 年之后进口增速仍保持在 15% 左右，但在 2010—2014 年之后，美国向中国进口增速降至 10% 以下。2014 年美中贸易指数却下降至 77.15，这可能与中国国内产能过剩、产业结构升级相关。第二，我国外汇占款波动加剧，增长速度大幅度下降。随着美国经济的企稳，欧洲出台各项金融经济措施，使得我国外贸经济于 2013 年回稳，但在 2014 年外汇占款增速仍快速下滑至 2.72%，达到 2.94 万亿元。我国外汇占款从 2001 年开始，呈现出长期单调上涨趋势，但外汇占款的增速却呈现出"先上涨后下降再调整"的趋势。第三，从 2009 年开始，我国热钱规模波动剧烈，2009 年热钱规模为 -202.04 亿美元，2010 年末热钱流入 524.21 亿美元；2011 年末，资金迅速外流，热钱流出规模为 685.21 亿美元。虽然 2012 年和 2013 年比 2011 年热钱规模下降，分别降至 293 亿和 58 亿美元，但仍

处于净流出的态势；然而，热钱在 2014 年净流出 672. 69 亿美元。

3. 金融周期与经济周期的交织下行，从而加剧了金融的顺周期效应，同时其与房地产、人口周期及地方政府债务周期发生共振，诱发系统性与区域性风险。第一，当前，我国金融与房地产处于明显的下行周期，从而加剧了金融的顺周期效应，对我国经济金融造成致命影响。2009 年后我国步入明显的去杠杆化阶段，我国私人部门信贷、金融资产、社会融资规模同比增长速度不断下降。2014 年 9 月后，我国房地产价格同比下降，尤其是二三线城市房价下降幅度更为明显。金融和房地产两者相互依存，房地产是信贷的重要抵押品，在金融周期中起到加速器的作用。在金融周期上半场中，房地产价格上升、信用快速扩张，两者螺旋式持续上升，经济增长比一般经济周期中的动能强；金融周期进入下行周期后，在上半场负债过度扩张的部门进入调整期，房地产（抵押品）价格下降，银行信用萎缩，螺旋式下降，经济持续低迷。第二，在金融体系去杠杆化背景下，我国经济体系仍然存在以下重大风险隐患：一是地方融资平台风险的爆发。随着 2012 年反周期经济政策的运用，地方政府融资平台规模又开始上升，虽然受制于银行贷款的收缩，地方债务来源于债券发行、其他单位和个人借款逐渐增多，分别比 2010 年增加 1 782. 13 亿元、1 308. 31 亿元，增长率分别为 62. 32%、125. 26%，这些融资方式都不可避免地遇到刚性兑付问题，地方债务风险不断累积和向后推移。同时，地方政府融资手段变得更为隐蔽，信托、融资租赁、BT 和违规集资等高额利率方式变相融资现象突出，部分地方甚至还通过造假方式来回避债务监管。但值得关注的是地方债务的偿债来源更为依赖于土地出让，如未来土地价格的下跌与财政收入的下滑将引爆融资平台的风险。二是房地产泡沫破灭的风险。目前我国房地产融资严重依赖于境外融资、信托融资与销售款项，CreditSights 的报告认为至少有 50% 的小规模开发商资产负债表上的债务是来自信托融资。三是人民币贬值预期与资本突然逆转可能性的加大。随着美国经济的改善、QE 的逐渐退出以及国内经济增长预期的向下修正，人民币可能一改 2015 年上半年大幅度升值的趋势，将有可能出现贬值预期，同时大量国际游资向美国的流动可能会导致我国资本项目的大幅度流出，如央行要对冲资本外流导致的基础货币投放减少，又会偏离既有政策框架，形成两难选择。前述实体经济单独遭遇一个问题，可能对中国经济都不会造成太大影响，但是三个问题本身就是紧密联系的，同时又遭遇我国金融体系的去杠杆化进程，在经济下滑预期下很可能形成所谓的螺旋式加速下滑模式，即金融体系本身固有的顺周期效应，进而导致我国金融系统性风险的出现。

4. 我国实体经济部门杠杆率过大，使我国经济体变得更为脆弱。经济金融部门杠杆率过高容易诱发系统性风险：第一，高杠杆率致使全社会产生对资金的渴求，容易诱发资金的高利率出现，而高利率既会损害企业利润，也会致使资产价格泡沫尤其是房地产泡沫的破灭，诱发系统性风险；第二，高杠杆率致使整个经济体系抵御风险能力较差，任何一个较小的外部冲击均有可能造成全社会流动性的短缺与系统性风险，近年来的钱荒事件、温州民间金融风险、各地抵押担保破产事件等均体现了高杠杆率下经济金融体系的脆弱性。自 2001 年以来，我国社会总体杠杆率不断攀升，从 2001 年的 147 上升到了 2014 年的 235. 7，尤其是 2008 年以后，为了刺激我国经济增长，政府部门和非金融企业杠杆率大幅度攀升，值得注意的是，2012 年以来，我国政府杠杆率尤其是非金融企业杠杆率大幅度上升。

5. 非金融企业盈利能力下降，产能过剩与高杠杆率成为当前我国非金融企业部门的最大风险隐患。第一，工业企业盈利能力不断下降。工业企业主营业务收入自 2010 年的 28.6% 下降到了 2014 年的 6.4%；而工业企业盈利比例也从 89.98% 下降到了 88.11%。第二，分行业来看，房地产业、建筑业近年来总负债占股本比例大幅度攀升，且占比非常高，存在较高的风险，需要重点进行关注。其中，房地产行业总负债占股本的比例从 2004 年的 4.72 倍上升到了 2013 年的 14.38 倍。第三，从净资产收益率来看，煤炭工业、石油石化工业、造纸及纸制品业和黑色金属冶炼业等为代表的过剩产业，自 2007 年以来不断下降。同时，房地产行业净资产收益率也从 2010 年开始出现趋势性下跌。

6. 公共部门杠杆率不断增加，财政收入下降，尤其是地方政府债务存在较大的风险隐患。第一，我国政府债务率与赤字率不断攀升，虽然没有越过国际公认的 60% 和 3% 的标准，但显性债务占 GDP 比例从 2006 年的 31.49% 上升到了 2014 年的 41.06%，赤字率从 2007 年的 -0.58% 上升到了 1.78%。同时，近 3 年财政收入增长明显放缓，中央财政收入增速远远不及 GDP 的增速，从经济发展中获得的财政收入增速只有不到 6%。第二，我国地方政府债务存在较大的风险隐患。一是我国地方政府债务规模不断上升，截至 2014 年底地方政府负有偿还责任的债务 15.4 万亿元，该数据是财政部会同国家发展改革委、人民银行、银监会等部门 2015 年清理甄别出来的最新地方政府债务"箱底"，15.4 万亿元的地方政府债务余额比 2013 年 6 月末的审计数 10.8 万亿元增长了 42.6%。二是土地资产繁荣周期的下降，使得政府获得收入的渠道减少。15.4 万亿元相当于 2014 年地方一般公共预算收入决算汇总数 12.7467 万亿元的 1.2 倍；2014 年，地方政府和房地产相关的八项税收加上土地出让金的收入，一共有 6.4 万亿元，狭义的土地财政对房地产的依赖度达到 53%（夏斌，2015）。三是新型的 PPP 模式等较难大规模推广，资产报酬率（ROA）高于 6% 的城投公司比例仅为 7.04%。四是目前地方政府债券发行困难，以及政策面对地方政府债务改革推进方面的犹豫，均是由于财政对基建投资所需资金支持力度有限。

第二章　金融机构安全评估

第一节　银行业安全评估

一、评估体系与指数构建

(一) 引言

中国银行业的风险状况，历来为经济学家和决策者所关注。20 世纪 90 年代末和本世纪初，中国银行业曾经历以不良资产剥离和股份制改造为主要特征的深刻改革，实现了对系统性风险的有效化解。近年来，由于全球经济衰退和我国经济波动的原因，银行业的风险状况问题又再次引起了广泛的关注。

由于潜在风险的不可观察性，在评价风险程度时都必须依赖于某些评估指标。在已有的经济学研究文献中，对银行风险评估指标的选择，一直都呈现出多样化的特点。在本报告中，我们对中国银行市场的风险评估集中于稳定和发展两个维度，原因在于：第一，稳定是安全的基本内涵。没有稳定的银行市场自然谈不上金融安全，银行的稳定程度也可以反映出其可能面临的潜在风险程度。在已有的研究文献中，稳定和风险这两个概念往往互换使用，即风险的反义词即为稳定，稳定的降低即等于风险的上升。因此，稳定构成安全这一概念的基础。第二，发展是维护银行市场安全的根本途径。银行市场上导致波动甚至于危机的潜在风险，归根到底要由发展解决。发展完善的银行体系，可以更有效和充分地实现对潜在风险的吸收和化解，从而减少危机发生的概率和频率。发展中国家，特别是包括中国在内的新兴国家，都面临完善金融市场，实现资本优化配置的紧迫任务。

(二) 指标体系

我们分别使用五个不同指标，来反映中国银行市场的稳定水平和发展水平。具体来说，衡量稳定水平的指标包括：

1. Z 值。作为银行学研究文献中常用的体现金融稳定的指标之一，Z 值的经济学解释为银行距离倒闭的距离。Z 值越高，反映银行倒闭的风险越低。

2. 不良贷款率。不良贷款率被定义为不能按时归还利息和本金的贷款占贷款余额的比率。该比率越高，反映银行面临的资产损失风险越大。

3. 坏账准备金率。银行坏账准备金对贷款余额的比率。一般认为，银行风险上升时，银行拨备的坏账准备金也相应增加。

4. 流动性。该流动性被定义为银行持有的流动资产对总资产的比率。该值越高，反映出银行拥有更多的流动资产用于可能出现的银行挤兑压力，因此风险程度越低。

5. 杠杆率。我们使用所有者权益对资产的比率来反映银行的杠杆率。该指标越高，反映银行的杠杆风险越低。同时，很多文献都指出，银行的自有资本率越高时，其向风险更高的客户提供贷款的动机越低，审慎程度越高。

衡量发展水平的指标包括：

1. 资产回报率，即税后利润对总资产的比率。该指标被普遍用于衡量银行的盈利能力，该指标越高，银行的资产利用效果越好，反映银行信贷的有效配置。

2. 资本回报率，即税后利润对银行所有者权益的比率。该指标越高，表明银行资本的利用效率越高。

3. 非利息收入比。该指标衡量银行经营范围（或者说收入渠道）的多样化程度。如果非利息收入升高，显示银行业对传统业务的依赖程度降低，呈现更为稳健的多样化发展。

4. 非存款负债比。该指标体现银行融资对传统储蓄的依赖，该比率上升，意味着银行融资渠道的多样化。对包括我国在内的诸多发展中国家而言，现阶段以上两个指标上升，意味着银行业的发展逐渐从传统存贷款服务，向更为多元化的阶段发展，体现发展水平的提高。

5. 赫氏指数（HHI）。该指标为银行市场份额（以银行资产占市场总资产的比率为衡量）平方后加总。HHI 越高，显示银行市场集中程度越高，竞争程度越低。尽管银行学研究文献中也使用其他反映市场竞争程度的指标（如 Panzar－Rosse H 指数、Lerner 指数、Boone 指数等），但 HHI 依然是最常用的反映市场结构和市场竞争的指标之一。我们认为，集中程度越低、竞争程度越高，对我国和其他发展中国家而言，显示银行业发展程度的进步。

二、银行业安全评估：基于全样本的数据分析

我们通过表 2－1 分析以上指标在 2001—2014 年的变化。

表 2－1　　　　　中国银行业各项金融稳定与发展指标变化情况

年份	Z 值	不良贷款率（％）	坏账准备金率（％）	流动性（％）	杠杆率（％）	资产回报率（％）	资本回报率（％）	非利息收入比（％）	非存款负债比（％）	HHI
2001	19.27	15.03	3.84	23.83	11.77	0.27	5.58	18.56	16.41	0.16
2002	31.57	12.98	3.91	21.10	13.08	0.30	6.49	37.14	20.42	0.15
2003	34.57	13.34	2.97	19.44	12.20	0.43	9.51	20.87	18.48	0.14
2004	25.14	8.99	2.50	19.26	12.08	0.61	7.29	15.17	16.25	0.13

续表

年份	Z值	不良贷款率（％）	坏账准备金率（％）	流动性（％）	杠杆率（％）	资产回报率（％）	资本回报率（％）	非利息收入比（％）	非存款负债比（％）	HHI
2005	8.36	6.70	2.15	21.46	10.69	0.64	2.76	15.77	13.87	0.12
2006	15.23	4.93	2.11	20.77	10.46	0.70	9.96	14.10	13.58	0.12
2007	11.44	3.19	2.27	24.29	12.32	0.98	13.32	19.65	19.56	0.11
2008	11.28	2.07	2.37	25.90	14.77	1.11	13.11	16.87	16.44	0.10
2009	16.52	2.83	2.25	27.67	15.50	0.98	17.74	15.48	12.27	0.10
2010	17.65	2.44	2.25	33.65	17.51	1.08	18.91	15.97	12.92	0.09
2011	24.18	0.82	2.33	38.42	18.17	1.20	19.52	16.36	12.18	0.09
2012	20.20	0.81	2.40	38.98	19.50	1.21	19.29	17.06	12.75	0.08
2013	19.02	0.98	2.64	29.01	15.85	1.19	18.51	16.32	7.26	0.09
2014	23.60	1.20	2.80	25.32	17.28	1.14	16.86	19.66	9.07	0.08

为了更直观地观察每一个分指标在 2001—2014 年期间的变化，我们在对指标进行同向化处理后，使用功效系数法对其进行转化，在分别计算出银行业稳定水平和银行业发展水平的均值后，我们按 70∶30 的权重算得对银行风险程度的总体评价，分值越高代表安全程度越高、风险水平越低。具体结果见表 2-2。

表 2-2   中国银行业各项金融稳定与发展指标评分

年份	银行业稳定水平指标						银行业发展水平指标						总体评价
	Z值	不良贷款率	坏账准备金率	流动性	杠杆率	均值	资产回报率	资本回报率	非利息收入比	非存款负债比	HHI	均值	
2001	76.65	63.16	62.19	69.27	65.80	67.41	63.14	66.73	67.74	87.81	60.00	69.08	67.91
2002	95.42	68.47	60.66	63.73	71.59	71.97	64.31	68.90	100.00	100.00	62.67	79.18	74.14
2003	100.00	67.54	81.20	60.37	67.70	75.36	69.41	76.11	71.75	94.10	65.71	75.42	75.38
2004	85.61	78.81	91.48	60.00	67.17	76.61	76.47	70.81	61.86	87.33	69.23	73.14	75.57
2005	60.00	84.74	99.13	64.46	61.02	73.87	77.65	60.00	62.90	80.09	73.33	70.79	72.95
2006	70.48	89.33	100.00	63.06	60.00	76.57	80.00	77.18	60.00	79.21	73.33	73.95	75.79
2007	64.70	93.83	96.50	70.20	68.23	78.69	90.98	85.70	69.64	97.39	78.18	84.28	80.37
2008	64.46	96.74	94.32	73.47	79.07	81.61	96.08	84.70	64.81	87.90	84.00	83.50	82.18
2009	72.45	94.77	96.94	77.06	82.30	84.70	90.98	95.75	62.40	75.23	84.00	81.67	83.79
2010	74.18	95.78	96.94	89.19	91.19	89.46	94.90	98.54	63.25	77.20	91.11	85.00	88.12
2011	84.14	99.97	95.19	98.86	94.12	94.46	99.61	100.00	63.92	74.95	91.11	85.92	91.90
2012	78.07	100.00	93.66	100.00	100.00	94.35	100.00	99.45	65.14	76.69	100.00	88.26	92.52
2013	76.27	99.56	88.42	79.78	83.85	85.57	99.22	97.59	63.85	60.00	91.11	82.35	84.61
2014	83.26	98.99	84.92	72.29	90.18	85.93	97.25	93.65	69.65	65.50	100.00	85.21	85.71

从我国银行业风险程度的总体表现看，在经历了本世纪初的低谷后（2001 年分值为 67.91），我国银行业的风险状况表现出持续改善趋势，并在 2012 年达到阶段性的峰值（92.52）。但是，在 2013 年和 2014 年，评价分值又下降为 84.61 和 85.71，甚至低于 2010 年的水平，这显示银行业风险程度又出现上升苗头，应当引起决策者对银行市场风险的注意和警惕。以上评价是我国银行业风险水平相对自身变化的纵向比较，下面，我们结合使用的具体指标逐一观察，同时，我们将这些指标与 OECD 国家的均值对比，作为我国银行业安全程度的横向比较。

（一）中国银行业稳定水平分析

我们首先用 Z 值观察银行市场的稳定程度。Z 值是银行学文献中经常使用的一种衡量银行稳定的指标，其具体构建为

$$Z = \frac{ROA + EA}{\sigma YROAY}$$

其中，ROA 代表各银行的平均资产回报率（%）；EA 代表平均资本充足率（%）；$\sigma YROAY$ 代表各银行年度 ROA 数据的标准差。我们使用所有者权益（equity）对总资产的比率进行估算。首先按上面的方法计算每一银行每年的 Z 值，然后计算中国银行业的平均 Z 值。没有采用常见的风险加权资产，是为了克服资产风险的评估受资产规模较大的银行权重影响，可能出现低估银行业整体风险的问题。图 2 - 1 为 2001—2014 年我国银行业平均 Z 值的变化情况。

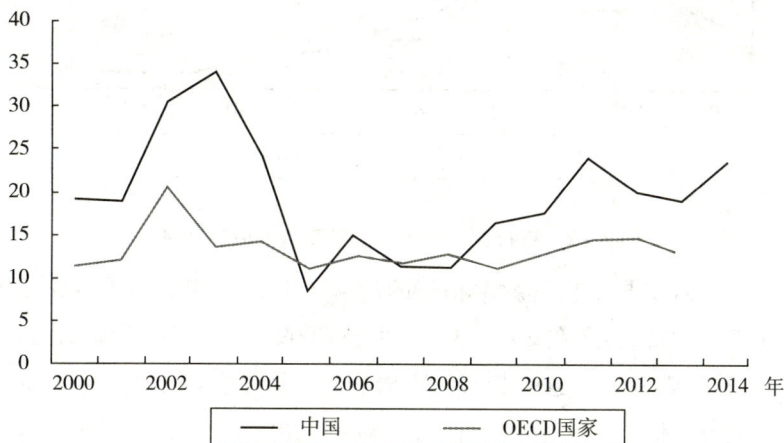

图 2 - 1　银行业平均 Z 值（2001—2014）

从图中可以看到，在经历了本世纪初的波动并于 2005 年达到最低值后，Z 值总体表现出升高的趋势，这种稳定程度的改善在 2011 年达到一个阶段的最高值，而从 2012 年开始，Z 值连续两年下降，反映出稳定程度有所下降，直到 2014 年有所回升。我们根据 Z 值的构成，发现其波动受到 ROA 和 EA 的共同影响，两者在 2014 年都较前两年有所升高，反映出该年银行盈利水平的好转以及杠杆风险的下降。在与 OECD 国家银行业的平均 Z 值进行比较中，我们发现在多数时间里，中国银行业的 Z 值甚至高于 OECD 国家的平均 Z 值。由于国际

金融危机的影响，OECD 国家银行业的 Z 值在 2009 年出现了下降，此后几年中虽有回升但缺乏显著增长。相比较而言，同时期中国银行业的 Z 值却出现了明显的提升，稳定程度总体上有所改善。

我们接下来使用更为传统的银行不良贷款对贷款总量的比率观察银行的稳定程度（见图 2 - 2）。不良贷款率的趋势变化显得更为明显，反映出持续改善的过程，从 2001 年的平均不良贷款率高达约 15%，逐年减少到 2013 年的平均不足 1%，体现出我国银行业改革中呆坏账剥离对银行风险的显著改善，以及银行对不良贷款风险控制水平的逐步提高。但是，2013—2014 年我国银行业的平均不良贷款率出现上升，到 2014 年为 1.20%，反映出银行贷款风险可能由于经济下行的压力而增大。与国际比较，OECD 国家的不良贷款率在 2008 年由于国际金融危机而出现明显上升，并在随后几年中都保持在 6% ~ 7% 的较高水平，反映出我国不良贷款率在国际上属较低水平。

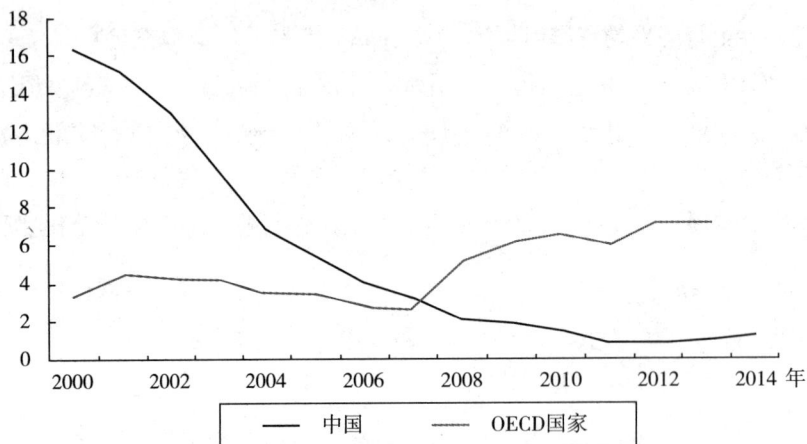

图 2 - 2　银行业平均不良贷款率（2001—2014）

坏账准备金率表现出与不良贷款率相似的趋势，由 2001 年的接近 4% 逐渐下降至 2005 年的最低值 2.15%，之后稳定在 2% ~ 3%。但自 2009 年后，我国的坏账准备金率逐渐升高，到 2014 年上升到 2.80%。这一趋势一方面表现出，银行面临的潜在风险可能上升，迫使银行提高坏账准备，但同时也表现出银行应对可能出现的损失的能力有所增强。相比而言，OECD 国家的平均坏账准备金率自 2008 年显著升高，2010 年后始终保持在 4% 以上，明显高于我国（见图 2 - 3）。

银行业的平均流动性经历先下降再上升的变化，特别是自 2004 年到 2012 年，流动性表现出持续上升，反映出银行资产并未过度集中于风险更高的贷款，同时体现出银行有更多的资源可以满足储户提取存款的需求。另一方面，流动资产比重的提升，有利于银行获得更为安全稳定的收益，同时降低银行的融资成本。不过，我们注意到 2013 年后，银行业的平均流动性出现明显的下降，到 2014 年下降到 25.32%。相比我国银行流动性的波动，OECD 国家银行的平均流动性显得更加稳定，始终保持在 25% 左右的水平（见图 2 - 4）。

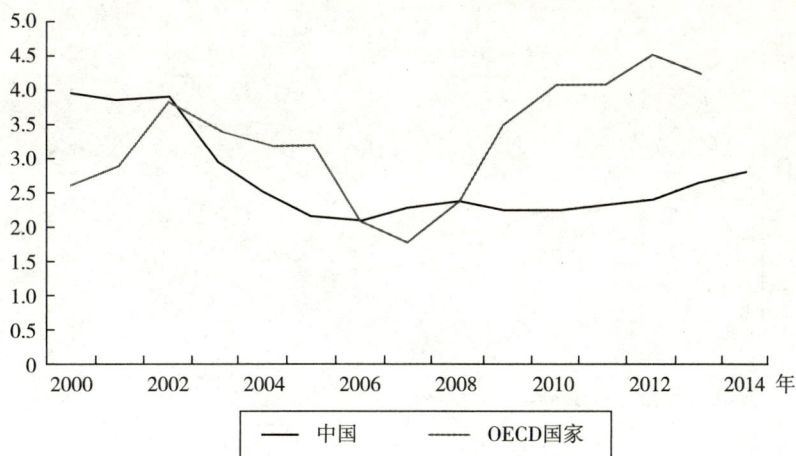

图 2 – 3 银行业平均坏账准备金率（2001—2014）

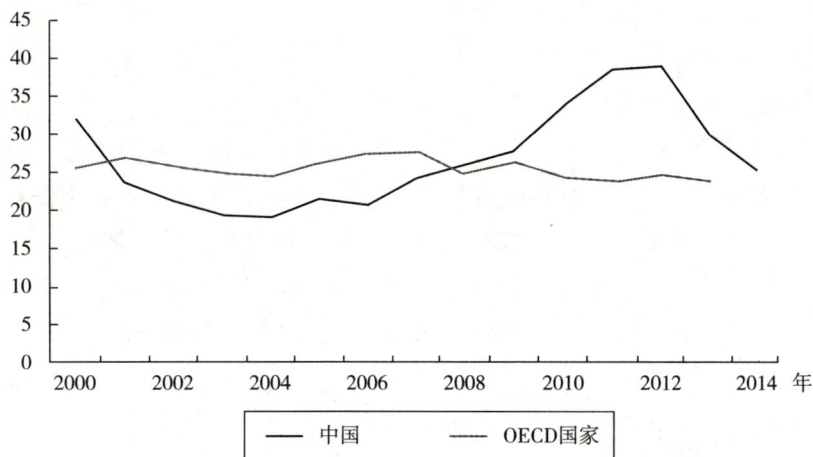

图 2 – 4 银行业平均流动性（2001—2014）

与许多研究文献一致，我们使用杠杆率衡量银行业的资本充足程度，并发现银行业平均杠杆率总体上表现出先下降后升高的趋势，特别是在 2006—2012 年期间从 10.46% 上升到 19.5%，反映出银行对于负债的依赖程度下降，而使用自有资本提供信贷的能力上升。但是，2012 年后银行资本充足程度有所下降，2014 年下降到 17.28%，显示银行负债水平上升。但要注意的是，虽然差距已经显著缩小，我国银行业的资本充足程度在多数时间内仍低于 OECD 国家的平均资本充足程度。OECD 国家的资本充足程度均值在 17% 左右，且在金融危机后有所增高，2013 年达到 19% 以上（见图 2 – 5）。

（二）中国银行业发展水平分析

下面我们讨论中国银行业发展程度的变化。为了避免使用单一指标可能带来的偏误，我们同样使用五个分指标衡量银行业各方面的发展水平。

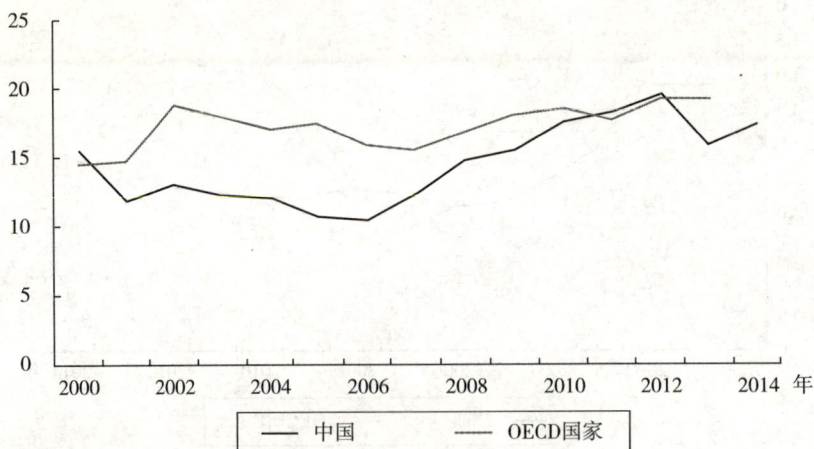

图 2-5 银行业平均杠杆率（2001—2014）

第一，我们使用分指标银行资产回报率（ROA），按银行资产的大小对每一银行的资产回报率进行加权，从而算得银行业的加权平均资产回报率。平均资产回报率越高，说明银行业的经营状况和盈利水平越高。

从图 2-6 中我们发现，银行业平均资产回报率表现出持续上升的趋势，显示出银行经营状况的改善，使得资产得以更有效地被利用，为银行创造更高的收益。但是在 2011 年后，平均资产回报率的上升势头趋缓甚至略有下降，显示银行收益较以往降低，但在 2014 年有所改善，达到 1.14%。与 OECD 国家的平均资产回报率相比，我国银行业的资产回报率直到 2007 年以前都低于 OECD 国家平均水平，但由于 2007 年后受国际金融市场的一系列冲击的影响，OECD 国家平均资产回报率出现显著的下滑，并在 2012 年下滑到最低值，此后显示回升迹象，但依然低于我国的平均资产回报率。

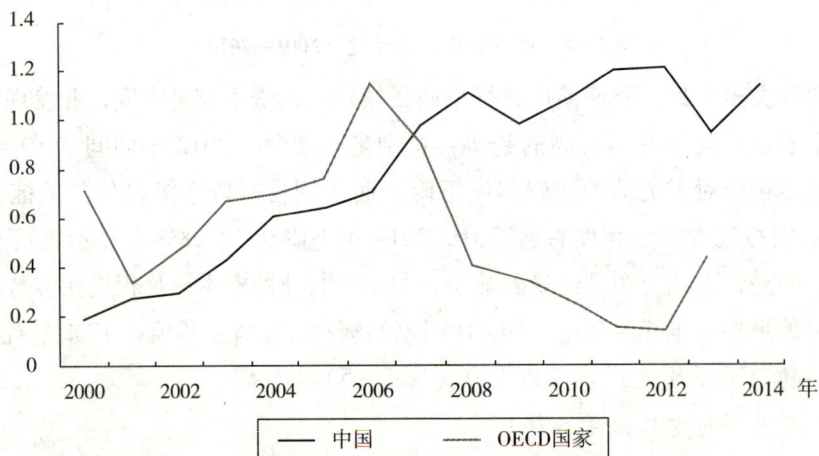

图 2-6 银行业加权平均资产回报率（2001—2014）

第二，我们使用类似的指标，即银行业加权平均资本收益率来观察我国银行业的发展状况。总体上看，平均资本回报率与平均资产回报率的趋势非常相似，都表现出上升的趋势。由于银行自身资本充足程度的提升，使得资产与资本比率降低（ROE/ROA 减小）。同样，在 2011 年后，平均资本收益率也出现了较为明显的降低，显示银行经营状况出现一定的问题，直到 2014 年又有所回升，达到 16.86%。OECD 国家的平均资本回报率自 2006 年后逐渐下降并于 2008 年开始低于中国银行业平均资本回报率。以上两个指标显示，就银行业的经营收益而言，我国银行业近年来在国际上处于相对较高的水平（见图 2－7）。

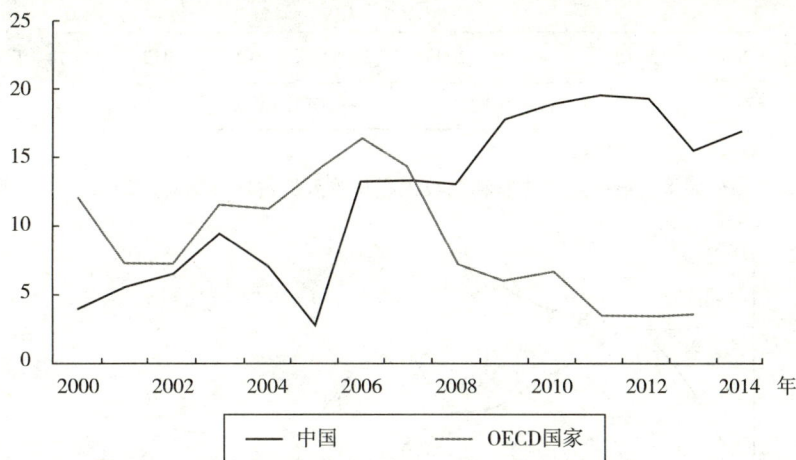

图 2－7　银行业加权平均资本回报率（2001—2014）

第三，我们使用非利息收入占总收入的比率，来观察银行经营范围的多样化程度。更高的非利息收入，可以被理解为银行对传统业务的依赖程度降低，呈现更为稳健的多样化发展。

从图 2－8 中我们发现，我国银行业的平均非利息收入在总收入中的占比，总体趋势上没有出现大的提升和波动，且总体程度也较低。这被解释为我国银行业依然高度依赖传统的贷款业务，利息收入是银行的主要收入来源，而非传统业务对银行收入的贡献则较为有限。对比 OECD 国家，我们发现了显著的差距。以可获得的最近的数据为例，OECD 国家非利息收入占比达到 38% 以上，而我国则不足 20%。

第四，与通过观察非利息收入分析银行收入多样化程度相似，我们观察了非存款负债在总负债中的占比，以此分析银行融资对传统储蓄的依赖。该比率越高，意味着银行融资渠道的多样化程度越高。

从图 2－9 中我们发现，尽管存在一些阶段性的波动，但非存款负债在总负债的比率总体上并没有上升，反而是自 2007 年后持续下降，虽然在 2014 年稍有回升，但也仅为 9.08%。这一结果反映出，存款依然是我国银行业获得融资的主要来源，银行通过批发市场获得融资的程度还相对较低，从这一侧面反映出批发融资市场还较不发达。与 OECD 国家相比，虽然其非存款负债占比在 2006 年后也有所下降，但始终保持在 16% 以上。以上两个指标显示，就银行业的经营范围和融资渠道多样性而言，我国与 OECD 国家尚有一定差距。

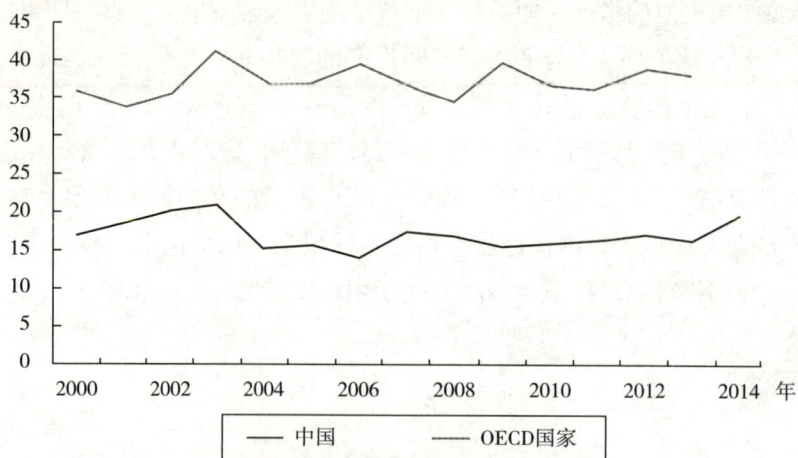

图 2 - 8　银行业平均非利息收入在总收入的占比（2001—2014）

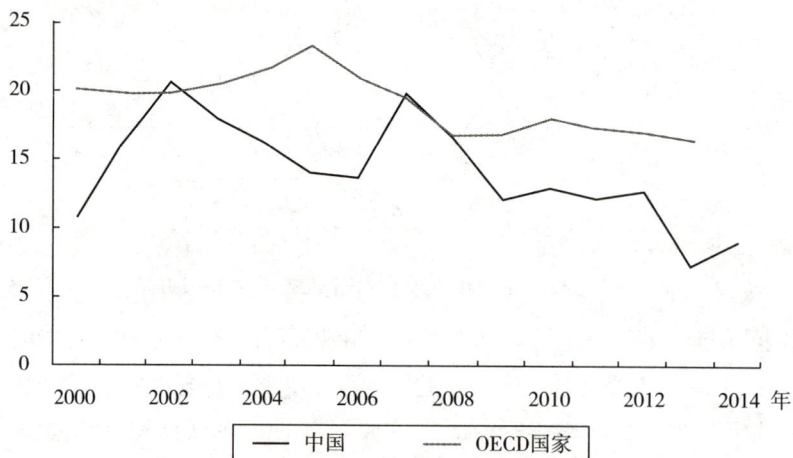

图 2 - 9　银行业平均非存款负债在总负债的占比（2001—2014）

第五，我们通过观察银行市场结构，即集中程度，分析银行业的发展情况。如果集中程度降低，可能反映出竞争程度的上升，资源可能由于竞争的升高而得到更优化的配置。我们使用 HHI 指数，即对银行资产占市场总资产的比率求平方后加总，反映市场集中程度。从图 2 - 10 中可以看到，我国 HHI 指数表现出持续降低的趋势，从 2001 年的 0.16 降低到 2014 年的 0.08，表现出大银行市场份额减少而中小银行市场份额相对上升，市场竞争程度不断提高。与 OECD 国家相比，OECD 国家的平均 HHI 指数虽然也表现出下降的趋势，但其水平明显高于我国，这是由于很多国家中存在少数几家大银行占据市场绝大部分份额所致。因此，从集中程度看，我国银行业的竞争程度甚至高于 OECD 国家的平均水平。

综合以上分析，我们认为，总体而言，中国银行业的风险水平在 2001—2014 年期间表现出改善的趋势，但近期的波动显示出现风险可能升高的苗头，需要引起决策者的注意。就各个衡量稳定和发展的分指标而言，多数也表现出改善的趋势和近期可能下行的波动，有的指标体现出我国与其他国家相比的差距和未来改善的空间。

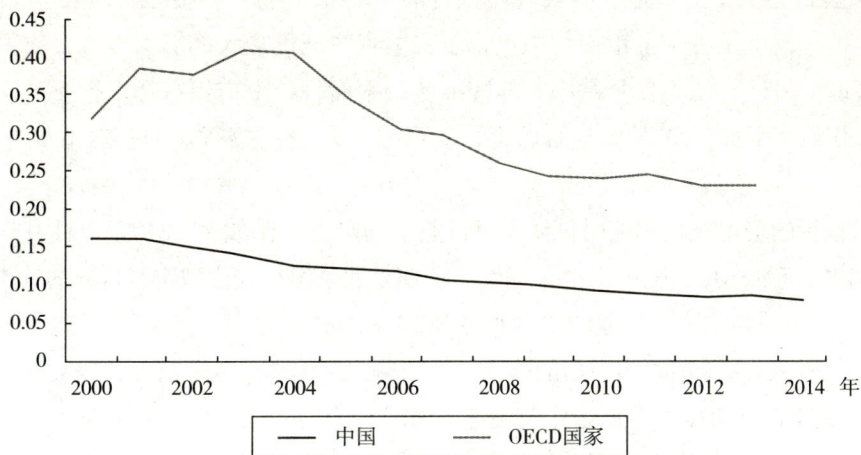

图 2 - 10　银行业 HHI 指数（2001—2014）

三、银行业安全评估：基于上市银行数据的比较分析

下面我们关注我国的上市商业银行。作为我国银行业的代表，截至 2014 年共有 16 家银行在沪深两个证券交易市场上市，其中不仅包括工行、农行、中行、建行四大国有银行，交通银行、浦发银行和招商银行等股份制银行，也包括北京银行和宁波银行这样的城市商业银行。作为银行业中资产状况较好的代表，我们对其进行专门的观察和分析（见表 2 -3）。

表 2 - 3　　　　　　　　中国上市银行各项金融稳定与发展指标变化情况

年份	Z 值	不良贷款率（%）	坏账准备金率（%）	流动性（%）	资本充足率（%）	资产回报率（%）	资本回报率（%）	非利息收入比（%）	非存款负债比（%）
2001	10.47	7.03	4.34	27.20	3.33	0.27	8.07	36.09	19.23
2002	9.34	12.00	6.42	19.60	3.06	0.22	9.93	41.90	15.66
2003	8.77	19.82	7.38	17.64	2.40	0.37	4.99	28.12	13.86
2004	10.66	6.60	4.80	15.90	2.51	0.57	8.47	16.90	9.60
2005	13.86	3.67	2.68	14.47	3.54	0.57	11.99	12.63	7.27
2006	16.05	3.03	2.63	17.51	4.07	0.63	11.76	12.80	10.55
2007	22.22	2.21	2.54	22.46	4.98	0.94	12.31	10.44	20.51
2008	23.93	1.93	2.64	23.24	5.95	1.01	17.94	14.50	20.77
2009	20.79	1.32	2.21	21.43	5.27	0.95	18.11	16.57	19.89
2010	22.14	1.00	2.17	15.08	5.74	1.07	18.19	15.41	21.69
2011	23.33	0.85	2.32	17.11	6.02	1.18	19.52	17.04	24.98
2012	23.33	0.85	2.41	18.68	6.05	1.21	19.27	17.93	27.61
2013	23.60	0.96	2.37	14.32	6.18	1.23	18.99	20.21	28.06
2014	25.10	1.18	2.42	11.92	6.53	1.19	17.05	22.83	29.32

对比上市银行的各项指标，从表 2－3 中我们有以下发现：

1. 在某些指标上，上市银行的表现与银行业平均水平吻合程度很高，特别是资产回报率和资本回报率，这是由于上市银行中包含了我国资产规模最大的五家银行，使得两者加权平均水平接近。另外，就不良贷款率和坏账准备金率而言，上市银行和银行业平均水平在近年来也非常相似。因此，就以上方面而言，上市银行对我国银行业的普遍情况有较高的代表性。

2. 上市银行的资本充足程度明显低于银行业平均水平，比如 2014 年，以杠杆率作为衡量指标，上市银行资本充足程度平均为 6.53%，即使是北京银行和宁波银行这样的城市商业银行也未超过 7%，而同期我国银行业的平均水平为 17.28%。这显示上市银行可能由于融资成本上的优势，使得其具备承担更高负债的能力，因而造成负债程度显著高于其他银行。

3. 上市银行的流动性水平低于银行业平均水平。2014 年，上市银行流动资产占总资产的比率为 11.92%，而银行业的平均流动性为 25.32%，这说明上市银行将更多的资产分配给了流动性风险相对更高的贷款。理论上，当银行具有更便利可靠的融资渠道时，它们可以选择持有更少的流动资产以应对可能出现的银行挤兑，这可以解释上市银行流动性更低的原因。

4. 当我们观察非利息收入占总收入的比率时，我们发现在大多数时间上市银行和银行业的平均水平都非常接近，没有出现明显的差异，这显示我国包括上市银行在内的多数银行仍高度依赖传统贷款业务，而在拓宽盈利手段方面还有较大的提升空间。但是，在非存款负债占总负债的比率上，上市银行和银行业平均水平出现了明显的差异。2007 年后，上市银行的非存款负债比率持续上升而同期银行业的平均水平则呈现下降的趋势，至 2014 年上市银行非存款负债比率达到 29.32%，而全国银行业平均水平仅为 9.07%。再次体现出上市银行在融资渠道上相比其他银行的优势。经济学理论上，由于信息不对称问题，银行在吸收被保险存款外的负债时将支付更高的成本，而上市银行由于信息披露的义务而具有更高的信息透明性，有利于其以更低的成本吸收负债。

5. 最后，当我们比较 Z 值时发现，自 2005 年后，上市银行的 Z 值在大多数年份中都高于银行业平均 Z 值，反映出上市银行也许是受市场力量的约束从而具有更高的审慎性，从而具有更低的倒闭风险。

四、中国银行业潜在风险隐患分析

金融风险与实体经济的波动密不可分。从大的宏观背景上看，目前我国经济正处于增长速度换档期、结构调整阵痛期、前期刺激政策消化期"三期叠加"的特殊时期，这使得银行风险具有上升的可能。前面数据中显示的不良贷款率和坏账准备金率在近年的升高，都是这种风险可能上升的表现。

第一，我国经济由接近三十年的高速增长阶段，过渡到中高速增长阶段。近年来我国 GDP 增长率从 2010 年的 10.45% 逐渐下降到 2014 年的 7.4%。增长率下降的背后，既有全球经济减速的影响，也是我国主动调控和市场需求变化综合作用的结果，但同时也反映出我国的潜在增长率发生由高到低的变化。通常认为，我国现在的潜在经济增长率在8%左右，因此我国在今后一段时期内的经济增长率将出现7%～8%的常态。随着经济规模的继续扩大，各国的普遍规律显示经济增长速度还会继续放缓。有研究发现，银行市场的稳定程度与经济周期正相关，即经济向好时，借款企业的违约率下降，银行盈利的上升，使得银行的信贷安全也得以增强。反之，经济增长率的降低意味着对银行信贷需求的下降，企业违约率上升，并可能造成银行风险加剧。

第二，部分行业产能过剩和经济结构调整使得银行风险可能上升。长期以来，我国的经济增长模式对固定资产投资的依赖较大，造成部分产业产能过剩问题严重，突出表现在钢铁、水泥、电解铝、平板玻璃、煤化工、船舶制造、风电设备、光伏等领域，同时造成这些行业负债率高企。由于这些行业的融资很大一部分来自于银行信贷，使得银行在控制因产能过剩而引发的信贷风险上面临紧迫的考验。以钢铁行业为例，2013年86家大中型钢铁企业总负债为3.0189万亿，行业负债率达69.47%，其中银行贷款达1.3万亿。为应对这一问题，银行业也采取了将授信权限上收至总行等措施，但应注意的是，银行的惜贷反过来又增加了其融资成本，加剧了产能过剩行业的经营困难和违约的可能性。

第三，严峻的外贸出口形势对银行风险造成不利影响。全球经济仍处于金融危机后的深度调整期，仅维持低速增长，我国的一些主要国际贸易伙伴（如欧盟和日本）增长动力仍然不足，从而降低了对我国出口商品的需求。我国劳动力成本的上升和人民币实际有效汇率持续升值又进一步削弱了我国商品的竞争优势，造成出口企业订单和出口数额下降。同时，由于我国出口企业多采取信用销售的方式，需要买方完成销售后才能收回货款，而当买方发生风险时，风险很可能会传递到我国企业，造成货款无法及时收回从而资金周转不灵的问题。这些因素都可能会增加我国银行的不良贷款率，提升银行业的整体风险。目前，为应对这一局面，不少银行开始收紧国际贸易融资，特别是出口下降较快的纺织和玩具等传统行业。同时，对信用证融资也趋于谨慎，大幅提高了信用证融资的保证金比例。

第四，前期刺激政策为银行带来的风险可能逐渐显现。2008年底，为保持经济平稳较快增长，中国政府推出了加快建设保障性安居工程等到2010年底共需投资4万亿元的十项措施，即通常被简称为"四万亿计划"的经济刺激政策。与该计划相配合的是各银行都大幅增加了信贷规模，例如，2009年金融机构本外币新增贷款9.4万亿元，约为2008年新增贷款的两倍。其中中长期贷款累计新增7.1万亿元，约占全年新增贷款的76%。2010年虽新增贷款明显回落，但规模也达7.95万亿元。大规模的信贷增长造成近年还贷高峰的到来，在市场需求下降、经济增长率显著下行的背景下，导致企业债务压力增加，违约可能上升，从而使得银行遭受更多的贷款损失。例如2014年，海鑫钢铁集团违约未能偿还的逾期银行贷款就高达30亿元，兴润置业陷入资不抵债也使得24亿元银行信贷有不能全部收回的风险。

第五，房地产市场的风险可能传递到银行领域。房地产贷款是我国银行信贷中的重要部分。2014年我国房地产贷款余额为17.37万亿元，在银行贷款中的占比超过21%。其中房地产开发贷款 5.63 万亿元，个人购房贷款 11.52 万亿元。但是，2014 年我国房地产市场发生明显调整，表现为房地产投资增速显著放缓，房地产销售面积和销售额同比大幅下滑，房价下跌城市不断增加。随着房地产市场调整的不断加深，各地地方政府开始放松调控，如从 6 月开始取消限购，央行也最终放松首套房认定政策，以释放改善性需求。可以预计，随着我国经济发展进入减速换挡期，房地产业发展也将步入成熟和理性的新常态，将表现出房产价格调整幅度收窄、房地产投资逐渐下降并趋于稳定、一线城市与二三线城市价格出现分化等特点。对银行来说，可能面临的风险包括：第一，房企销售量下降将延缓其资金的回笼，加之前期银行对房地产贷款政策的收紧，可能出现部分房企资金链断裂，导致银行坏账增加。第二，作为抵押物的房产价值下降，可能使得银行在变卖抵押物后也不能全部收回贷款，造成损失。第三，房价的下跌，特别是在二三线城市，可能导致房产现值低于购房贷款余额，产生购房者断供违约现象。2009 年房价快速上涨过程中发放的住房贷款，由于首付比率相对较低使得违约成本也较低、购房者的目的更多在于投资而非自住以及贷款增速过快时借款人信用和偿付能力的评估工作容易出现疏漏等原因，发生风险的概率高于以往的贷款。

第六，地方政府债务的积累可能增加银行风险。2008 年 11 月以来，为应对金融危机的冲击，我国采取了积极的财政政策，在这一背景下，地方政府旗下的投资公司即"融资平台"的负债迅速扩张。截至 2014 年，地方政府整体的债务余额约为 17.89 万亿元，其中融资平台所占债务比例最大，余额约为 6.97 万亿元，占地方债务整体的 39%。2012 年后，融资平台进入相对集中的还贷期，银行贷款遭受风险的概率可能上升，其主要风险来源在于融资平台的还款来源没有充分的保障。融资平台贷款的还款来源首先应当是融资平台项目自身的收益，其次是地方政府的财政收入和土地收益。可是由于平台贷款项目整体盈利率低下，地方财政收入和土地收益变成了平台贷款还款的主要保障。随着我国经济增长率放缓，地方财政收入增长趋势也受到影响而降低。同时，由于国家房地产调控政策对土地销售监管的加强，房地产价格逐渐稳定并出现下降，又影响了地方政府的土地出让收益，这两方面的因素都使得融资平台的还贷来源可能减少，银行的贷款可能因此而损失。

第二节　证券业安全评估

本章剩余两节将分析金融领域的另外两个主要业务部门——证券业和保险业。尽管相对于银行业而言，证券业和保险业在中国金融体系中的地位和作用，尤其是对国家金融安全的影响，并不是首要的，但随着中国金融体制改革的深入，一方面，多层次、宽领域市场化投融资渠道的建立和完善会极大扩展证券业和保险业的业务范围和业务深度；另一方面，中国金融改革与发展日益显现出混业经营的趋势，中国证券业和保险业对国家金融安全的重要性将越来越难以被忽视。

一、评估体系与指数构建

针对证券业的金融安全评估，我们根据证券业机构的业务特点，从发展和风险两个角度综合考虑，结合数据的可获得性和可比性，构建了适用的评估指数。

（一）评估对象

本部分侧重于对金融机构的整体业务绩效与业务风险进行评估，因此选择行业的主体经营机构（即证券公司）为对象。但由于数据的可获得性问题，在数据不可得或不完全可得时，将以国内 A 股上市的证券公司作为替代。

（二）数据来源

数据主要来源于各上市公司的历年财务年报和 IPO 招股说明书中披露的数据，本报告对数据的一致性和有效性问题做了必要的处理。对于早期的数据，本报告根据中国证监会网站发布的行业数据做了补充与调整。

作为参照对比的国外数据主要来源于 OSIRIS 全球上市公司分析数据库，本报告根据各国经济发展水平做了适当的分类。

（三）指标选取

由于既要进行历史纵向比较，又要进行横向跨国比较，在指标选取上重点考虑了数据的有效性和可得性，即主要选取能反映行业整体发展水平和风险状况的少数指标来分别构建行业发展指数和行业风险指数，最后将这两个指数整合为一个单独的指数来综合反映行业的整体金融安全状况。其中，行业发展指数反映行业的发展能力和未来的风险抵御能力，行业风险指数反映行业的当前稳定状况，两者均与行业金融安全指数呈正向关系。

在风险指数上，其构成指标包括：

1. 行业净资本充足率，即行业净资本与行业总资产的比值，反映了证券企业的资本充足水平和经营风险。该指标越高，行业风险指数越高。

2. 行业 Z 值。行业 Z 值是对行业整体风险状况的评估，其行业计算公式与银行业 Z 值的计算公式相同。该指标越高，行业风险指数越高。

在发展指数上，其构成指标包括：

1. 行业盈利指标。选取行业净资产收益率，即行业净利润与行业净资产之间的比例，来反映行业的整体盈利能力。该指标越高，行业发展指数越高，其金融安全指数也就越高。

2. 业务多元化程度。用行业经纪业务收入在总收入中的比重来衡量，反映行业业务的多样化程度。就目前中国的情况来看，该指标越低，说明行业发展有脱离传统业务，通过业务创新实现多样化经营和差异化竞争的趋势，行业发展指数也就越高。

在这些分项指标的基础上，通过功效系数法，并按照一定权重计算相应指数，合成最后的金融安全指数。

二、中国证券业金融安全状况的历史回顾

新中国证券业起源于 20 世纪 80 年代国库券的发行、转让以及沪深等地企业的公开募股集资活动。1987 年，新中国第一家证券公司深圳特区证券公司成立。1990 年，上海证券交

易所的成立使我国证券市场从试点迈入逐步规范、快速发展的轨道。证券公司作为证券市场最核心、最重要的中介机构，为筹资者发行证券和投资者买卖证券提供了全方位的中介代理服务。

从过去 20 多年的发展来看，中国证券业的发展主要受到四条主线的影响：一是证券业监管模式和证券市场改革的不断演变；二是中国证券市场的周期性波动；三是行业内部竞争状况的变化与对外开放的不断推进；四是制度创新和业务创新的不断推动。

本部分将按照这四条线索，从发展和风险两个视角，结合纵向发展和横向比较，对中国证券业的金融安全问题进行整体评估。

（一）证券业监管模式和证券市场改革的不断演变

在过去的近 20 年里，中国证券业的监管是在管制与放松管制的相互交替，以及金融分业经营和综合经营模式的探索中不断推进的。

在我国证券市场发展初期，证券经营机构大多是银行或信托投资公司下设的证券业务部门，资产规模相对较小。随着我国证券市场的发展和《证券法》的颁布实施，一批实力雄厚的大型综合类证券公司迅速崛起，证券公司数量迅速增加，资产规模急剧扩张，证券公司得到了较为迅速的发展。

1998 年 6 月，中国证监会接收了中国人民银行对证券公司的管理职能，从而改变了以前的二元监管体制，开始了对证券业的集中监管时期。根据 1999 年颁布的《证券法》，我国证券公司的设立和经营实行特许制度，而且这种特许制度分为"证券、银行、信托分业经营"和证券公司的"分类管理"两个递进层次，后者又把证券公司分为综合类证券公司和经纪类证券公司。在风险监控方面，《证券法》《证券公司管理办法》等法律法规对证券公司的财务风险指标和日常监督检查做了严格的规定。此后，证券业特许经营政策的调整一直遵循放宽市场准入和加强风险监控的原则，逐步降低对证券业的保护程度，推动证券业的有序竞争。

到本世纪初，由于各种原因，证券业出现了行业整体性的经营困难局面。为了应对日益激烈的行业竞争，政府放松了证券公司增资扩股的条件，以增强国内证券公司的竞争力，这也推动了证券公司经营杠杆从 2000 年和 2001 年高位的逐步下降。

2004 年 2 月，国务院发布了资本市场定位发展的纲领性文件《关于推进资本市场改革开放和稳定发展的若干意见》，明确了证券市场的发展目标、任务和工作要求。由此开始，按照国务院部署，中国证监会对证券公司实施了三年的综合治理。综合治理期间，累计处置了 31 家高风险公司，对 27 家风险公司实施了重组，使其达到持续经营的标准，从而化解了一些行业历史遗留风险，推动了证券市场基础性制度的进一步完善和证券公司的合规管理。但直到 2005 年，证券业整体业绩依然低迷，大量公司亏损，行业风险集中暴露，证券公司遇到严重的经营困难。此外，证券市场的发行审核方式由审批制转变为核准制，增加了证券公司在企业发行上市过程中承担的责任和风险。

2005 年 5 月 31 日，证监会、国资委联合发布《关于做好股权分置改革试点工作的意见》，并以股权分置改革为契机，在保持行业整体稳定的基础上，大刀阔斧地开创和实施了全行业基础性制度的大变革，包括鼓励和扶持行业内规范稳健的优质券商做强做大、积极创新；全面推行了客户资金的第三方存管和客户账户的全面清理规范；在证券公司治理层面，实施高管人员的资格管理和问责机制，证券公司信息披露制度得到全面推行。

2006 年，新修订的《公司法》《证券法》的正式实施，以及证券公司三年综合治理工作的结束，标志着证券业由强调"管制"转入鼓励"发展"的全新阶段，从而也推动了行业的业务扩张和经营杠杆的提高。2007 年，中国证监会下发了《证券公司分类工作指引（试行）》和相关通知，从此中国证券业进入了全新的分类监管阶段。

2010 年，融资融券和股指期货相继推出；2011 年 1 月，证券投资顾问业务新规正式开始施行；2012 年和 2013 年，转融资、转融券业务陆续推出。

2013 年 11 月 30 日，证监会发布《关于进一步推进新股发行体制改革的意见》，新一轮新股发行制度改革正式启动。2014 年 5 月 13 日，证监会印发《关于进一步推进证券经营机构创新发展的意见》，提出要推进监管进一步转型。

同时，多层次的资本市场建设也在不断推进，2004 年和 2009 年分别设立了中小企业板和创业板；2012 年新三板全国高科技园区试点启动扩容；2013 年全国中小企业股份转让系统正式运行，新三板准入条件进一步放开并正式扩容至全国。至此，中国的多层次资本市场体系框架基本建成。

一系列制度创新的推出，不仅扩展了证券公司的业务范围，也为进一步的金融创新提供了基础，其目的就是要增强证券业的市场活力和可持续发展能力，但也导致近年来行业规模的快速提升和经营杠杆的扩大。图 2－11 表明了以净资本与总资产比值衡量的行业资本充足状况与行业 Z 值的时序变化。

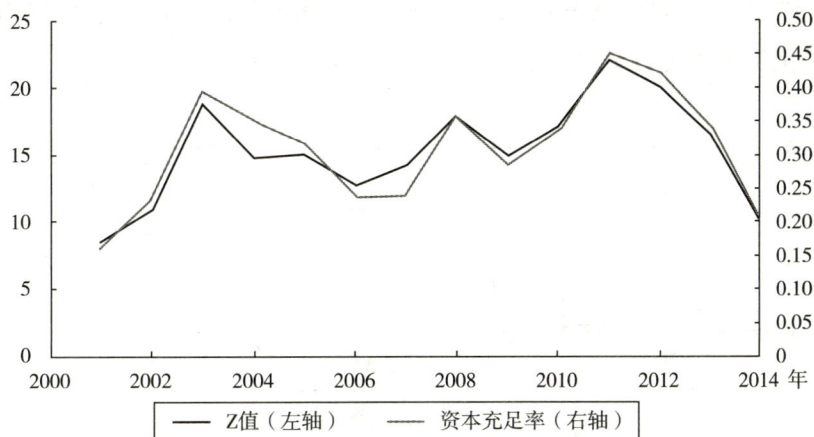

资料来源：中国证券业协会、中国证券监督管理委员会。

图 2－11　证券业的行业资本充足状况与 Z 值

（二）证券市场的周期性波动

证券公司的业务经营对证券市场行情及其走势有较强的依赖性，特别是当证券公司缺乏利用套期保值规避系统性风险的手段时，如果证券市场行情下跌，证券公司的承销、自营、经纪和资产管理等业务的经营难度将会增大，盈利水平可能会大幅度下降。证券市场在世纪之交时走势波动很大，上证指数从 2000 年初的 1 368.69 点攀升至 2001 年 6 月的最高点 2 245.43 点之后呈现逐步走低的态势，2002 年 12 月底上证指数跌至 1 357.65 点。之后虽有所反复，但上证指数在 2005 年 6 月进一步下跌到 998.23 点。而在这期间，证券业开始出现行业性的经营不景气，亏损面急剧扩大。

从 2005 年下半年开始，中国证券市场逐步复苏，并在 2006 年和 2007 年出现大幅上涨。这也推动了证券行业进入一个新的快速发展时期。2006 年，全行业扭转了多年的整体亏损局面，到 2007 年行业盈利更是达到了创纪录的水平。

2007—2008 年，美国金融危机全面爆发，全球资本市场遭到沉重打击。上证指数也高台跳水，从 2007 年最高的 6 124 点基本上一路跌至 2008 年 10 月底的 1 664 点。同时，股票交易量大幅萎缩、市场融资额大幅下降、证券创新业务也发展放缓，行业盈利水平相对 2007 年出现大幅度下滑。

为了进一步扩大内需、促进经济平稳较快增长，我国在 2008 年 11 月推出了十大措施，以逆转经济进一步下行的局面。2009 年，中国证券市场行情从 2008 年的低谷中逐步恢复，上证指数在年底达到了 3 277 点，证券公司经纪业务交易量和保荐承销业务量均有了明显提升，行业全年累计实现的净利润也比 2008 年大幅增长。但从 2010 年直到 2014 年上半年，股票市场又陷入长期的低迷状态，上证指数又回落至 2 000 点到 2 500 点之间徘徊，市场成交量也大幅萎缩。而且由于经纪业务佣金费率受同业竞争影响而下滑明显，行业的净利润水平又呈现出下降趋势。不过从 2014 年 7 月开始，股票市场出现了久违的"量价齐升"局面，上证指数快速上涨至年底的 3 234 点。

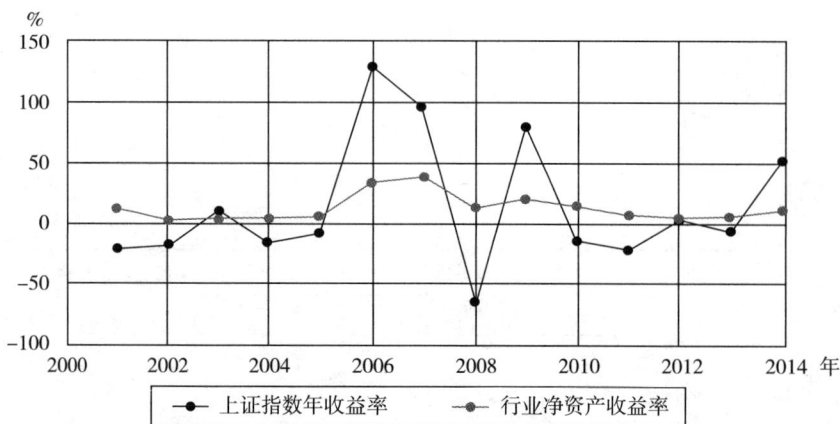

资料来源：中国证券业协会、中国证券监督管理委员会、上海证券交易所。

图 2-12　行业净资产收益率与上证指数年收益率的相互关系

受市场行情回升和业务扩张影响，全行业 2014 年实现净利润总额超过 2009 年达到了历史第二高水平，但由于经营杠杆的上升，行业净资产收益率依然低于 2006—2010 年。

图 2-12 清晰地表明了行业盈利水平受证券市场周期性波动的影响。从年度数据来看，后者对前者波动的影响力度高达 60%。

（三）行业的内部竞争与外部竞争

长期以来，证券业的主要功能被局限在为证券投资提供交易通道与交易平台，各证券公司业务和产品的同质性非常强，缺乏差异性服务，这导致同业竞争对行业的持续发展造成不利影响。2002 年 5 月，国家调整了证券交易佣金管理政策，由固定佣金制度变更为最高上限向下浮动制度，而交易佣金收入占当时行业营业收入的比例高达 25% 左右，政策调整对行业发展产生了长期的冲击。特别是随着网上证券交易的日益普及，以及互联网证券的深入发展，交易佣金呈现出明显的下降趋势，而且整体市场状况使得佣金调整具有一定的向上刚性，这迫使证券公司必须开拓更广阔和更细分的业务领域。

除国内同业竞争以外，中国证券业还面临加入 WTO 后所带来的外部竞争。证券行业的对外开放程度逐步扩大，一些国际著名的证券公司如高盛、瑞银等在中国设立合资公司，国内证券公司开始直接面对拥有雄厚实力的国际证券公司的正面竞争，行业竞争格局进一步变化。

我们分析了近几年按业务收入排序的最大 3 家、5 家和 8 家证券公司业务收入占全行业比例的时序变化（见图 2-13）。从结果来看，这三种考察指标都具有相似的变化，都呈现出震荡向下的趋势。这表明，行业市场结构在这几年没有出现特别明显的变化。一方面，前 8 大证券公司的市场份额大致稳定在 35% ~ 40%（前三大公司的市场份额则在 15% ~ 20%），大量中小型证券公司的市场份额还很小；另一方面，在全国证券公司数量没有发生多少变化的情况下，市场竞争并没有导致市场份额的进一步集中，相反还出现了一定的分散化。我们认为，这对于行业的对外竞争力、行业抵御风险冲击的稳健性以及业务发展的多样化与全面化都是不利的。

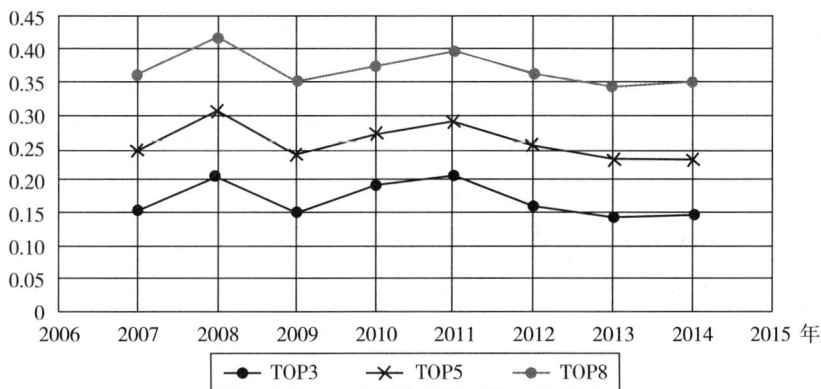

资料来源：中国证券业协会、中国证券监督管理委员会。

图 2-13 证券业市场结构情况

（四）金融创新的推动

本世纪以来，尤其是近五年以来，中国的金融创新方兴未艾。对证券业而言，最为重要的金融创新莫过于金融衍生品市场的发展和互联网金融的兴起。前者主要在于政府的制度供给，而后者主要在于市场的自发形成。受市场成熟度和政策环境的限制，证券公司的金融创新尚处于尝试性探索过程中，但网上证券交易的影响也越来越大，开始推动了证券公司的业务创新。

2010年上半年，经过多年筹备的融资融券、股指期货在我国证券市场上相继推出，标志着我国证券市场翻开了金融创新的崭新一页。融资融券与股指期货是市场全局的制度创新，有助于推动市场功能的完善、机制的健全以及规模的拓展，两项新业务的开展能够带来增量佣金和利息收入，提高创新业务对证券公司业绩的贡献。2011年1月，证券投资顾问业务新规正式开始施行，开辟了证券公司新的业务收入来源，进一步拓展了证券公司创新业务空间。2012年8月、2013年2月转融资、转融券业务陆续推出，有效地扩大了融资融券发展所需的资金和证券来源。2014年5月13日，证监会印发《关于进一步推进证券经营机构创新发展的意见》，提出要建设现代投资银行，支持业务产品创新。近几年来，各证券公司业务收入的多元化取得了一些进展，经纪业务收入比例有下降趋势（见图2-14），而新兴业务，尤其是融资融券业务收入比重提高很快，在2014年其占行业业务总收入的比重已超过了17%。此外，投资领域和风险管理手段的多元化，也推动了行业自营证券投资业务收入的快速增长。

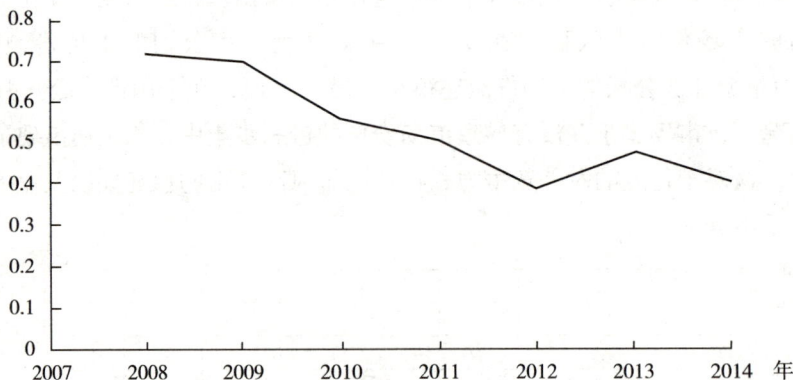

资料来源：中国证券业协会、中国证券监督管理委员会。

图2-14　中国证券业经纪业务收入占比的时序变化

本世纪是互联网飞速发展的时代，其对证券业的影响也是深刻而长远的。在本世纪之初，网上证券交易已开始影响行业发展，特别是对证券公司实体营业部门的开设和交易佣金的竞争造成影响。随后，网上交易逐步发展为全方位的互联网金融模式，从而不仅从更多业务层面而且从整体战略层面都给行业发展带来了深刻变化。与基于金融衍生品的金融工程相结合，互联网金融能给证券公司开发更为定制化和细致化的金融服务产品，给探索差异化竞争的路径带来契机，但全新产业模式也会带来新的潜在风险点，为行业的金融安全带来冲击。

三、中国证券业金融安全的纵向变化与前瞻

基于以上关于中国证券业历史发展脉络的基本认识和各分项指标，我们计算得到了行业的发展指数与风险指数以及合成的金融安全指数（见图2-15）。

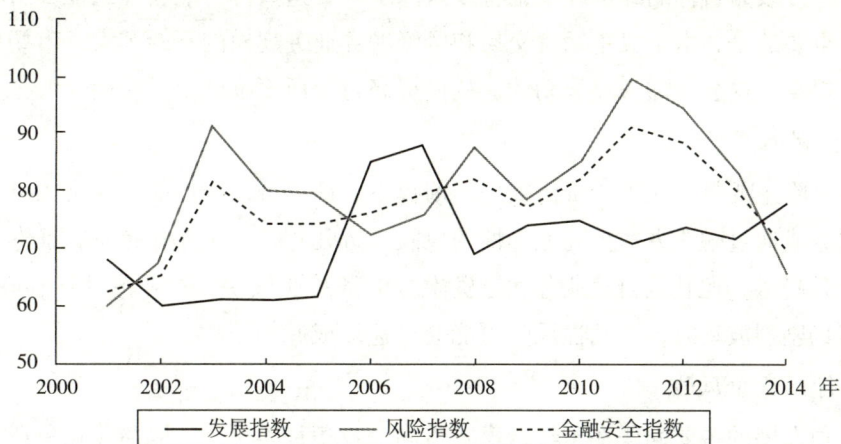

图2-15 中国证券业发展指数、风险指数与金融安全指数（2001—2014）

从结果来看，行业金融安全指数从本世纪之初的低点逐步震荡向上，而在2011年达到最高值之后呈下降趋势，并在2014年达到一个相对低点。

在本世纪之初，行业发展指数从2001年起就处于一个较低水平，更在2002年后出现连续的全行业低迷。但这段时间，尤其是在三年治理整顿期间，行业资本充足水平得到大幅改善，经营杠杆得到有效控制，这使得行业风险指数处于回升态势。到2006年，行业出现整体性扭亏为盈，并在2007年将盈利水平和发展指数推高到历史最好水平。2008年，虽然全行业净利润等经营指标相比2007年出现了较大幅度的下降，但整体上依然较好，而且由于业务收缩较快，行业负债水平也得到下降，这使得行业风险指数和金融安全指数都得以进一步提高。

2008年国际金融危机之后，行业整体盈利水平呈现出逐步下降的趋势，但也使得各证券公司得以在业务增长较慢时提高了净资本水平，降低了经营杠杆和负债率，从而使行业金融安全水平在2011年达到最高点，之后虽然业务盈利能力略有改善，但行业资产相对于资本而言扩充过快，企业抗风险能力相反呈下降趋势。2014年度，证券业实现净利润965.54亿元，虽然仍低于2007年，但已处于历史第二好水平。不过行业业务发展过快，总资产比2013年几乎增长了2倍，企业负债率高企，这使得行业风险指数和金融安全指数从2011年的高点开始快速下滑，并在2014年进一步下跌至较低水平。

从中国证券业的发展历程和现状来看，我们认为当前和未来的行业风险主要在于市场风险、流动性风险、行业竞争风险和业务创新风险四个方面。

（一）市场风险

证券公司面临的市场风险主要在于证券市场行情波动导致业务损失或收入减少的可能性。近年来，全球经济复苏乏力，各国中央银行货币政策操作频繁，大宗商品价格以及汇率、利率等金融市场价格均波动加大，全球金融市场之间的相互影响进一步加深，中国以产业转型和产业升级为目标的经济改革也将步入深水区，这些都可能会导致证券市场波动性的加大。更为重要的是，由于股指期货交易和融资融券业务规模的不断扩大，市场交易的杠杆性也在逐步提高，这会增加市场波动性，从而提高行业所面临的市场风险。

（二）流动性风险

流动性风险主要是指在不受价值损失的前提下，证券公司资产能否在可预见的时间内变现以偿还债务或通过融资方式提高流动性的风险。近几年，由于业务扩张，证券公司的经营杠杆呈现上升趋势，尤其是自营业务和融资融券业务扩张较快，行业流动性存在一定压力，特别是在市场剧烈波动时，流动性风险可能会迅速形成并加剧。

（三）行业竞争风险

证券公司发展的主要问题在于经营模式雷同，业务种类单一，同质化竞争严重。业务收入都还主要依赖于证券经纪和证券投资业务等传统业务，而投行业务、资产管理业务尤其是创新类业务占比还较低。受同业竞争和互联网金融影响，证券交易佣金率不断降低，极大地压缩了传统业务的利润空间，而且传统业务与二级市场行情高度相关，这导致各证券公司的经营发展与风险水平具有明显的同步性和周期性，从而加大了整个行业的系统性风险。

（四）业务创新风险

在目前较为宽松的制度环境下，行业依托不断丰富的金融衍生品市场和互联网金融市场，有望在传统业务以外开发更多具有一定独特性的创新业务产品，从而摆脱同质化的恶性竞争。但创新性业务在带来行业发展的同时，也会带来更高的风险，尤其是其中的风险还未被充分认识和有效管理时，可能会给行业发展带来严重的不利影响。

四、中国证券业金融安全的国际横向比较

为了将中国证券业金融安全状况的时序变化进行国际比较，我们基于可比性和数据可得性原则，在全球选取了30多个国家样本，并对其进行了分类。国家类比具体包括 OECD Ⅰ（仅含美国）、OECD Ⅱ（包括 OECD 国家中的西欧各国以及加拿大、澳大利亚和新西兰三国）、OECD Ⅲ（包括韩国与日本）、OECD Ⅳ（包括 OECD 国家中的其他各国）、DEVG（其他主要新兴发展中国家，包括巴西、印度尼西亚、印度、马来西亚、新加坡和泰国等）。由于数据限制，我们只是比较了金融安全指数构成中相对最为重要的 Z 值，但结果依然可以反映出行业金融安全状况的变化趋势及其国际差异（见图 2－16）。

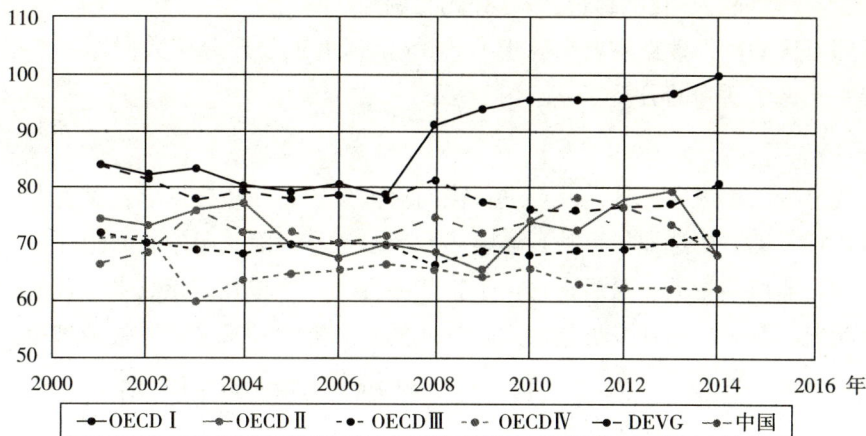

图 2 - 16　基于 Z 值的证券业金融安全国际比较

从结果来看，各类别国家证券业的金融安全指数基本都呈现出以 2008 年国际金融危机期间为低点的下降并逐步回升态势。其中 OECD Ⅰ 国家（即美国）证券业回升最快，显示出其去杠杆的成功；OECD Ⅱ 国家则受欧债危机的持续影响而恢复稍慢，且在 2014 年又呈现出大幅度下降；OECD Ⅲ 国家虽然也以 2008 年为低点，但指数下降和回升的幅度都相对较小，显示出其证券业整体发展较为稳健；OECD Ⅳ 国家的证券业受 2008 年金融危机的影响不明显，但证券业的整体安全状况相对较差；DEVG 国家则以 2003 年和 2011 年为两个低点而呈现出波浪式变化，这可能与前后两次金融危机的滞后影响相关。

从整体来看，中国证券业的金融安全状况在全球处于中等水平，但近两三年的变化趋势不容乐观。

第三节　保险业安全评估

一、评估体系与指数构建

针对保险业的金融安全评估，我们根据保险业机构的业务特点，考虑数据的可获得性和可比性，从发展和稳定两个角度构建了适用的评估指数。

（一）评估对象

本部分侧重于对金融机构的整体业务绩效与业务风险进行评估，因此选择行业的主体经营机构，即保险公司，为对象。但由于数据的可获得性问题，在数据不可得或不完全可得时，将以国内 A 股上市的保险公司作为替代。

（二）数据来源

数据主要来源于各上市公司的历年财务年报和 IPO 招股说明书中披露的数据，本报告对数据的一致性和有效性问题做了必要的处理。对于早期的数据，本报告则根据历年《中国金融年鉴》公布的保险公司经营数据做了补充与调整。

作为参照对比的国外数据主要来源于 OSIRIS 全球上市公司分析数据库，本报告根据各国经济发展水平做了适当的分类。

（三）指标选取

由于既要进行历史纵向比较，又要进行横向跨国比较，在指标选取上重点考虑了数据的有效性和可得性，即主要选取能反映行业整体发展水平和风险状况的少数指标来分别构建行业发展指数和行业风险指数，最后将这两个指数整合为一个单独的指数来综合反映行业的整体金融安全状况。其中，行业发展指数反映行业的发展能力和未来的风险抵御能力，行业风险指数反映行业的当前稳定状况，两者均与行业金融安全指数呈正向关系。

在风险指数上，其构成指标包括：

1. 行业资本充足状况，即行业资本与总资产之间的比值，反映了行业的经营风险状况。该指标越高，行业风险指数越高。

2. 行业 Z 值，行业 Z 值是对行业整体风险状况的评估。该指标越高，行业风险指数越高。

在发展指数上，其构成指标包括：

1. 保险密度，即人均保费，反映了一国居民参加保险的程度，是对保险业整体发展水平的衡量。保险密度越大，行业发展指数越高。

2. 保险深度，即保费收入占国内生产总值的比重，反映了保险业在国民经济中的地位和发展状况。保险深度越大，行业发展指数越高。

3. 资产收益率，即行业净利润与总资产之间的比值，反映了行业的盈利能力。资产收益率越高，行业发展指数越高。

在这些分项指标的基础上，通过功效系数法，并按照一定权重计算相应指数，并合成最后的金融安全指数。

二、中国保险业金融安全状况的历史回顾

保险公司是对投保人根据合同约定支付保费后，对合同约定的可能发生的事故所造成的财产损失承担赔偿保险金的责任，或者当被保险人死亡、伤残、疾病或者达到合同约定的年龄、期限时承担给付保险金责任的商业行为。而根据保险标的的不同，保险可分为人身保险和财产保险两大类，而前者又主要包括寿险、健康险和人身意外伤害险三类。

（一）保险市场规模的变化

中国的商业保险业是在 1979 年才得以恢复的。本世纪以来，中国保险业取得了快速的发展（见图 2－17）。2014 年底，全行业保险保费收入和资产总额已分别达到 2000 年的 12 倍和 30 倍。但从具体的年度增速来看，还是出现了很大的起伏。其中 2004 年至 2006 年，保费收入与资产规模都出现了显著的增速下滑；虽然 2007 年增速上升，但在国际金融危机之后，增速又明显下降，2011 年的保费收入甚至出现了负增长。另外，保费收入的增长要

明显低于资产总额增长，而且增长率的波动性也更大。

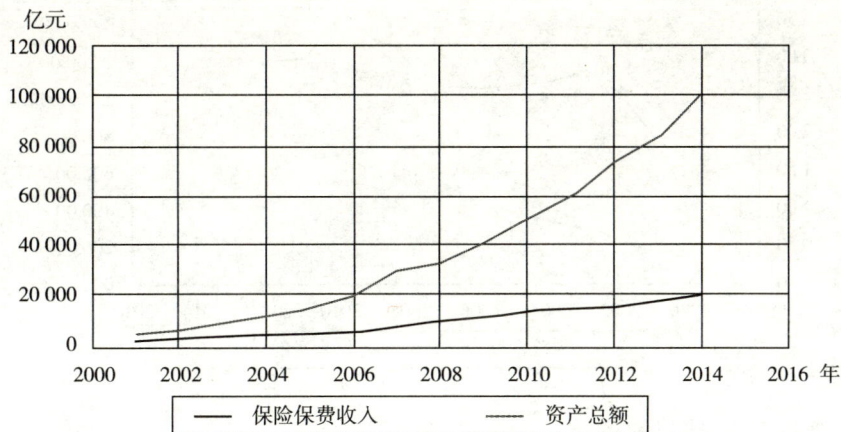

资料来源：中国保险监督管理委员会。

图 2 − 17 中国保险业的规模变化

与此同时，行业的整体盈利状况也呈现出较大波动（见图 2 − 18）。尤其是资产收益率于 2007 年出现高点之后，在 2008 年出现了大幅下滑，尽管 2009 年又出现了反弹，但之后又呈现出逐年下降的趋势。

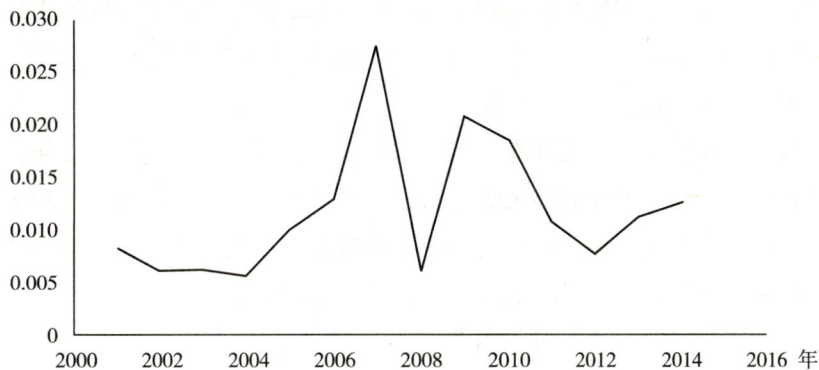

资料来源：中国保险监督管理委员会。

图 2 − 18 中国保险业资产收益率的变化

从反映保险市场发展程度的两个重要指标——保险深度和保险密度来看（见图 2 − 19），两者在年增速上基本同步，但保险深度的增长速度要显著低于保险密度的增长速度，而且屡次出现了负增长。尤其是在 2011 年，两个指标都大大低于此前的 2010 年。随后两个指标均有所回升，但保险深度依然上升缓慢。虽然从整体规模来看，中国保险市场在世界上已占有重要地位，且增长迅速，但从保险深度和保险密度来看，中国与发达市场相比，依然差距很大，这也显示出中国保险市场巨大的增长潜力。

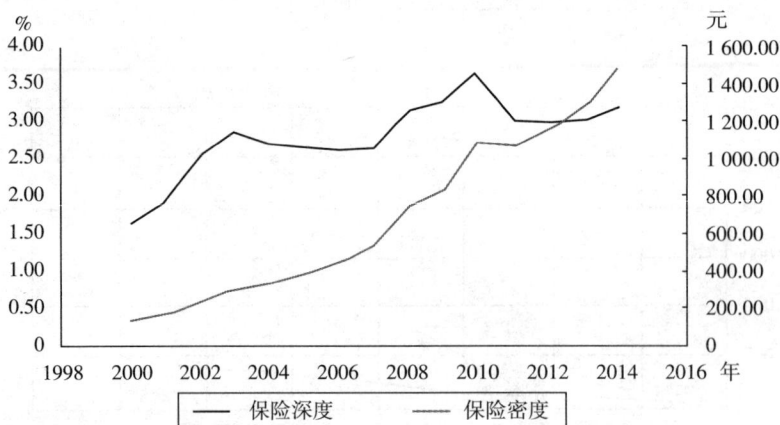

资料来源：中国保险监督管理委员会。

图 2 - 19　中国保险市场的保险深度与保险密度

（二）保险业的监管

由于起步较晚，中国保险业的发展是时刻伴随着行业监管的不断演进而展开的，其表现的突出特点在于监管框架的逐步完善和保险资金运用渠道的不断拓宽。

1998 年 11 月，中国保监会成立，取代了中国人民银行对于保险行业的监管职能。行业相关的法律法规体系主要包括 1995 年颁布并于 2002 年修订的《保险法》以及保监会颁布的部门规章和规范性文件。这些法律法规对于保险公司的稳健经营做了详细的安排。首先，按相关规定，保险公司成立后应当按照其注册资本总额的 20% 提取保证金，存入保险监督管理机构指定的银行，除保险公司清算时用于清偿债务外，不得动用；其次，保险公司还必须缴纳保险保障基金，并由保监会设立专门账户进行集中管理，统筹使用，以便在保险公司被撤销、被宣告破产或者在保险业面临重大危机，可能严重危及社会公共利益和金融稳定的情形下，用于向保单持有人或者保单受让公司等提供救济；再次保险公司还必须从保费中提取各项准备金，以保证保险人能有足够能力进行赔偿和保险金给付；最后，根据相关规定，保险公司的资金运用必须稳健，遵循安全性原则，并保证资产的保值增值。2014 年，保监会宣布试行《保险资产风险五级分类指引》，以加强保险机构的全面风险管理能力。

从保险业的整体资本充足情况来看（见图 2 - 20），行业资本充足率从 2001 年的低点逐步上升到 2007 年的历年最高水平，反映出行业抗风险能力的提高。但之后，随着行业发展的趋缓和资本市场的下滑，行业资本充足率又出现了大幅度的下滑。

基于中国金融市场和保险公司资产规模的快速发展，为了更好地在资产保值与资产增值之间寻求平衡，监管部门也在不断优化保险公司在资金运用方面的规定，即在风险可控的前提下，鼓励不断拓宽保险资金运用的渠道和范围，充分发挥保险资金长期性和稳定性的优势，为国民经济建设提供资金支持。2000 年 10 月，《保险公司投资证券投资基金管理暂行办法》颁布，允许保险公司投资证券投资基金；2004 年 10 月，《保险机构投资者股票投资

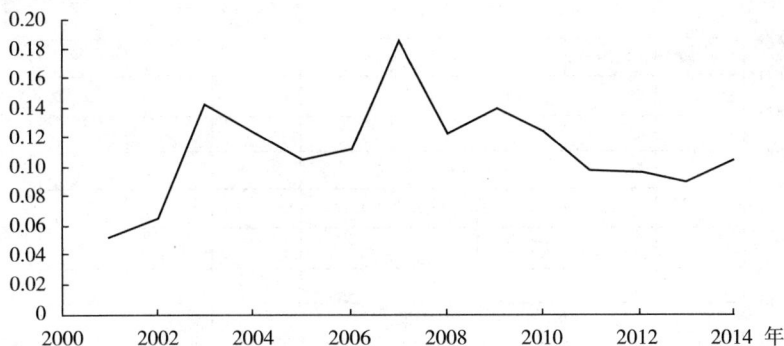

资料来源：中国保险监督管理委员会。

图 2 – 20　中国保险公司的资本充足情况

管理暂行办法》颁布，允许保险资金直接投资于股票市场；2006 年 3 月，《保险资金直接投资基础设施项目试点管理办法》颁布，允许保险公司投资于国家级重点基础设施项目；2006 年 9 月，《关于保险机构投资商业银行股权的通知》颁布，允许保险机构投资商业银行股权；2007 年，保监会出台《保险资金境外投资管理暂行办法》；2009 年修订并施行的《保险法》首次允许保险公司投资不动产；2010 年，颁布了《保险资金运用管理暂行办法》、《保险资金投资股权暂行办法》和《保险资金投资不动产暂行办法》，对保险资金的运用形式做了进一步规定；2012 年，保监会制定《保险资金参与金融衍生产品交易暂行办法》和《保险资金参与股指期货交易规定》，允许保险资金参与股指期货等金融衍生产品交易；2013 年，保监会允许保险资产管理公司开展资产管理产品的业务试点；2014 年，保监会又出台一系列规定，允许保险资金投资于创业板上市公司股票、集合资金信托计划、企业优先股、创业投资基金。

从数据来看（见图 2 – 21），保险公司在资产运用方面，投资规模增速要远快于银行存款。尤其是在 2001 年至 2006 年期间，投资规模的年增速都在 30% ~ 60%；在 2006 年国家进一步放开保险资金投资范围之后，2007 年的年增速甚至达到了 71%，之后则一直稳定在 20% 左右。投资规模的不断扩大对于保险公司的盈利能力和利用市场化产品进行风险管理的能力而言是有显著提升的，但如果运用不当，也可能会带来更高的市场风险。

（三）行业竞争

在本世纪前几年里，保险业市场由于市场主体增加迅速，市场竞争日趋激烈。2005 年底，全国共有保险公司 82 家，并初步形成了国有控股（集团）公司、股份制公司、外资公司等多种形式、多种所有制成分并存的竞争格局。按总资产规模计算，行业前三大企业的行业占比从世纪初的超过 75% 下降到 2003 年的 60%，并维持在 60% ~ 65% 直到 2010 年。2011 年是行业发展最为困难的一年，但也是行业集中度上升显著的一年，前三大企业的资产占比迅速上升到 74%，随后几年虽有所下降但还是保持在 70% 左右（见图 2 – 22）。

从业务种类来看（见图 2 – 23），市场的业务结构在过去十多年里并没有发生大的变化。

亿元

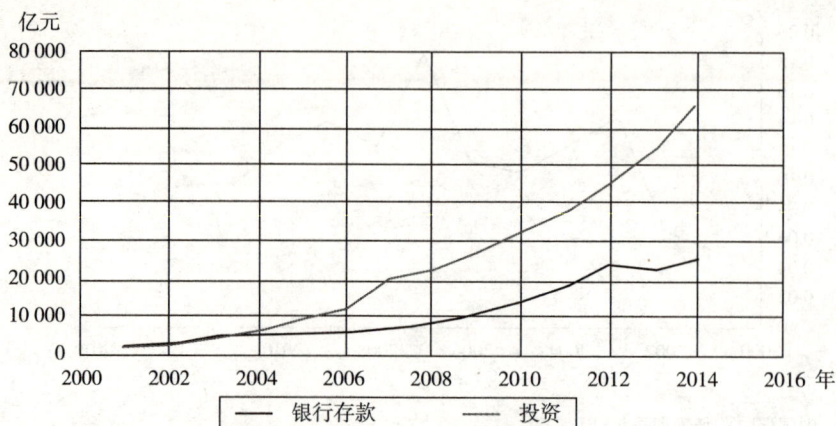

资料来源：中国保险监督管理委员会。

图 2－21　中国保险公司的资金运用情况

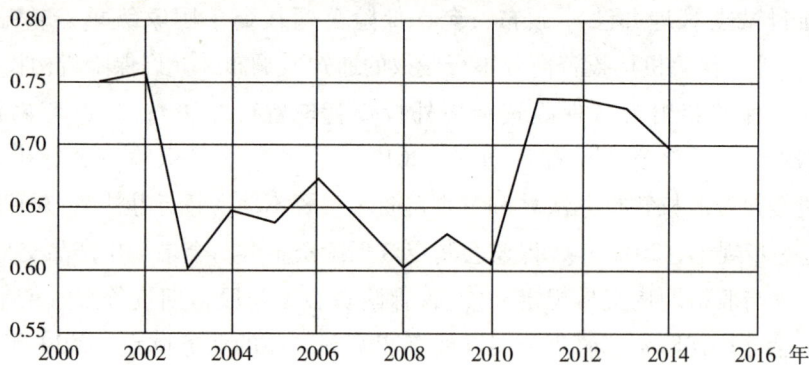

资料来源：中国保险监督管理委员会。

图 2－22　保险业前三大企业总资产行业占比的时序变化

%

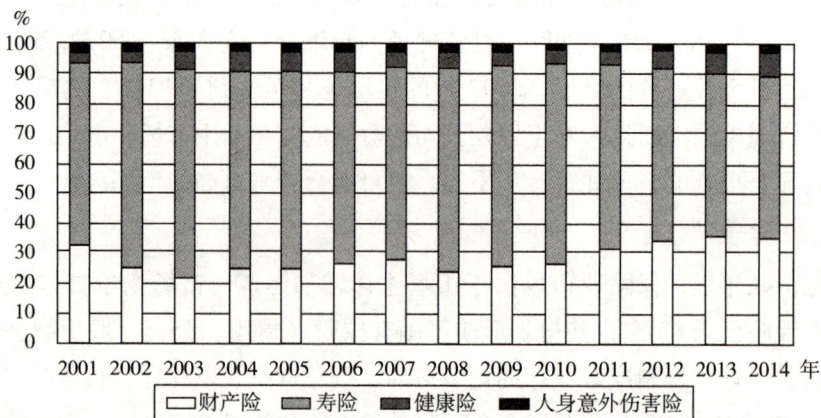

资料来源：中国保险监督管理委员会。

图 2－23　保险保费收入中不同险种的占比情况

保费收入主要来源于寿险，其占比一直在 50% ~ 70%，但近几年在其份额于 2008 年达到 68% 之后已呈逐步下降趋势。保费收入的第二大业务来源是财产险，其份额在 20% ~ 40%，虽然明显小于寿险份额，但近几年出现了上升势头，从 2008 年的 23.9% 上涨到 2014 年的 35.6%。而健康险和人身意外伤害险的收入份额一直很低，合计在 2014 年之前均没有超过 10%，但两者份额在 2010 年之后出现了逐年回升态势。

三、中国保险业金融安全的纵向变化与前瞻

基于以上关于中国证券业历史发展脉络的基本认识和各分项指标，我们计算得到了行业的发展指数与风险指数，以及合成的金融安全指数（见图 2 - 24）。

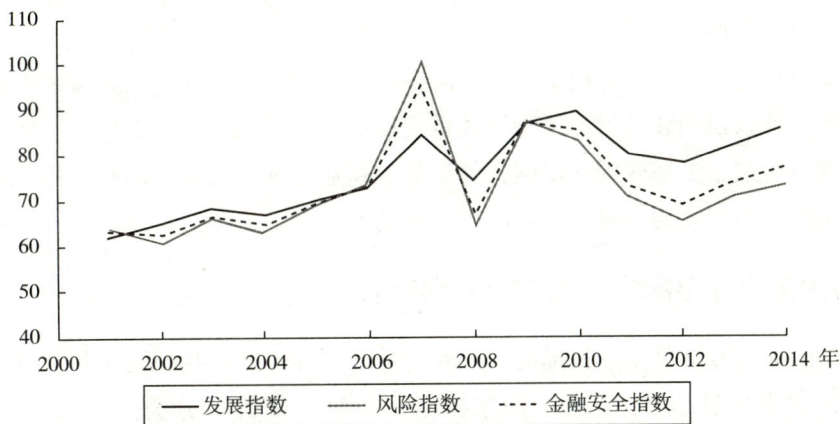

图 2 - 24　中国保险业金融安全系数（2000—2014）

从结果来看，行业发展指数、风险指数和金融安全指数均呈现出极为类似的走势。即从本世纪之初的低点逐步震荡上行，虽然在 2004 年左右出现了反复，但依然在 2007 年达到了相对高点。这段时间，行业规模增长迅速，盈利水平大幅提高，尤其是 2007 年的行业利润率更是历年来最好的，而且行业资产规模也大幅提高，而负债水平则下降明显。这主要得益于保险资金的运用范围在当年被大幅拓宽，且中国整个宏观经济、资本市场和投资市场也都处于高涨期。2008 年金融危机爆发之后，宏观经济景气程度迅速下滑，市场投资环境不佳，虽然行业保费收入和资产规模依然在增长，但行业利润水平大幅下降，负债水平也上升明显。之后虽然行业各项指数均有所回升，发展指数甚至在 2010 年超过了 2007 年的高点，但从 2011 年开始又再次下降。尤其是 2011 年和 2012 年，行业发展进入困境，保费收入和利润水平都出现下降。直到 2014 年，情况才出现明显好转，保费收入增速加快，行业利润也回升到历史较高水平，但利润率还较低，经营杠杆也没有得到明显改善。

从中国保险业金融安全状况的变化来看，我们认为当前和未来的行业风险主要在于宏观经济风险、市场风险和业务创新风险。

（一）宏观经济风险

保险市场的深入发展要依赖于整体经济景气的回升、企业盈利能力和资产规模的扩大、居

民长期收入水平和家庭财富的提高，而且经济周期对保险机构的资金投资收益、融资能力和资本扩张都有显著影响。当前全球经济不稳定因素很多，经济复苏乏力，资本市场和大宗商品市场波动剧烈，国内经济改革也进入关键时期，行业发展面临的宏观经济风险不容忽视。

（二）市场风险

目前，保险公司在资金运用渠道上受到的限制越来越少，资金投资规模不断扩大。虽然可投资领域的扩大有利于保险公司进行更为广泛的资产配置，从而可进行更大范围的资产组合管理，金融衍生品市场也为保险公司进行市场风险管理提供了更多的工具，但市场风险对行业盈利能力和风险管理能力，乃至行业长期安全稳定发展的影响也越来越大。尤其是在极端市场风险下，大规模系统性风险可能会迅速侵蚀行业的抗风险能力。

（三）行业创新风险

随着金融市场的快速发展，包括保险产品在内的各种金融产品的复杂度也大幅提升，其潜在风险变得更难以识别和计量，风险管理也变得更为困难。互联网金融的发展又将保险业务迅速扩张到更精细、更易变的互联网，新市场、新业务和更为复杂的新产品，可能会极大地提高行业风险，为行业的金融安全状况带来新的变数。

四、中国保险业金融安全的国际横向比较

为了将中国保险业金融安全状况的时序变化进行国际比较，我们同样基于可比性和数据可得性原则，在全球选取了30多个国家样本，并对其进行了分类。国家类比具体包括OECD Ⅰ（仅含美国）、OECD Ⅱ（包括OECD国家中的西欧各国以及加拿大、澳大利亚和新西兰三国）、OECD Ⅲ（包括韩国与日本）、OECD Ⅳ（包括OECD国家中的其他各国）、DEVG（其他主要新兴发展中国家，包括巴西、印度尼西亚、印度、马来西亚、新加坡和泰国等）。由于数据限制，我们只是比较了金融安全指数构成中相对最为重要的Z值，但结果依然可以反映出行业金融安全状况的变化趋势及其国际差异（见图2-25）。

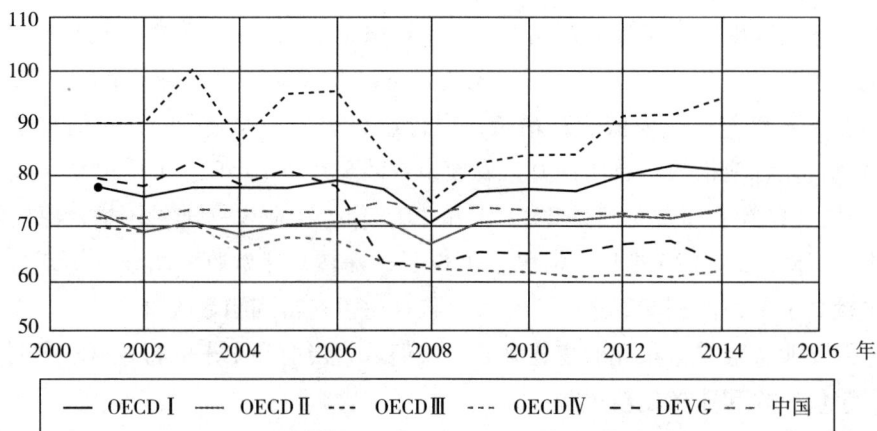

图 2-25 基于 Z 值的保险业金融安全国际比较

从结果来看，各国家类别保险业的金融安全状况均受到2008年国际金融危机的显著影响，即2008年的金融安全指数均比前一两年呈现出显著下降趋势，并大多在之后有明显的上升。其中OECD Ⅲ中的日韩两国保险业受国际金融危机的影响最为显著，但其在危机之后的复苏也很明显，且其整体安全水平要明显高于其他国家类别；OECD Ⅰ和OECD Ⅱ中的国家，在国际金融危机之后的复苏也非常迅速，其安全状况都已超过了危机前水平；相反，OECD Ⅳ和DEVG类别的国家则复苏缓慢，其安全状况目前都尚在谷底徘徊。

相比之下，中国保险业的金融安全水平一直处于中等水平，且表现得较为稳健，受国际金融危机的影响相对较小，但从危机中恢复的力度也较小，金融安全水平还有待提高。

第三章　金融市场安全评估

第一节　评估体系和指数构建

无论从哪个角度去界定，金融市场都是一个非常庞大的体系。有观点认为，金融市场是借助金融工具实现金融交易的各种机制、过程和场所的关系总和（王国刚，2013）。从不同的角度，金融市场可以划分为不同的种类。例如，从交易对象进入市场的程序来看，金融市场可以分为发行市场和流通市场；从交易对象来看，金融市场可以分为同业拆借市场、存贷款市场、大额可转让存单市场、票据市场、贴现市场、外汇市场、债券市场、股票市场、保险市场、信托市场和租赁市场等；从交易的时间来看，金融市场可分为现货市场、期货市场和期权市场等。其中，最为常见的划分方式是按照交易对象来划分。另外，考虑到房地产市场在我国宏观经济中的重要地位以及与金融体系的密切联系，我们将该市场同样纳入到金融市场的分析框架内。

基于以上对金融市场的认识，同时考虑到在我国金融市场中的影响力以及数据的可获得性，我们主要从股票市场和房地产市场两个方面开展我国金融市场的安全性评估工作。

一、股票市场

以上海证券交易所开业为标志，我国股票市场起步于 1990 年 12 月 19 日。目前，我国股票市场已经形成了由主板市场、中小板市场、创业板市场和新三板市场所构成的多板块市场。根据中国上市公司市值管理研究中心在 2015 年 1 月 23 日发布的《2014 年 A 股市值年度报告》，截至 2014 年末，中国资本市场 2 592 家上市公司 A 股市值总规模首次突破 35 万亿元，达到 37.11 万亿元，书写了 A 股市场有史以来的最高纪录。从社会影响力、对金融资源的吸收力度等方面来说，股票市场在上述诸多金融市场的构成部分中都占据主要地位。

在参考大量文献的基础上，本报告使用两个不同指标来衡量我国股票市场的安全性，分别是股票市场市盈率（PE）和股票市场总市值比 GDP。

（一）市盈率

股票市场整体市盈率用于衡量市场整体股票价格的合理性，其值越高，说明股价相对被高估了，市场整体风险水平也就越高。股票市场市盈率由每年最后一个交易日的上证综指、深证成指、中小板指、创业板指四大板块收盘时的 PE 值加权得到，权重分别是四大板块的总市值。

（二）总市值比 GDP

股票市场总市值代表了虚拟经济的规模，而 GDP 则代表了实体经济的规模，即这个指标衡量了国民经济证券化程度，该指标越高说明股市泡沫程度越高，具体算法是用每年最后一个交易日的股票市场总市值除以该年度的 GDP 得到的。

二、房地产市场

房地产市场是从事房产、土地的出售、租赁、买卖、抵押等交易活动的场所或领域。我国房地产业的发展自 1978 年至今经历了四个发展阶段：从 1978 年改革开放伊始到 1987 年的萌芽阶段，特别是《城市建设综合开发公司暂行办法》在 1984 年发布后，国家允许建立以"经营城市土地开发和房地产业务"为目的的房地产开发公司，许多有政府职能的房地产开发企业成立，从此房地产业进入了萌芽阶段。1987 年到 1991 年房地产业进入了起步阶段，这一阶段的标志是深圳市以拍卖方式出售了第一块土地，从而开启了土地有偿使用的先河，房地产交易市场也开始了起步和发展。1992 年市场经济迅猛发展，房地产业也得到了迅猛发展，并出现了房地产过热现象，为了预防房地产出现泡沫化现象，1993 年我国开始对房地产产业采取宏观调控，房地产业在此状况下出现低迷，使得房地产业进入了 1992 年、1993 年的波动阶段。1994 年国务院房改政策提出后，房地产业开始从低迷中复苏，不仅刺激了住房建设和交易，而且房地产金融也得到了发展。1998 年至今房地产进入了起飞阶段，随着房地产市场规范化的提高，住房金融体系也得到了迅速的发展。

因此，房地产业是一个资金密集型产业，无论是房地产商土地的征购、住房的开发与建筑，还是住房建筑完成后的销售，每一个环节都由资金来决定。根据 2014 年 6 月 6 日银监会副主席王兆星提供的数据，房地产贷款总额占整个银行业贷款的 20%，其中 75% 是个人贷款，因此房地产业的稳定关系到中国金融业的健康发展。

在参考大量文献的基础上，本报告使用两个不同指标来衡量我国房地产市场的安全性，分别是房价收入比、房价增长率比 GDP 增长率和库存消化周期。

（一）房价收入比

房价收入比，是指住房价格与城市居民家庭年收入之比。房价收入比指标主要用于衡量房价是否处于居民收入能够支撑的合理水平，直接反映出房价水平与广大居民的自住需求相匹配的程度。该指标为国际上通行的衡量房地产价格是否超出居民收入承受能力的一个指标，该指标值越高，可认为与收入相比，房价越高，房地产市场存在泡沫的可能性越大，安全性越低。

（二）房价增长率比 GDP 增长率

房价增长率与 GDP 增长率之比，主要测量房地产行业相对国民经济的扩张速度。该指标值越高，意味着一个经济体的房价增速相对于整体经济增速来说过高。

(三) 库存消化周期

该指标的计算公式为"库存量/平均月销售量"。该指标值越高，意味着按照当前的销售速度消化完现有房地产库存需要花费的时间越长，房地产市场以及相应的金融资产面临的压力越大。

三、金融市场发展：直接融资比重

该指标的计算公式为"非金融企业直接融资额/社会融资总规模"。直接融资和间接融资比例反映一国金融体系配置的效率是否与实体经济相匹配。目前，我国小微企业得到银行贷款的难度很大，但我国正处于转变经济发展方式、调整产业结构的经济转型期，需要鼓励创业创新，扶持中小微企业发展。在这个过程中提高直接融资比重，特别是发展多种融资股权方式，能够弥补间接融资的不足，促进实体经济的健康稳定发展。因此，在目前我国以间接融资方式为主的背景下，该指标值越高，意味着相对于银行贷款这一主要间接融资方式，实体经济通过直接融资方式所获得的资金比例越大，融资成本越低。需要指出的是，囿于数据来源所限，该指标的口径范围比较窄，直接投资于未上市的股权风险投资、私募基金，资产证券化，银行理财产品等，都没有纳入到这个指标的口径中。

四、指标体系汇总

将上述指标总结如表 3 - 1 所示，即为我们提出的金融市场安全评估体系。

表 3 - 1　　　　　　　　　　金融市场安全评估指标体系

一级指标	二级指标	三级指标
金融市场安全	股票市场	市盈率
		总市值比 GDP
	房地产市场	房价收入比
		房价增长率比 GDP 增长率
		库存消化周期
	金融市场发展	直接融资比重

五、指数构建及说明

(一) 数据来源和指标说明

首先，金融市场的安全性评估面临较大的数据问题，其中股票市场数据的可得性较强，但对于其他市场，如票据市场、贴现市场、外汇市场、债券市场和租赁市场的数据可得性较差，房地产市场的数据来源较多，但大多较为零散，不成系统。因此，在综合分析指标的代表性、经济含义以及数据可得性的基础上，我们确定了如表 3 - 2 所示的指标体系。

其次，在时间长度的选择上，数据的计算起始时间都是以 2000 年为起点，最终指标可得数据的时间大多是在 2000 年之后。最终指数的编制将基于年度数据，指数编制的时间区间为 2000—2014 年。

表 3 - 2　　　　　　　　　　指标及数据说明

指标	影响方向	数据来源	指标说明
市盈率	-	Wind 数据库，2001，年度	收集每年最后一个交易日收盘时上证综指、深证成指、中小板指、创业板指的 PE 值，并按照四大板块市值比重加权得到
股市总市值除以 GDP	-	Wind 数据库，2001，年度	每年最后一个交易日我国股市总市值/该年度 GDP
房价收入比	-	易居研究院，2001，年度	住房价格/城市居民家庭年收入
房地产价格增长率比 GDP 增长率	-	Wind 数据库、彭博数据库，2001，年度	房价增长率/GDP 增长率
库存消化周期	-	Wind 数据库，2001，年度	商品房待售面积/商品房销售面积
直接融资比重	+	中国人民银行、Wind 数据库，2001，年度	（A、B 股非金融企业 IPO 总额 + A、B 股非金融企业增发总额 + 非金融企业债券总额）/社会融资总规模

（二）指数构建方法

以上数据均先同向化处理后，再用功效系数法进行标准化。在所有标准化后的指标中，指标值越高代表安全状态越好，指标值越低代表安全状态越差。最后，我们将上述经过标准化后的指标汇总形成金融市场安全综合指标。

第二节　金融市场安全评估结果

一、股票市场 PE

从图 3 - 1 中可以看出，股票市场的安全性在 2004—2007 年处于递减状态，其中 2005—2007 年大幅递减，而 2007—2008 年大幅回升，2008—2009 年又有所下降，之后处于相对平稳状态，这与上证综指的变化趋势十分吻合。2014 年伴随着股票市场的大幅上涨，结构化行情再现，以创业板为代表的中小市值股票泡沫逐渐凸显，安全性又有所下降。

二、股票市场总市值与 GDP 之比

从图 3 - 2 中可以看出，如果去掉 2005 年和 2007 年的极值，指标整体波动不大。2001—2005 年，指标缓慢上升，股票市场安全状态越来越高；2005—2007 年，安全状态突然大幅度下降，并达到最低点，这与 2007 年股市泡沫达到最大，上证指数达到最高 6 124 点的现象相符合；2007—2008 年，指标大幅上升，同时股市泡沫破裂，2008 年上证指数达

到1 664.92点的极低点；2008—2009 年指标小幅上升之后，就一直在小幅波动中。

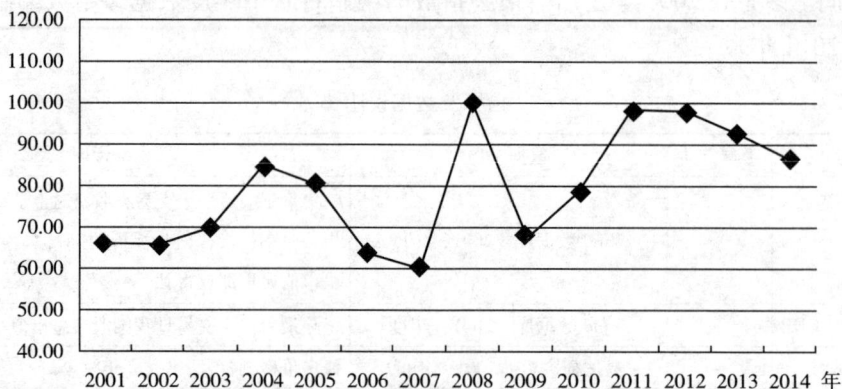

图 3 - 1　基于市盈率的股票市场安全性指标值

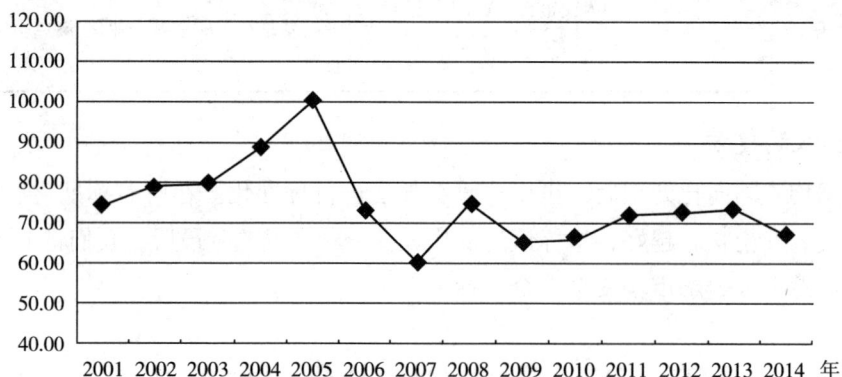

图 3 - 2　基于股票市场总市值比 GDP 的股票市场安全性指标值

三、房价收入比

观察图 3 - 3 中房价收入比的走势可以得出，在 2003 年以前，以该指标衡量的我国房地产市场的安全性较高，后来伴随着我国宏观经济的快速发展，房地产价格也出现快速上升，导致与居民收入之间的匹配度越来越低，房地产市场的安全性快速下降，并于 2007 年降低至历史第二低的水平。2008 年，伴随着次贷危机的袭来，我国房地产价格也出现快速下降，该市场安全性快速上升，但随着国家强力经济刺激政策的出台，以及 2008 年下半年相继出台的一些刺激楼市的措施（如二套房贷政策松绑、税收减免、收付优惠以及放开买房落户的限制等），我国房地产价格再次出现快速上升，而此时居民收入并未出现同步上升，导致房地产市场的安全性在 2009 年降低至 2000 年以来的最低水平。2009 年以后，我国房地产价格缓中趋稳，房地产市场的安全性在不断提升。

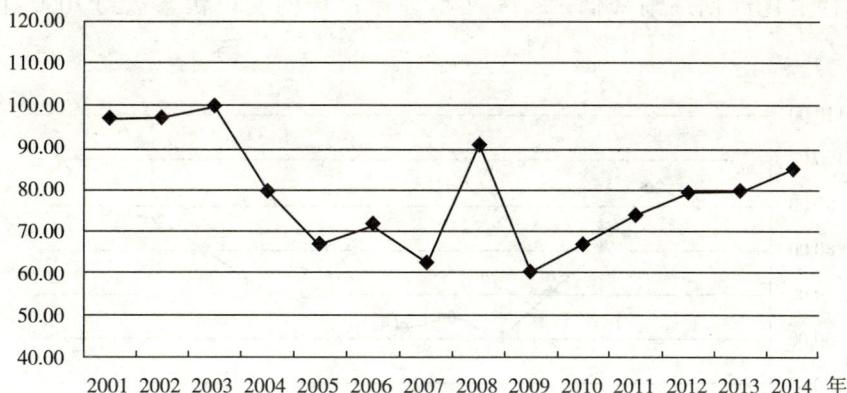

图 3 - 3　基于房价收入比的房地产市场安全性指标值

四、房价增长率比 GDP 增长率

从图 3 - 4 中可以看出，房价增长率比 GDP 增长率除 2008 年外基本没有明显的时间趋势，这说明与 GDP 增速相比，我国房地产价格在 2007 年之前尽管也出现了大幅上升，但总体上与 GDP 增速是匹配的。但 2008 年我国 GDP 增速大幅下降，导致以该指标衡量的我国房地产市场安全性大幅下降。

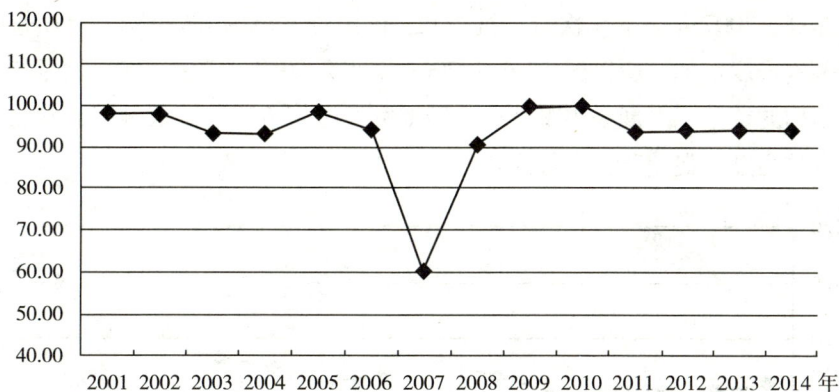

图 3 - 4　基于房价增长率比 GDP 增长率的房地产市场安全性指标值

五、库存消化周期

从图 3 - 5 中可以看出，库存消化周期指标的波动比较大。2000—2007 年以库存消化周期视角出发的房地产市场安全性始终处于持续下降中，这说明伴随着这几年我国房地产价格的快速攀升，房地产投资规模日趋庞大，累计了大量库存，去库存压力不断增加，房地产市场安全性日趋下降。次贷危机后，伴随着强力经济刺激政策的出台，房地产投资再次成为热点，以库存消化周期衡量的房地产市场安全性在 2008—2009 年出现了一次快速下降。2009

年之后，库存消化周期逐渐降低，2014 年房地产市场的安全状态达到 2000 年以来的最高值。

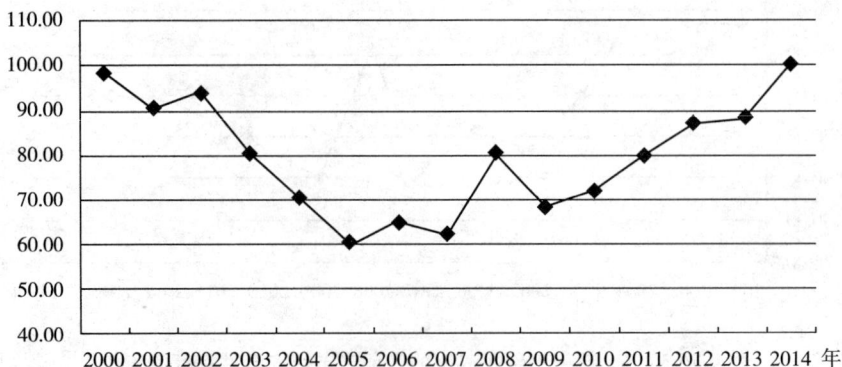

图 3-5　基于库存消化周期的房地产市场安全性指标值

六、直接融资比重

从图 3-6 中可以看出，2003 年到 2007 年间，我国直接融资的比重有逐年上升的趋势，并在 2007 年达到一个阶段性峰值。究其原因，主要是伴随着我国股票市场行情向好，企业通过资本市场融资的渠道更为畅通，IPO、增发、发行债券等规模的逐年递增，导致直接融资比重逐年提高。2007 年之后，次贷危机袭来，国内资本市场走势不佳，IPO 暂停，企业通过资本市场融资难度增加，所以图 3-6 中 2008 年和 2009 年的数据出现了下降走势。之后，伴随着经济结构的调整，发展中小微企业、转变社会融资方式、降低融资成本的重要性提升到了前所未有的高度，促使我国直接融资比重在 2009 年之后逐年提高。

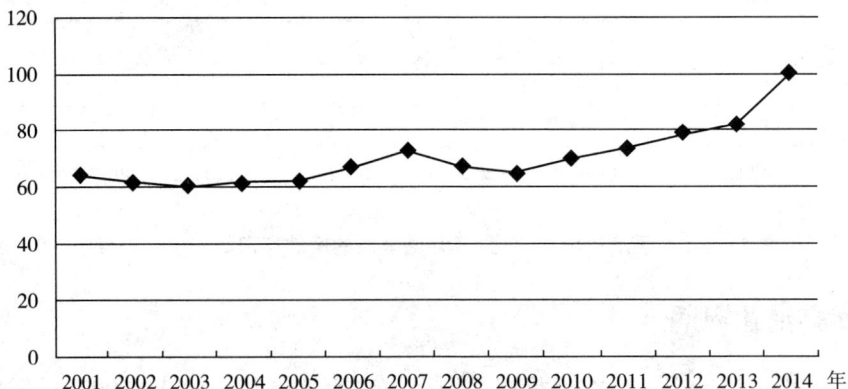

图 3-6　基于直接融资比重的安全指标值

七、金融市场安全综合指数

图 3-7 展示了由股票市场、房地产市场、金融市场发展等三个方面构成的金融市场安

全综合指数。从图中指数的走势来看，2007 年之前，伴随着国内股票市场的逐步泡沫化，金融安全性逐年下降，并在 2007 年达到最低值，这主要与当时国内股票市场的全面过热有关。2008 年是一个比较特殊的年份，尽管股票市场大幅下跌，直接融资出现困难，但资产价格去泡沫趋势明显，房价收入比也出现了合理降低，因此从股票市场、房地产市场和金融市场发展这三个方面综合的安全性角度来看，正如指数所反映的，2008 年的金融市场安全性出现了一定程度的提升。2009—2014 年间，股票市场及房地产市场基本保持宽幅震荡走势，而直接融资比重出现了明显上升的趋势性走势，使得我国金融市场安全状态不断提高。

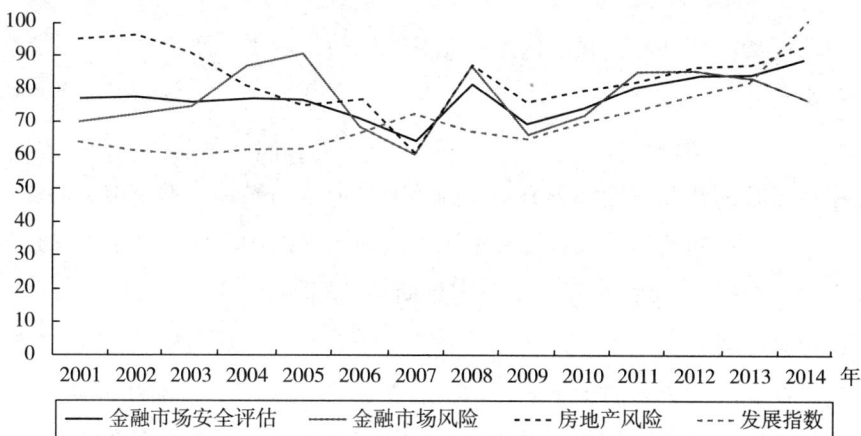

图 3 - 7　金融市场安全综合指数

第三节　金融市场安全热点分析

一、目前我国股票市场的基本状态

2015 年 6 月 15 日至 7 月 9 日，中国资本市场发生了有史以来最恶劣的一轮股灾。上证指数从 5 174 点跌至 3 373 点，幅度 34.8%；深证指数从 18 182 点跌至 10 850 点，幅度 40.3%；代表成长股的核心指数中证 500 从 11 589 点跌至 6 444 点，幅度 44.4%；截至 7 月 8 日收盘，跌幅超过 30% 和 50% 的股票分别有 2 139 只和 1 390 只，占比分别为 77% 和 50%，另外还有高达 1 400 家公司选择停牌躲避；之所以把这轮调整定性为恶劣股灾，是因为上述这一切都是在短短 18 个交易日内完成的。

目前，股票指数反弹乏力，套牢盘太多，上方压力巨大，大量资金已经对股市失去信心，有的已经绝望，而且短期内难以恢复。同时价值投资不在，股市投机心理满天飞，网络上各种小道消息、舆论炒作，增加了恐慌氛围。

二、这次股票市场波动体现出来的一些新的特征

如果从本次股票市场下跌的幅度来看，在历史上并无特别之处，但之所以成为中外热议

的焦点，原因首先在于此次下跌的时间和幅度均为历史罕见，三周时间内，超过90%的股票跌幅高达50%~70%，持续性的千股跌停及千股停牌，成为我国股票市场上从未出现的特殊现象。其次，不论是不是有投资价值或低估值的公司，个股表现均与公司基本面没有太大关联。再次，大部分个股持续无量跌停，没有承接盘，市场缺乏流动性，出现了典型的"流动性黑洞"现象。最后，此次下跌过程中政府救市力度史无前例，出现了直接入市干预市场的行为。

三、此次股市剧烈波动背后的原因

此次的股票市场波动剧烈，我们认为可能的原因包括以下几个方面。

（一）宏观经济增速下降

众所周知，目前中国经济正在转型，增速下降成为必然。尽管以GDP、工业生产为代表的宏观数据所反映的状况还保持较为稳定的趋势，但这与微观数据出现了明显的背离。就目前的资料来看，我们判断目前大致处在中国增速换挡期的中间阶段，更准确地说，我们认为可能在2016年上半年中国经济将会探明中长期的底部。

（二）杠杆比例过高

与以往每一次的股票市场波动不同，本次股票市场在前期的上涨及近期的下跌过程中，杠杆资金起到非常重要的推动作用。据估算，包括场内融资和场外融资在内的所有杠杆资金大约占据了A股流通市值的10%，而按照国际惯例，这个数字应该不超过5%。另外，场外配资的杠杆率也非常高，最高可到10倍左右。这意味着，一旦股市下调10%，就会有资金出现爆仓。因此，当6月中旬市场开始调整后，场外配资陆陆续续被强行平仓，所以经常出现每到下午2点30以后的强行平仓时间，市场就开始大幅度跳水的现象。随着价格进一步的下跌，止损盘开始逐步涌出，市场的负反馈效应非常明显，直到极端情况下，全市场的参与者开始比赛出逃，危机甚至蔓延到港股市场和海外市场的中国概念股，银行资金也面临巨大的坏账风险。

（三）投资者结构不合理

中国股票市场中，个人投资者的比例始终较成熟资本市场更高。相比机构投资者，个人投资者往往具有更为情绪化、羊群效应更为明显等特征，这也造成了我国股票市场的长期波动水平都比较高，市场更容易出现暴涨暴跌。在此次股市的剧烈波动中，尽管个人投资者的上述行为和操作特征不是关键原因，但不得不说是一个重要因素。同时，大量个人投资者出现亏损时，监管部门所面临的压力增加，往往会以直接干预市场的方式完成对舆论的平息。

（四）若干媒体的错误导向

在本轮牛市初期，若干具有权威意义的媒体不断刊登对后市保持极度看好的文章，使市场特别是个人投资者产生了此轮牛市为国家意志的错误认识，同时使得大量资金短期内以各种形式（特别是场外配资）进入股票市场，从而出现了在经济基本面缓中趋降的状态下股票指数却一路飙升的现象。可以说，此轮牛市的基础并不扎实，更多的是资金推动、情绪推动，而其中若干媒体所提供的方向性预期作用不可小视。事实上，作为重要或专业媒体，更应培养的是投资者正确的投资理念、良好的风险意识，而不是对本就带有极大不确定性的股票市场走势作出方向性的判断。

第四章 经济运行安全评估

前面我们侧重从金融机构及金融市场的角度对金融系统的稳定性及安全状态进行了评估，这是我们金融安全状况评估最为核心的部分。但是，金融系统仅为国民经济的重要组成部分，我们需将金融系统植根于经济系统中，研究并评估经济系统隐患，借以找出我国金融安全存在的隐患，并通过各部门的资产负债关联来研究金融安全对我国宏观经济的相互影响及传染路径。

第一节 评估体系与指数构建

一、文献基础

（一）经济系统安全评估的模型

一般采用四种模型：一是早期预警模型。Goldstein、Kaminsky 和 Reinhart（2000）运用 1970—1995 年期间的数据来计算指标的最优临界值，同时用 1996—1997 年末的数据来评估信号法识别受亚洲金融危机影响最深国家的能力。二是投资银行的早期风险预警模型。美国银行 The Bank of America（November 2002）Currency Crisis Indicator（Monograph 182，Volume 30）衡量了 18 个新兴经济体的货币贬值风险，其中用到了 3 种全球通用的风险预警指标和 8 种美国特有的风险预警指标，观测值导入了 five‐tier 评分系统，得分作为面板数据进行分析。瑞士联合银行 The UBS 金融脆弱性指数（UBS Investment Research，6/2006）衡量了 16 个新兴经济体的主权债务违约风险，以确定外部筹融资比例。三是 IMF 的早期预警体系。IMF 早在 2001 年就建立了风险预警体系（VE），实则是为加强 20 世纪 90 年代新兴经济体抵御危机的风险基金管控。这项实践最初用的是 Berg and Pattillo（1999）模型。四是资产负债表的方法。CCA 方法的核心是把各部门的权益或担保看做期权，并运用期权定价模型进行定价。用以估算宏观经济的风险暴露。Gray（2001，2002）、Gray 和 Malone（2008），以及 Gray、Merton 和 Bodie（2002，2006，2008）等运用这种方法对宏观金融风险进行了阐述，具体用于以下领域：主权部门的风险度量及可持续探讨、银行系统性风险度量、国家风险压力测试、企业部门脆弱性及其与国民经济的联动性等。Grayetal（2008）、Castren 和 Kavonius（2009）等运用金融网络模型探讨了各部门间的风险转移路径。这种方法能够进一步认清宏观金融风险的源头及传染模式，进而全面地分析负面冲击在宏观金融中的传导过程及其对宏观经济、金融脆弱性的影响作用。

（二）经济系统安全评估的指标体系

"潜在风险"的识别指标囊括 19 种变量[①]，分别取自宏观经济的四大区间：进出口贸易、公共经济、金融经济、实体经济。Kaminsky 等（1998）罗列了 105 个解释变量，其中有内生性的、金融的、实际的、政策相关的、制度的政治上的变量等。对前人研究进行总结归纳较为全面的还有 Hawkins 和 Klau（2000）及 Abiad（2003）。Frankel 和 Saravelos（2012）对以前与 2002 年以来的七篇文献进行了综合分析，发现外汇储备、实际汇率、借贷利率增长、通货膨胀率是最常用到的统计指标。学术界和监管部门对各类指标体系进行了详细论述，具体包括 Jeff Frankel（2011）、亚洲开发银行（2006）、全球金融稳定报告指标体系、世界银行和 IMF（2004）金融稳健指标集等。次贷危机后，其指标体系发生了一定的偏移，《全球金融稳定报告》（2009）认为，从被检验的全球金融机构样本来看，杠杆比率[②]和资产回报率被证明是最可靠的指标，而资本资产比率和不良贷款数据则缺乏预测能力。Obstfeld、Shambaugh 和 Taylor（2009，2010）发现过度的外汇储备（相对于 M_2）是预测外汇贬值的有利指标，但是还不能作为金融危机的预警指标。Rose 和 Spiegel（2009a；2009b）建立了一个实际 GDP、股市和国家信用评级以及汇率在内的模型，尽管样本量超过了 Obstfeld，但是没有发现显著性的风险预警指标。Rose 和 Spiegel（2011）将样本数据更新到了 2009 年，发现货币贬值、股市萧条、GDP 下滑更能预示危机的到来。Berkmen 等（2009）发现那些财务杠杆更大的国家更容易遭受经济的下滑，外汇汇率的灵活性能够起到补救作用。正如 Rose 和 Spiegel（2009a）及 Blanchard 等（2009）文章中提到的，外汇储备的影响并不显著。Lane 和 Milesi – Ferretti（2011）主要关注 GDP 变化以及国民消费需求水平，发现遭受危机重创的国家都兼具以下特点：第一，危机前经济增幅非常快；第二，经常性账户赤字严重；第三，贸易开放程度较高；第四，制造业占比较高。Llaudes、Salman 和 Chivakul（2011）及 Dominguez、Hashimoto 和 Ito（2011，p. 24 – 26）还发现新兴市场在 2007 年前备有危机储备基金的受创较小。Reinhart 和 Rogoff（2012）认为经济体的高度杠杆运转，容易遭遇信心的不稳定与变化无常，尤其是当大规模短期债务需要不断延期时，经济金融很有可能遭遇金融危机。同时他基于全球数据提出了"90、60"标准：发达经济体和新兴市场经济体都存在相似的公共债务阈值，即在正常债务水平时，政府债务与 GDP 实际增长率之间表现为弱相关关系；当公共债务占 GDP 比例超过 90% 时，每增长一个百分点，GDP 实际增长率的中值大致下降一个百分点；外债规模占 GDP 比例超过 60% 的国家，经济增长会出现明显隐患，当比重超过 90% 时，经济大多会出现衰退。

---

① 详见 IMF（2011）。
② 债务占普通股的比例；短期债务占总债务的比例。

二、评估框架

从最近研究的发展趋势及各国实践来看，金融安全的评估存在以下变化趋势：一是从准确预测预警危机发生时刻转向全面评估金融系统的潜在风险，金融稳定分析的内容是金融体系抵御不可预见冲击的能力。二是金融安全评估范围扩展到整个经济系统，金融系统的稳定主要依靠构成系统的机构、体系和管理安排。因为金融系统也影响或被宏观经济环境影响，不稳定的影响或冲击可能来自于其内部或其外部，能相互作用引发一个比局部影响总和要大得多的整体影响。三是在指标体系的选择上面，更为强调经济金融杠杆率、金融周期的运行和经济体系各部分的资产负债结构。

为此，本部分拟结合资产负债表的分析方法，将国民经济部门分为住户、金融企业、非金融企业、公共部门四大部门，将金融部门置于国民经济体系中，对整体金融安全进行评估。评估框架拟解决以下问题：第一，宏观经济金融状况监测，用于评估金融部门受某一特定冲击或组合性冲击时面临的主要风险，一般采用 EWS 模型中的指标体系，对金融体系带来极大冲击的可能性进行前瞻性评估。第二，各经济部门的资产负债状况分析，拟解决两个关键问题：一是宏观财务联系分析力图了解引发冲击的风险敞口如何通过金融体系传递到宏观经济，评估金融部门对宏观经济状况的冲击效果，所需要的数据包括各部门的资产负债表、私营部门获得融资的指标；二是宏观经济状况监测，主要是监测金融体系对宏观经济状况的总体影响，特别是对债务可持续性的影响。

三、指标体系及说明

依托金融安全评估的定义与本部分的分析框架，我们将指标体系分为两类：一类是经济运行中的金融风险评估；另一类是经济运行中的金融发展状况评估。具体指标体系如表 4 - 1 和表 4 - 2 所示。

表 4 - 1　　　　　　　　　经济运行中的金融风险评估指标体系

一级指标	二级指标	三级指标	衡量风险	数据来源
宏观经济金融指标	经济增速	实际 GDP 增速	经济波动风险	Wind 资讯
	物价指标	CPI、PPI	通胀通缩风险	Wind 资讯
	金融环境	社会融资规模同比增长、M_2/GDP、M_2 同比增速、私营部门信贷同比增长	金融周期波动风险	Wind 资讯、世界银行数据库
	国际经济环境	欧美 GDP 增速、欧美失业率	国际经济风险	Wind 资讯
	人民币运行	中国出口美国指数、热钱、外汇占款	人民币风险	Wind 资讯

续表

一级指标	二级指标	三级指标	衡量风险	数据来源
宏观经济金融指标	总杠杆率	非金融部门社会总负债/GDP	杠杆率风险①	李扬（2013，2015）②
非金融企业部门	杠杆率	总负债占股本比率	非金融企业部门风险评估	CEIC、Wind 资讯
	收益与偿债能力	工业企业主营业务收入同比增长、工业企业盈利数量占比		国务院发展研究中心（DRC）行业景气监测平台、CEIC
私人部门	杠杆率	（私营企业及个体贷款＋个人短期消费贷款和个人中长期贷款）/GDP	私人部门风险评估	李扬（2013）（2015）
	偿债能力	私人部门可支配收入/私人部门贷款余额		Wind 资讯
公共部门	杠杆率	显性债务余额/GDP	公共部门稳定性评估	李扬（2013）、Wind 资讯、CEIC
	偿债能力	赤字率		Wind 资讯、BVD
	中央银行资产/负债结构	中央银行对其他存款性公司债权/GDP、中央银行资产总额/GDP		Wind 资讯

表 4 - 2 　　　　　　　　　　　　经济运行中的金融发展评估指标体系

指标	经济含义	数据来源
国民总储蓄率	一国总体储蓄能力	世界银行数据库
劳动人口（15～64 岁）占比	人口结构变化	Wind 资讯
全要素生产率	生产率变化	BVD
实际贷款加权平均利率③	实体经济资金价格	Wind 资讯

（一）宏观经济金融指标

我们选取经济增长、物价指数、融资环境、国际经济、人民币运行以及总体杠杆率指标衡量宏观经济金融走势。在这些二级指标中，我们选取监管机构、业界和学界普遍公认的具有代表性的指标，例如物价指数，我们选取 CPI 和 PPI 来衡量通货膨胀风险。

中国人民银行调查统计司认为，社会融资规模指标可以较好地反映金融与实体经济的关系，并就指标编制方法及公布事宜广泛征求了相关政府部门、市场机构和专家学者的意见，于 2014 年 2 月 10 日正式发布了 2002—2014 年的社会融资规模存量历史数据，因此我们也选取这一指标作为金融环境的重要代表。此外，我们也选取了 M_2/GDP、M_2 同比增速、私

---

① 居民部门杠杆率债务数据为贷款，不包含债券，为住户部门消费性贷款加上经营性贷款。非金融企业部门杠杆率为信贷资金加债类金融工具加其他金融工具获得的资金。政府部门杠杆率为中央政府债务加地方政府债务。金融机构杠杆率剔除了通货与存款，仅含金融部门发行的债券余额。此处杠杆率为实体经济部门总杠杆率，即不含金融部门的其他各部门杠杆率加总。

② 李扬（2013，2015）中分别缺失 2011 年和 2013 年的数据，本报告进行了插值处理。

③ 由于央行从 2008 年才开始公布贷款加权平均利率，因此 2007 年以前数据为一年期名义贷款利率。

营部门信贷同比增长这些传统的衡量金融环境的指标进行分析，并据此度量我国金融周期的变化。

中国经济是一个典型的出口主导型的经济体，欧洲国家是中国第一大出口目的地，美国是中国第二大出口国家，欧美经济的荣衰直接影响中国的出口贸易。从这一角度考虑，我们将美国、欧盟国家的经济指标（GDP 增速、欧美失业率）作为国际经济环境的指标。

自 2001 年加入世贸组织后，中国出口型经济的模式开始形成，外汇占款的多少直接反映了国外经济对中国产品的需求度，是影响人民币币值稳定的重要变量。从外部环境来看，与中国经济密切相关的欧洲、美国经济体对中国商品的依存度也是影响人民币波动的重要因素，欧美经济对中国产品的依存度越高，一旦欧美经济下滑，将直接影响中国经济的出口额度，从而导致人民币币值的波动。此外，境外热钱的迅速流动从影响国内资产价格、对实体经济的冲击等渠道影响人民币币值的稳定，因此我们选取中国出口美国贸易额度、热钱、外汇占款三个指标衡量人民币运行的状况。

近年来，非金融企业债务规模越来越受到社会各界人士的关注，从地方融资平台到大型国有企业，潜在的债务危机成为目前关注的要点，欧洲国家的主权债务危机也为我国经济的"去杠杆化"提供了前车之鉴，鉴于此，我们选取非金融部门负债总额/GDP 的指标衡量我国经济的资金杠杆指标。

（二）非金融企业部门指标

我们选取实体经济的资金杠杆率、盈利能力作为我们的指标体系，其中选取总负债/总股本的比率衡量非金融企业的杠杆大小。我们也采用工业企业主营业务收入增长率、工业企业盈利数量作为实体经济的盈利指标。

（三）私人部门指标

私人部门的风险也是我们关注的重点，我们以私人部门的杠杆率和偿债能力构建指标体系。根据李扬（2013，2015）的研究，我们将（私营企业及个体贷款＋个人短期消费贷款和个人中长期贷款）/GDP 这一指标作为私人部门的杠杆率，将私人可支配收入/贷款余额之比衡量私人部门的偿债能力。

（四）公共部门指标

事实上，目前公共部门的负债率成为目前经济危机的潜在因素，从严谨的角度出发，我们以显性债务余额与 GDP 之比衡量公共部门的杠杆率，以整体赤字水平衡量偿债能力。考虑中央银行的资产负债结构可以较好地反映公共部门的负债情况，因此我们也选择学术界公认的中央银行对其他存款性公司债权/GDP、中央银行资产总额/GDP 两个指标构建公共部门金融安全指标体系。

（五）金融发展指标

青木昌彦（2015）认为，在中国经济新常态下，支撑以往经济发展的两种因素，即人口红利和库兹涅茨效应（就业人口从效率较低的农业地区转向效率较高的城市地区带来的生产效率提高）将会逐渐消失，推进人均 GDP 的可持续发展，应该关注供给侧，而非需求侧的因素，全要素生产率和人力资本的投资将成为未来推动经济发展的关键。为此，从金融发展的指标来看，储蓄率、劳动力、生产效率等都是影响未来经济走势、金融稳定的重要指标，因此我们将全国总储蓄率、15～64 岁劳动力人数占比、企业全要素生产率构建金融发展安全体系的指标。同时，我们用实际加权贷款平均利率来衡量我国企业获取资金的实际成本。

第二节　经济运行安全评估结果

从图 4－1 我们可以发现，我国经济运行安全评估状况可以分为四个阶段：第一个阶段为快速变好期，即 2001—2007 年，我们可以发现整个金融安全指数，从 2001 年的 74.67 快速上升到 2007 年的 84.88。第二个阶段为次贷危机阶段，即 2008—2009 年，受次贷危机的影响，我国金融安全状况急速向下，经济运行安全指数从 2007 年的 84.88 下降到了 2009 年的 73.81，值得注意的是，尽管 2007 年的金融安全综合评估指数比 2006 年略微有所上升，但是 2007 年评估出来的金融风险远高于 2006 年值。第三个阶段为次贷恢复期，即 2010 年，受我国四万亿刺激政策的影响，金融安全状况有所好转。第四个阶段为转型阵痛期，即 2011—2014 年，次贷危机后，我国面临前所未有的复杂局面，经济状况和金融安全状态不佳，经济运行安全指数从 2011 年的 79.83 下降到了 2014 年的 75.57，值得注意的是，2014 年我国金融安全评估指数大幅度下降，标示着我们需要高度关注金融安全问题，严守"不爆发系统性和区域性风险的底线"。从评估结果来看：第一，仅从风险视角来看，2007 年与 2011 年我们即揭示出了我国金融安全出现的隐患；第二，从综合视角来看，2008 年与 2011 年我们发现我国金融安全状态开始下滑，需要高度关注，且我国长期金融发展出现了趋势性的下滑；第三，与 2008 年次贷危机冲击相比，当前我们遭遇了更为严峻的金融安全问题挑战，且这两次造成的原因显著不同，具体如表 4－3 所示。

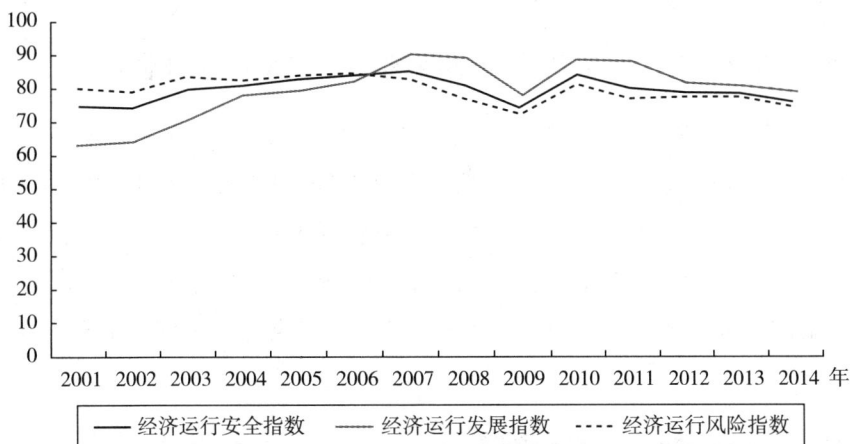

图 4－1　我国经济运行安全评估图及其两个维度（2001—2014）

表4-3　　　　　　　　　我国经济运行安全状态评估（2001—2014）

年份	经济波动风险	通胀通缩风险	金融周期波动风险	国际经济风险	人民币运行风险	总杠杆率风险	非金融企业部门风险	住户部门风险	公共部门风险	发展指数	风险指数	经济运行安全评估
2001	65.54	85.79	79.52	75.58	81.10	82.68	80.00	100.0	67.10	62.92	79.70	74.67
2002	70.22	72.24	88.41	80.64	82.08	76.55	75.12	92.12	71.89	63.87	78.81	74.33
2003	75.47	95.45	87.59	85.25	84.65	72.76	87.81	87.74	75.02	70.30	83.53	79.56
2004	76.06	82.98	82.64	84.24	89.70	74.08	80.60	88.15	82.57	77.55	82.33	80.90
2005	83.06	92.57	85.98	81.58	82.72	77.30	79.09	88.65	83.09	79.27	83.78	82.43
2006	91.24	96.99	86.17	80.00	86.67	74.76	80.79	78.24	85.46	82.14	84.48	83.78
2007	100.0	86.70	84.53	76.98	84.33	74.76	79.64	70.95	86.43	89.97	82.70	84.88
2008	73.14	66.27	82.02	68.53	84.88	75.46	75.96	82.15	84.94	88.94	77.04	80.61
2009	70.80	62.14	78.25	84.88	66.92	70.60	72.37	64.14	78.91	77.76	72.11	73.81
2010	78.98	89.07	88.38	96.62	87.90	68.61	81.12	62.43	80.49	88.66	81.51	83.66
2011	72.55	72.71	82.84	90.68	76.15	66.27	79.12	64.89	83.55	87.52	76.53	79.83
2012	62.04	92.43	87.65	89.90	75.28	64.15	73.72	65.28	81.81	81.43	76.92	78.27
2013	62.04	91.78	87.47	91.95	83.47	61.97	73.23	61.87	81.42	80.59	77.24	78.25
2014	60.00	91.81	83.78	87.14	69.72	60.00	72.83	63.17	79.79	78.64	74.25	75.57

为了进一步详细比较我国金融安全状态的演变过程，我们拟详细比较分析2008年次贷危机与当前金融安全隐患的差异。

一、2007—2011年：次贷危机时期我国金融安全状态评估

从图4-2中我们可以发现，此次次贷危机对我国金融安全状态的影响主要体现在以下几个方面：第一，经济波动风险大幅度上升，从2007年的100下降到2009年的70.8；第二，迅速由通胀转为了通缩状态；第三，金融周期快速波动，从2008年的自然收缩状态快速过渡到强刺激加杠杆阶段；第四，国际经济运行风险加大，欧美经济出现显著问题；第五，由于强刺激政策的影响，总杠杆风险迅速加大，企业盈利能力快速下降，且出现产能过剩等后遗症。

二、2011—2014年：转型阵痛期我国金融安全总体情况

如图4-3及表4-3所示，当前我国金融安全状况与2008年次贷危机时期相比，有以

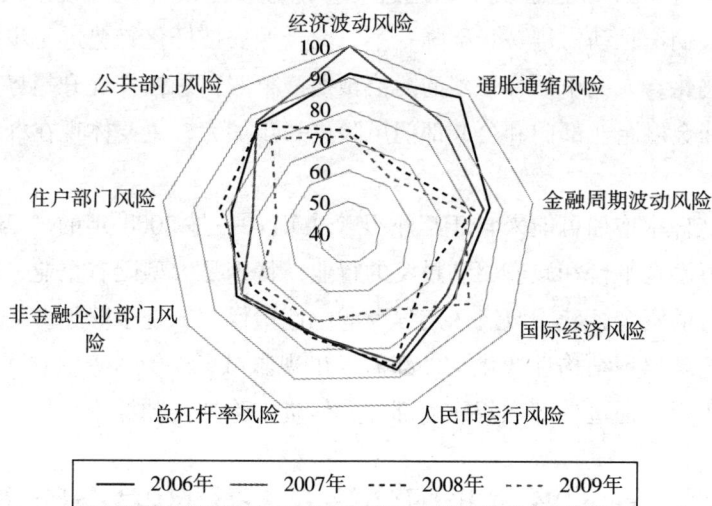

图 4 - 2 2007—2009 年我国金融安全状况

下几个显著差别：第一，经济波动风险严重加剧，经济增长速度下降存在长期的趋势与可能性；第二，国际经济形势有所好转，欧美经济走向复苏；第三，人民币运行风险开始加剧，中国可能面临较大的人民币贬值风险；第四，由于强刺激政策的出台，我国经济杠杆率不断提高，经济体的资产负债表脆弱性进一步加剧；第五，国民经济部门杠杆率进一步提升，盈利能力有所弱化，风险进一步加强；第六，经济发展的传统动力有所衰减。由此我们可以发现次贷危机与当前我国面临困境的主要差异在于：次贷危机的本质在于欧美经济衰退对我国净出口贸易的冲击；而本次危机在于"三期叠加"引发的内生性问题，在于我国经济增长动力的转变与增长的速度的下降，同时化解次贷危机刺激政策带来的后遗症等。

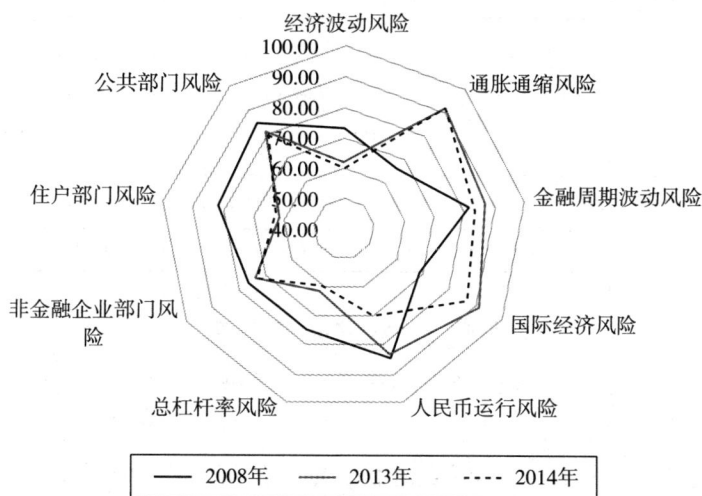

图 4 - 3 2008 年与当前金融安全状态对比

2014 年与前一年相比，金融安全问题进一步严峻，主要体现在以下几个方面：第一，经济增长速度和长期增长动力进一步下降；第二，金融去杠杆化趋势进一步加剧；第三，国际经济形势有所恶化，人民币面临强烈的贬值预期；第四，总杠杆提升趋势有所缓解，但继续增加；第五，非金融企业部门和公共部门风险进一步加大，主要体现在杠杆率的提升及盈利能力的变弱。

非金融企业杠杆率增加可能来自于以下几个方面。一是 2008 年的"四万亿计划"后，大量资金流向地方融资平台和政府驱动投资的行业，特别是大型国有企业，这些部门可以获得相对便利和廉价的资金，获得政府一定程度的隐性担保。二是全球经济结构性调整。国际金融危机以来，全球出现结构性变化，外部需求出现骤减，新兴经济体贸易盈余显著下降。新兴市场经济体不得不通过外部融资或内部加大信贷来弥补流动性不足。[①]

第三节　当前我国经济运行中的安全隐患

一、经济增长速度的长期下降是我国当前经济运行中的最大金融安全隐患

从图 4 - 4 来看，我国 GDP 实际增长速度自 2010 年以来不断下滑，从 10.6% 下滑到了7.35%。同时，从克强指数来看，我国传统经济增长动力面临严峻挑战，从 2010 年的 14.23下降到了 4.31。

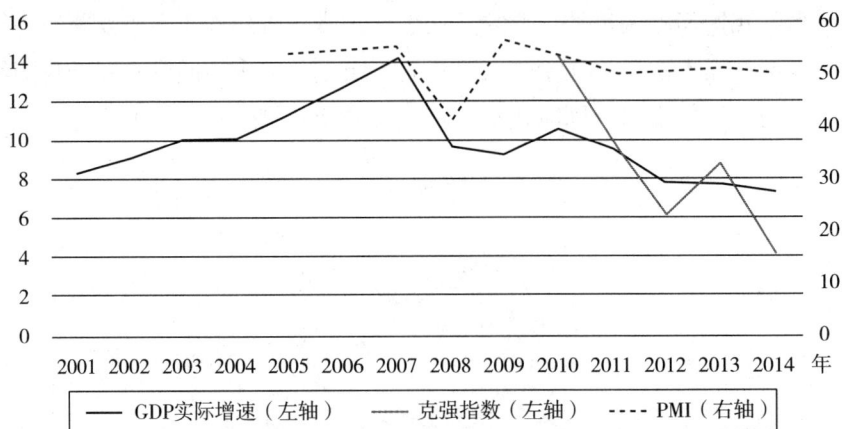

图 4 - 4　我国经济增长态势

从短期需求来看，我国经济快速企稳概率较低，货物与服务净出口贡献度及资本形成贡献度不断下降（见图 4 - 5）。

首先，中国经济是一个出口主导型的经济，欧美经济形式的荣衰直接影响中国的出口，

---

① http://news.xinhuanet.com/finance/2014 - 04/25/c_ 126431861.htm.

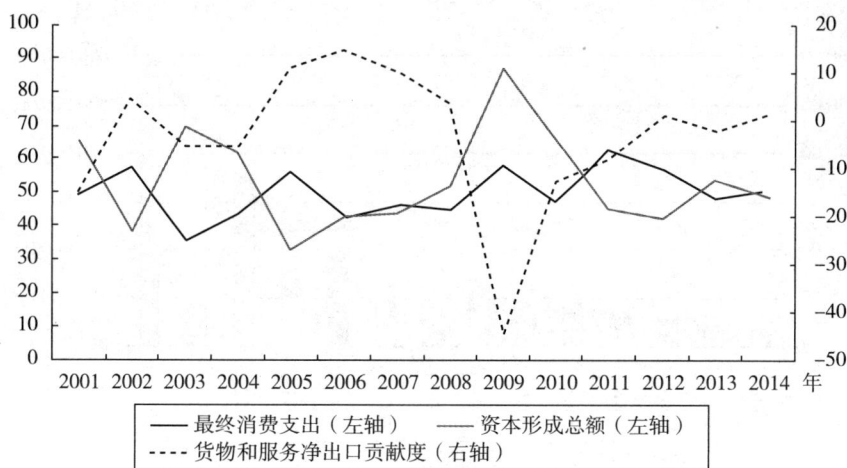

图 4 - 5 总需求对 GDP 的贡献度

从而影响国内产业结构的稳定和金融体系的稳定。2013 年之后，美国房地产市场升温带动其经济复苏，失业率降低，经济增长开始企稳。与此同时，虽然希腊债务问题仍困扰欧盟经济体，但总体来看，欧盟经济开始逐渐好转。图 4 - 6 中的欧美经济增长指数、欧美失业率安全指数显示，世界经济开始复苏，但欧美经济指数均低于经济危机前的指数，也说明欧美经济回升过程中仍存在诸多风险，影响到我国净出口的增长。

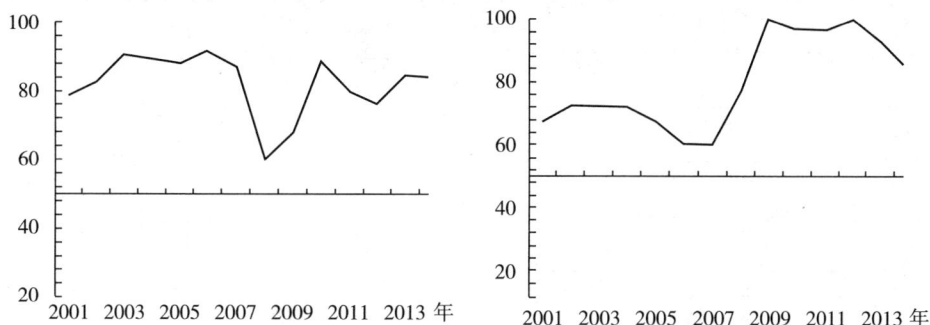

图 4 - 6 欧美经济增长指数（左）与欧美失业率安全指数（右）

其次，我国投资短期内不可能大幅度上升。从图 4 - 7 中我们可以发现，自 2009 年以来，我国全社会固定资产同比增长速度不断下降，从 2009 年的 29.95% 下降到了 2014 年的 15.3%。更为值得关注的是，我国民间固定资产投资完成额从 2005 开始一直下降，从 48.82% 下降到了 18.1%。与此同时，我国政府逐渐受制于债务约束与收入下降，政府固定资产投资速度也开始下降。

最后，从经济增长动力来看，我国经济正面临增长速度换挡期。一是从图 4 - 8 中我们可以发现，我国面临人口结构的转型，2011 年以来，劳动年龄人口占比首次出现下降，劳动力的稀缺性加剧，抑制了资本的回报率，投资需求降低。二是我国全要素生产率自 2007

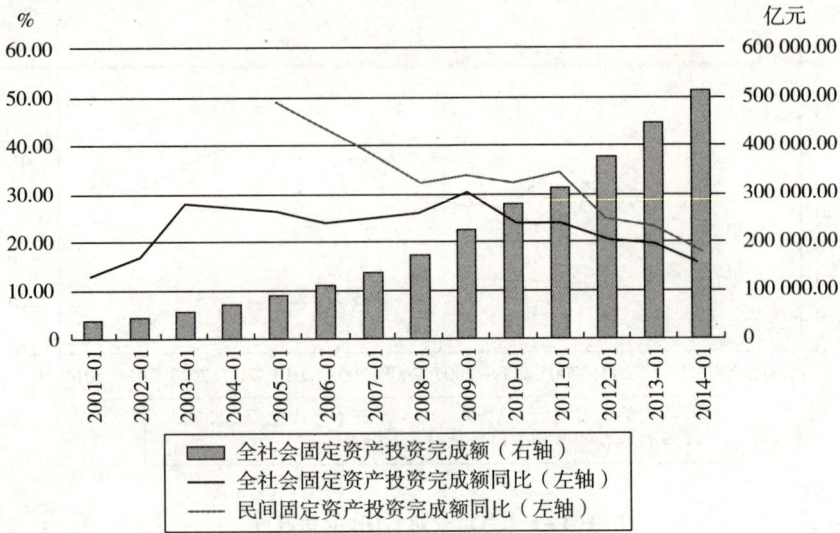

图4-7 全社会固定资产投资完成额

年的9.6逐年下降到了2014年的3.3，这证明了传统要素投资对我国经济的驱动贡献度逐年下降。

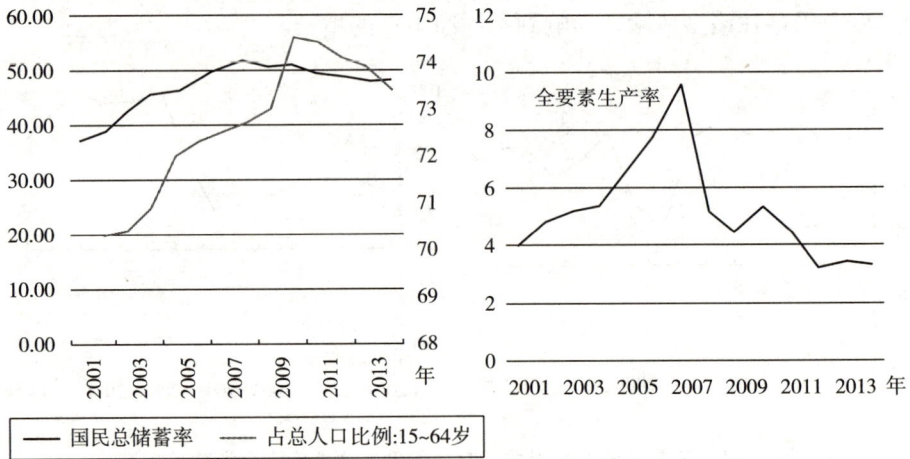

图4-8 我国人口结构及国民储蓄率变化

二、人民币运行风险加剧，面临较大的贬值预期

（一）中美出口贸易出现问题

中国是美国第一大进口国家，从我国外贸数据来看，美国是中国第二大出口国家，因此美国对中国外贸的需求额度会直接影响中国的出口贸易。美中经济是"唇亡齿寒"的共同体，如果美国对中国进口需求的额度锐减，将直接影响中国向美国出口企业的利润，与之相关产业的业绩也会相应下滑。从这一角度考虑，有必要将美国对中国进口的额度加入金融安

全指数框架中进行分析。图4-9是自2001年到2014年美国向中国贸易进口的额度和增速走势图。从中可以看出2002—2005年，美国向中国进口增速保持在21%～29%，虽然由于2008年的美国金融危机引起短暂的下滑，但2009年之后进口增速仍保持在15%左右，但在2010—2014年，美国向中国进口增速降至10%以下。2014年美中贸易指数却下降至77.15，这可能与中国国内产能过剩，产业结构升级有关。

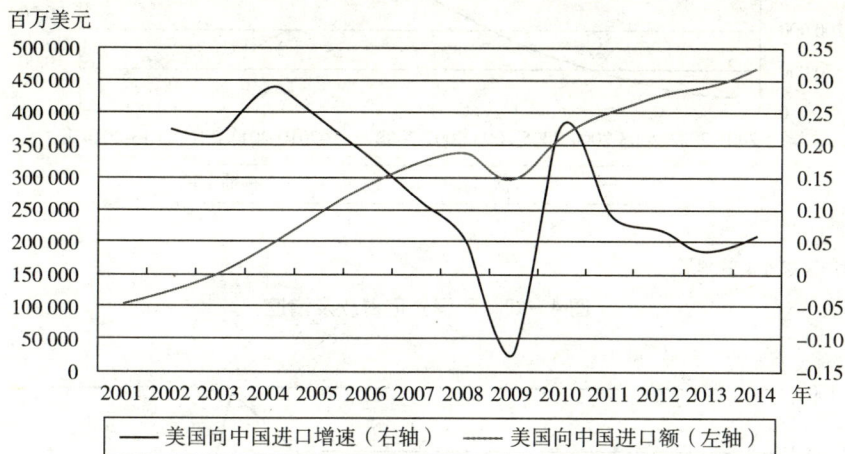

图4-9 美国向中国进口额及增速

近期美国通过"再工业化"显著增强了内生增长动力，复苏步伐将稳步加快，对中国经济的依存度可能会进一步降低，美国国内制造业的复苏将带动美元的走强，从而对人民币贬值造成压力。

（二）我国外汇占款波动加剧，增长速度大幅度下降

随着美国房地产市场的升温，美国经济逐渐企稳，欧洲出台各项金融经济措施，使得我国外贸经济于2013年回稳，但在2014年外汇占款仍快速下滑至2.72%，达到2.94万亿元。从图4-10可以看出，我国外汇占款从2001年开始，呈现出长期单调上涨趋势，但外汇占款的增速却呈现出"先上涨后下降再调整"的趋势。我国外汇占款的剧烈波动与外贸经济直接相关，而外贸型的需求取决于美国、欧洲等国外经济的稳定。此外，人民币汇率的升值预期、中国资本市场的繁荣都是造成外汇占款的重要因素。外汇占款的波动会增加我国中央银行对货币政策的调控难度，外汇占款的快速增加引起的内生性货币供给增加，导致国内物价水平走高的通货膨胀会进一步加大中央银行货币政策的难度。

图4-11是我国外汇占款安全指数，从中可以看出2001—2004年，我国外汇占款安全指数呈现下降趋势；2005—2008年，我国外汇占款呈现出上升趋势，在2008年达到89，说明此时外汇占款风险级别较高，对国内经济影响较大。2009年外汇占款安全指数下降，但随后快速上升，在2011年达到最大值100。2012—2014年外汇占款安全指数呈现出倒"N"型走势，2014年的安全指数达到最低值60。

外汇占款因素已经成为决定我国央行货币投放最重要的因素（粟勤、王少国、胡正，

图 4 - 10　我国外汇占款及增速

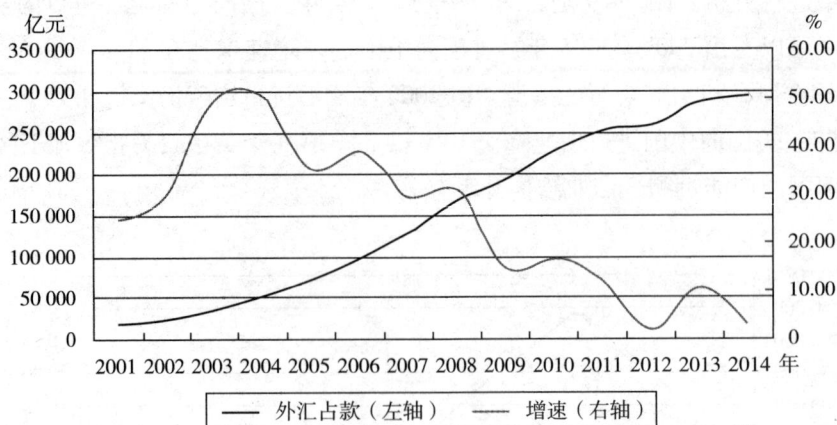

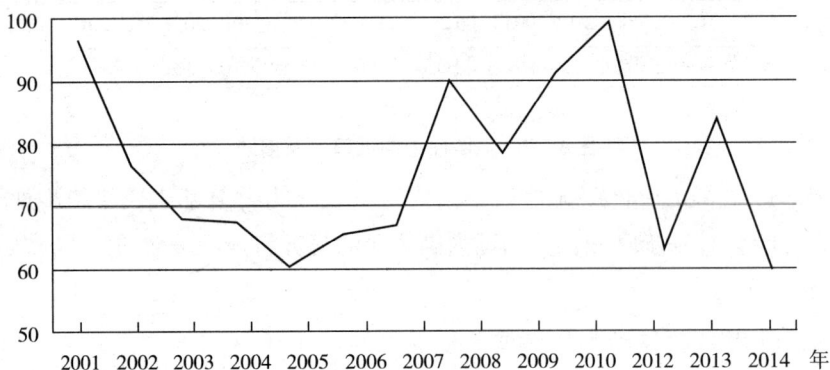

资料来源：国家外汇管理局。

图 4 - 11　我国外汇占款安全指数

2013），因此，外汇占款的激增会对国内货币市场平衡带来巨大的压力，由此产生货币供求失衡的状况，直接的影响是国内通货膨胀的压力。外汇占款的增加相当于央行向市场大量被动地投放基础货币并由此造成市场流动性过剩的局面，这使得存款准备金率、利率等货币政策工具不能发挥充分调节市场流动性的作用，因此抵消由此产生的过多流动性就成了当前央行货币政策的重要任务之一。2014 年以来，中央银行采取"中性"的货币政策，主动通过经济转型与结构调整来应对外汇占款过大的问题，外汇占款增速快速回落。从外汇占款安全指数来看，中央银行的政策起到了较好的效果，2014 年我国通胀水平保持在 2% 左右，国内通货膨胀得到有效控制。

　　事实上，我国外汇占款的增长主要来自于两个方面：一是近年来我国外贸和外商直接投资增长较快，特别是在 2001 年加入 WTO 后，我国企业的外贸额度急剧增加，导致外汇占款大幅快速提升。二是国际热钱的流入。近年来，我国资本项目的开放程度日益加深，国际热钱持续流入我国的资本市场（如股市、汇市），为保持汇率稳定，国家必须购买交易市场上溢出的外汇，从而造成外汇管理局账目上的外汇占款增加。

以热钱为主导的外汇占款比重过大，将直接影响我国货币政策的独立性，内生性货币的快速增加不仅造成物价水平的上升，更重要的是，可能导致货币投放渠道畸形化，国内信贷在不同区域、不同行业发生错配（李海海、曹阳，2006），影响国内经济的发展，甚至爆发经济危机。

此外，在欧债危机的影响下，欧洲中央银行的量化宽松政策增加了欧洲通货膨胀的风险，欧洲经济波动将会更加剧烈，这些因素导致中国的出口受到压制，外汇占款可能下降，资金的流出进一步加大了人民币贬值的风险。

（三）我国热钱流动规模波动剧烈，近年来存在持续流出现象

目前学术界对热钱的估算仍存在争议，我们采用统计局国际统计信息中心（2006）的方法测算热钱[①]。热钱＝外汇储备增加额－FDI－贸易顺差。尽管唐旭、梁猛（2007）、刘莉亚（2008）指出这一方法可能会低估真实热钱的规模，但我们从严谨性角度考虑，通过可能低估的热钱规模进行研究，以此分析热钱对我国宏观经济的影响。

图4－12是2001—2014年的热钱规模及增速走势图。从中可以看出，从2009年开始，我国热钱规模波动剧烈，2009年热钱规模为－202.04亿美元，2010年末热钱规模达到524.21亿美元；2011年末，资金迅速外流，热钱流出规模为685.21亿美元。虽然2012年和2013年比2011年热钱规模下降，分别降至293亿美元和58亿美元，但仍处于净流出的态势；然而，热钱在2014年净流出672.69亿美元。这一时期的热钱流动与我国资本账户逐

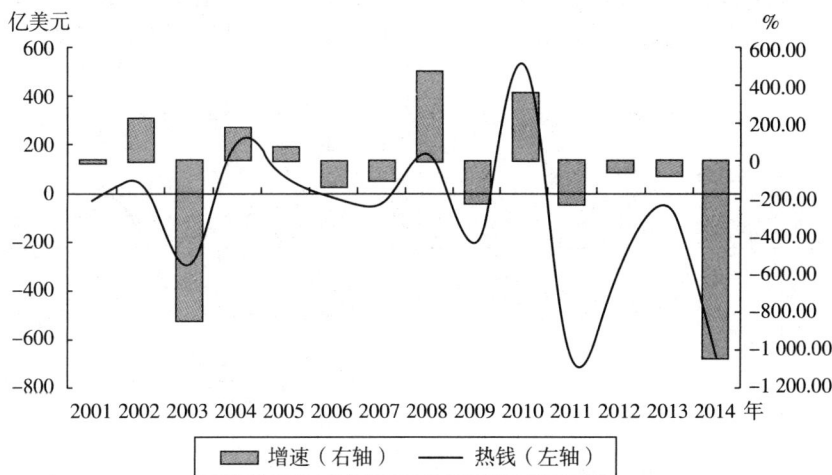

图 4－12 我国热钱规模及增速

资料来源：Wind 数据库。

[①] 刘莉亚（2008）认为该方法存在几个问题：（1）外汇储备增加量可能由于汇率的变化与外汇投资收益贡献；（2）这一方法假定FDI和贸易顺差中没有热钱；（3）假定国际收支平衡表中除了经常项目中的贸易项目和FDI外的项目都作为热钱；（4）没有考虑非正常渠道（黑市）流入的热钱。

步开放，欧美经济持续低迷，以及全球各国央行为了拯救经济危机实施的量化宽松政策有关。

热钱的快速流动对我国资本市场、房地产市场等市场的影响剧烈，由于热钱的高度投机性质，热钱的规模太大对中国经济的破坏非常严重，据此我们构建出热钱的金融安全指数，如图4-13所示。从图中可以看出，2001年至2014年期间，热钱安全指数在2009年之前相对比较平稳，保持在75~85分。但在2010年该指数达到100分，成为近期的最高点。热钱快速涌入虚增了货币供给，对人民币币值稳定、通胀压力、资本市场泡沫都有严重影响。例如，2010年人民币升值5%，通货膨胀压力激增，热钱的流入对我国货币流动性贡献较大。同时，由于2009年的"四万亿"计划的出台，境外大量资金流入中国，我国成为欧美经济危机中资金的避难所，由此对我国中央银行货币政策调整带来了巨大的压力。

2011年，热钱指数下降至历史最低点60。随着美国经济的趋稳，大量资金流出中国，中国资本市场的价格波动剧烈。以中国A股市场为例，2011年A股以2 199.42收盘，上证指数比2010年的2 808.08年跌幅超过21%，深证成指下跌了29.5%，创业板指和中小板指跌幅更高达37%和38%。2012—2014年，热钱安全指数呈现出先上升后企稳的趋势，指数保持在75左右。

此外，2014年以来，国际地缘局势持续紧张。叙利亚、加沙、伊拉克局势升级，俄罗斯与乌克兰的争端无休无止，近期欧美日各国与俄罗斯相互制裁升级，希腊退出欧元区风险加大，一系列的国际政治因素进一步提升了美元作为避险资产的吸引力。在避险情绪升温下，国际热钱可能将迅速回流美国，美元升值的预期增加，会进一步加大人民币贬值的风险。

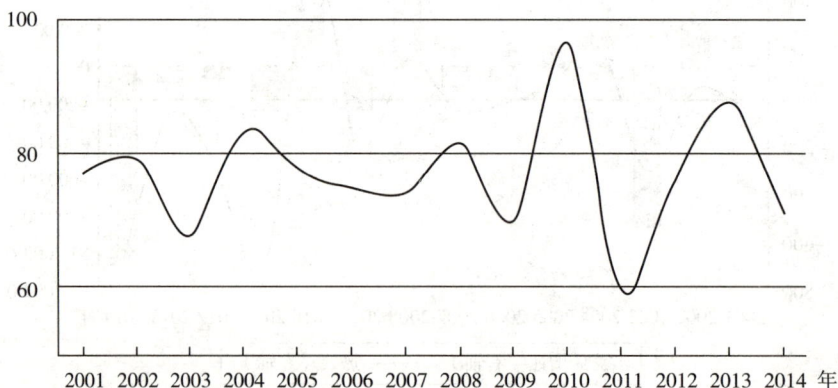

资料来源：根据国家外汇管理局数据整理。

图4-13 我国热钱安全指数

三、金融周期与经济周期的交织下行，加剧了金融的顺周期效应，同时其与房地产、人口周期及地方政府债务周期发生共振，诱发系统性与区域性风险

（一）当前，我国金融与房地产处于明显的下行周期，加剧了金融的顺周期效应，对我国经济金融造成致命影响

从图4－14中我们可以发现，2009年后我国步入明显的去杠杆化阶段，我国私人部门信贷、金融资产、社会融资规模同比增长速度不断下降。2014年9月后，我国房地产价格同比下降，尤其是二三线城市房价下降幅度更为明显（见图4－15）。金融和房地产两者相互依存，房地产是信贷的重要抵押品，在金融周期中起到加速器的作用。在金融周期上半场中，房地产价格上升、信用快速扩张，两者螺旋式持续上升，经济增长比一般经济周期中的动能强；金融周期进入下行周期后，在上半场负债过度扩张的部门进入调整期，房地产（抵押品）价格下降，银行信用萎缩，螺旋式下降，经济持续低迷。

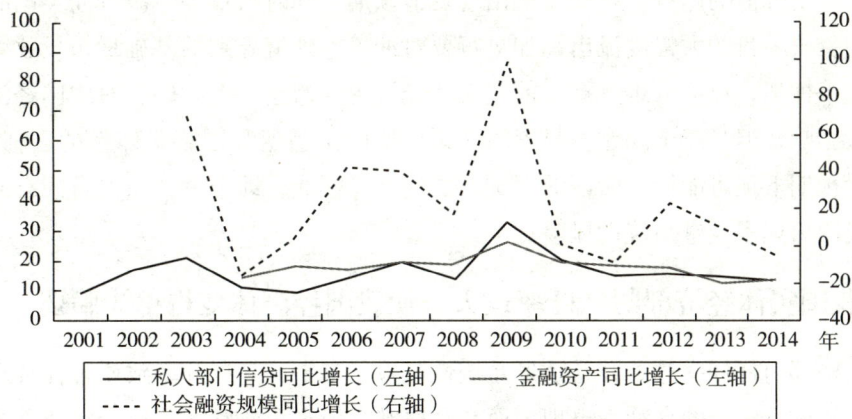

图4－14 我国金融周期运行

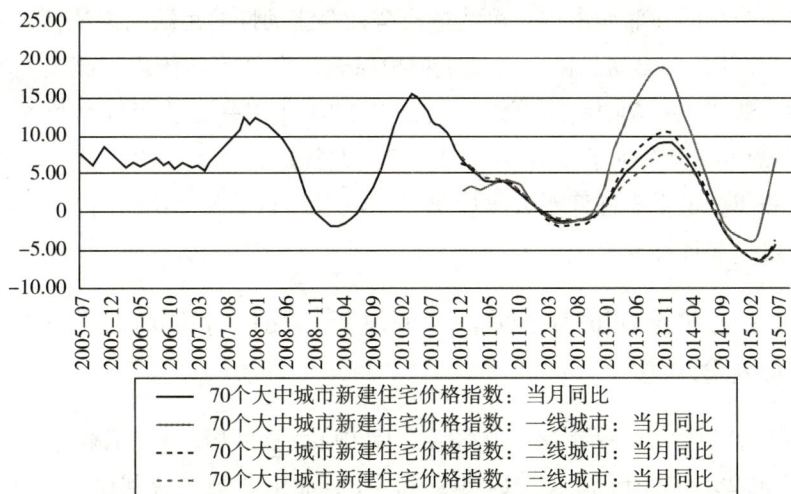

图4－15 我国大中城市新建住宅价格指数

（二）在金融体系去杠杆化背景下，我国经济体系仍然存在重大风险隐患

第一，地方融资平台风险的爆发。随着 2012 年反周期经济政策的运用，地方政府融资平台规模又开始上升，虽然受制于银行贷款的收缩，地方债务来源于债券发行、其他单位和个人借款逐渐增多，分别比 2010 年增加 1 782.13 亿元和 1 308.31 亿元，增长比率分别为 62.32% 和 125.26%，这些融资方式都不可避免地遇到刚性兑付问题，地方债务风险不断累积和向后推移。同时，地方政府融资手段变得更为隐蔽，信托、融资租赁、BT 和违规集资等高额利率方式变相融资现象突出，部分地方甚至还通过造假方式来回避债务监管。但值得关注的是，地方债务的偿债来源更为依赖土地出让，未来土地价格的下跌与财政收入的下滑将引爆融资平台的风险。第二，房地产泡沫破灭的风险。目前我国房地产融资严重依赖于境外融资、信托融资与销售款项，Credit Sights 的报告认为至少有 50% 的小规模开发商资产负债表上的债务是来自信托融资。第三，人民币贬值预期与资本突然逆转可能性的加大。随着美国经济改善、QE 的逐渐退出，以及国内经济增长预期的向下修正，人民币可能一改 2015 年上半年大幅度升值的趋势，将有可能出现贬值预期，同时大量国际游资向美国的流动可能会导致我国资本项目的大幅度流出，如央行要对冲资本外流导致的基础货币投放减少，又会偏离既有政策框架，形成两难选择。前述实体经济单独遭遇一个问题，对中国经济可能都不会造成太大影响，但是三个问题本身紧密联系，同时又遭遇我国金融体系的去杠杆化进程，在经济下滑预期下很可能形成所谓的螺旋式加速下滑模式，即金融体系本身固有的顺周期效应，导致我国出现了金融系统性风险。

四、我国实体经济部门杠杆率过大，使我国经济体变得更为脆弱

经济金融部门杠杆率过高容易诱发系统性风险：第一，高杠杆率致使全社会产生对资金的渴求，容易诱发资金的高利率出现，而高利率既会损害企业利润，也会致使资产价格泡沫尤其是房地产泡沫的破灭，诱发系统性风险。第二，高杠杆率致使整个经济体系抵御风险能力较差，任何一个小的外部冲击均有可能造成全社会流动性的短缺与系统性风险，近年来的"钱荒"事件、温州民间金融风险、各地抵押担保破产事件等均体现了高杠杆率下经济金融体系的脆弱性。从图 4-16 中我们可以看出，自 2001 年以来，我国社会总体杠杆率不断攀升，从 2001 年的 147 上升到了 2014 年的 235.7，尤其是 2008 年以后，为了刺激我国经济增长，政府部门和非金融企业杠杆率大幅度攀升，值得注意的是 2012 年以后，我国政府杠杆率尤其是非金融企业杠杆率大幅度上升。

五、非金融企业盈利能力下降，产能过剩与高杠杆率成为当前我国非金融企业部门的最大风险隐患

1. 工业企业盈利能力不断下降。从图 4-17 中我们可以看出，工业企业主营业务收入增速自 2010 年的 28.6% 下降到了 2014 年的 6.4%；而工业企业盈利比例也从 89.98% 下降到了 88.11%。

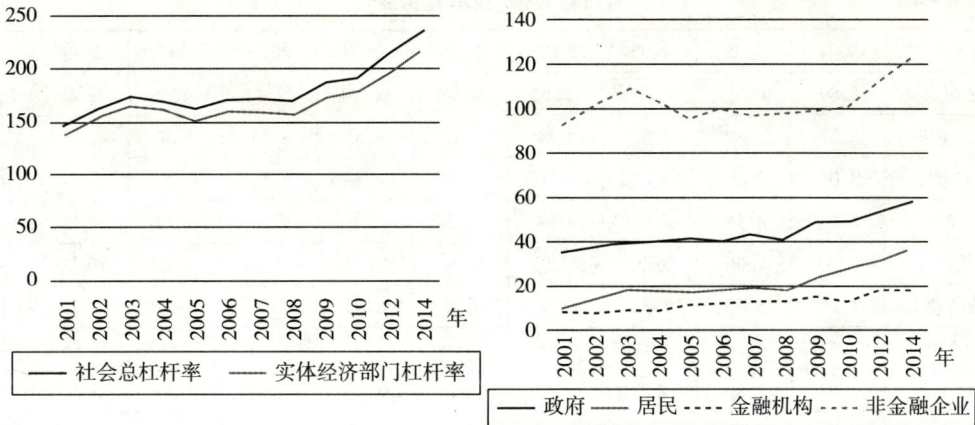

图 4-16　中国分部门杠杆率

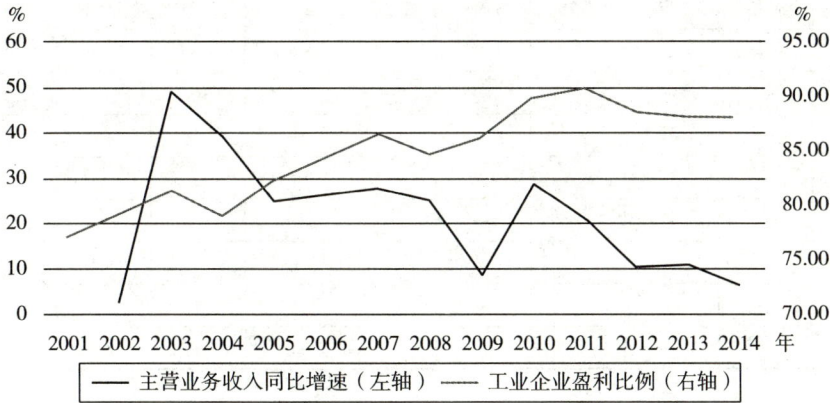

图 4-17　工业企业盈利情况

2. 分行业来看，房地产业、建筑业近年来总负债占股本比例大幅度攀升，且占比非常高，存在较高的风险，需要重点进行关注。其中，房地产行业总负债占股本的比例从 2004 年的 4.72 倍上升到了 2013 年的 14.38 倍（见图 4-18 和表 4-4）。

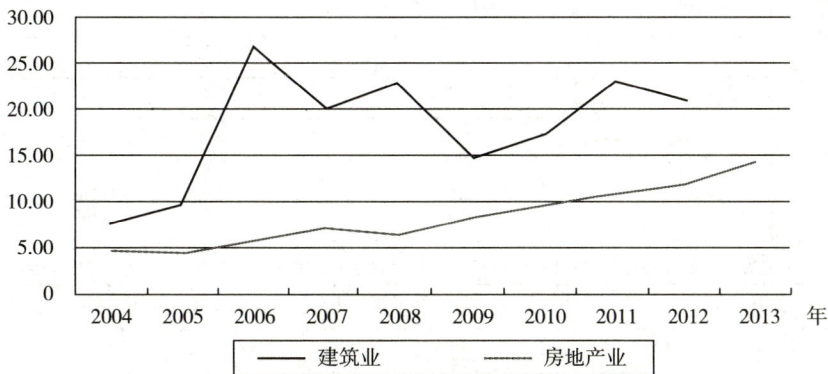

图 4-18　房地产业和建筑业总负债占股本比例

表4-4　　　　　　　　　　　各行业负债/股本趋势变化

年份	2004	2005	2006	2007	2008	2009	2010	2011	2012	2013
加权均值	5.89	6.56	12.39	15.52	16.81	20.04	22.22	24.36	26.60	缺失
农林牧渔业	3.39	3.89	3.50	4.24	3.10	3.55	3.53	2.87	2.47	2.66
采矿业	3.05	3.39	3.87	3.76	3.39	4.50	5.13	6.20	5.87	6.00
水电煤气	3.28	4.14	5.57	3.54	15.30	9.91	9.23	9.72	9.25	8.74
建筑业	7.70	9.56	26.77	20.03	22.91	14.76	17.20	23.02	20.90	缺失
批发零售	4.76	5.57	5.31	4.65	5.88	6.83	7.20	8.04	8.36	9.21
运输仓储	3.64	4.68	3.19	2.16	4.06	3.10	4.30	4.66	4.56	4.84
信息技术业	4.08	2.80	4.27	4.23	7.35	8.96	8.46	8.24	6.46	6.26
金融业	73.46	75.74	23.06	73.21	33.47	41.98	41.84	47.21	52.85	59.10
房地产业	4.72	4.62	5.71	7.21	6.51	8.28	9.72	10.91	12.00	14.38
文化传播	3.35	2.70	2.56	3.95	3.92	2.76	2.28	2.53	2.12	2.21
综合类	3.46	2.53	2.27	3.08	3.08	3.61	3.84	4.64	7.59	4.54
住宿餐饮	—	—	—	—	—	—	—	—	2.26	2.78
制造业	—	—	—	—	—	—	—	—	5.69	5.84
商务服务	—	—	—	—	—	—	—	—	5.70	8.23
科研服务	—	—	—	—	—	—	—	—	3.38	2.94
公共环保	—	—	—	—	—	—	—	—	4.02	4.84
教育	—	—	—	—	—	—	—	—	3.16	3.20
卫生	—	—	—	—	—	—	—	—	0.87	0.96

3. 从净资产收益率来看，煤炭工业、石油石化工业、造纸及纸制品业和黑色金属冶炼业等为代表的过剩产业，自2007年以来不断下降。同时，房地产行业净资产收益率也从2010年开始出现趋势性下跌（见图4-19）。

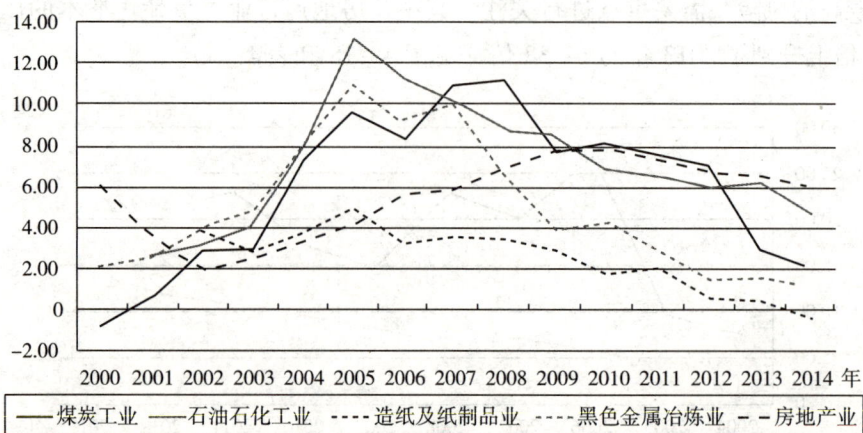

图4-19　各行业净资产收益率

表 4 – 5　　　　　　　　　　各行业净资产收益率趋势变化

年份	2000	2001	2002	2003	2004	2005	2006	2007	2008	2009	2010	2011	2012	2013	2014
农林牧渔业	-1.80	0.40	0.90	1.60	2.00	2.30	1.80	2.20	2.30	2.00	2.20	2.50	2.00	2.20	2.60
煤炭工业	-0.80	0.50	2.80	2.90	7.20	9.60	8.30	10.90	11.20	7.70	8.10	7.60	7.00	3.00	2.00
石油石化工业	—	2.60	3.20	4.10	7.90	13.10	11.30	10.20	8.70	8.50	6.80	6.50	6.00	6.20	4.70
造纸及纸制品业	1.00	—	3.80	2.80	3.70	4.90	3.20	3.50	3.40	2.90	1.70	2.00	0.50	0.40	-0.40
电子工业	7.50	4.10	3.80	3.90	2.90	4.10	1.00	1.80	1.70	1.50	3.00	2.60	2.10	1.80	3.50
黑色金属矿采选业	0.10	0.40	1.30	1.50	6.30	13.80	9.20	10.30	7.30	4.60	4.70	5.10	4.40	4.40	4.40
黑色金属冶炼业	2.10	2.50	4.00	4.70	7.90	10.90	9.10	10.00	6.60	3.90	4.20	2.90	1.50	1.50	1.20
有色金属矿采选业	4.10	4.10	3.70	3.50	6.80	12.80	8.60	9.60	6.10	0.60	0.70	3.90	3.50	3.50	3.70
有色金属冶炼业	4.20	3.50	3.00	4.20	8.40	10.20	7.90	9.50	6.60	0.60	0.60	2.50	2.30	2.30	2.40
建材工业	0.80	1.00	1.70	2.10	4.80	4.20	3.00	3.20	4.00	4.50	6.50	6.50	6.00		6.00
机械工业	2.30	2.70	2.90	4.70	4.50	7.30	4.60	5.30	5.50	5.50	5.00	4.80	5.00	2.60	3.20
汽车制造业	6.00	6.50	7.50	7.40	10.00	5.80	7.80	8.60	8.20	10.80	13.40	13.50	9.30	9.50	9.80
医药工业	6.40	6.60	6.40	7.40	7.00	6.80	5.60	6.80		8.60	9.10	10.10	9.80	10.00	10.00
交通运输、仓储及邮政业	0.70	1.50		1.50	1.20		2.60	2.90	3.40	2.90	4.40	3.00	1.90	1.50	1.60
住宿和餐饮业	—	—	-0.70	-3.30	-1.20	0.80	0.80	0.90	1.10	1.20	1.40	2.10	1.70	1.50	2.00
房地产业	6.00	3.50	1.90	2.40	3.30	4.10	5.60	5.80	6.90	7.70	7.80	7.30	6.70	6.50	6.00
批发和零售贸易业	2.90	4.10	2.50	5.90	6.60	8.80	4.80	5.60	5.70	4.90	5.40	5.60	6.00	4.10	4.00

资料来源：CEIC、Wind 数据库。

六、公共部门杠杆率不断增加，财政收入下降，尤其是地方政府债务存在较大的风险隐患

1. 我国政府债务率与赤字率不断攀升（见图 4 – 20），虽然没有越过国际公认的 60% 和 3% 的标准，但显性债务占 GDP 比例从 2006 年的 31.49% 上升到了 2014 年的 41.06%，赤字率从 2007 年的 -0.58% 上升到了 1.78%。同时，近 3 年财政收入增长明显放缓，中央财政收入增速远远不及 GDP 的增速，从经济发展中获得的财政收入增速只有不到 6%。2014 年，我国一般公共预算收入达到 140 350 亿元，增长 8.6%。其中，中央财政收入 64 490 亿元，增长 7.1%；地方本级收入 75 860 亿元，增长 9.9%。这个增速水平是 1992 年以来我国财政收入的最低增速。财政收入增速放缓的原因（楼继伟，2015）：一是经济下行压力较大，工业生产、消费、投资、企业利润等指标增幅均不同程度回落，主体税种收入增幅相应放缓；二是工业生产者出厂价格指数持续下降，消费者价格指数一直在低位徘徊，影响以现价计算的财政收入增长；三是房地产市场调整影响扩大，与之相关的收入增幅回落较多；四是结构

性减税向纵深推进，如扩大经营改革范围、小微企业税收优惠等政策。营改增改革要力争在 2015 年完成，不动产和建筑业带来的减税压力非常大，因为企业拥有或租赁的不动产抵扣将大量增加，财政收入会受到较大程度的影响。

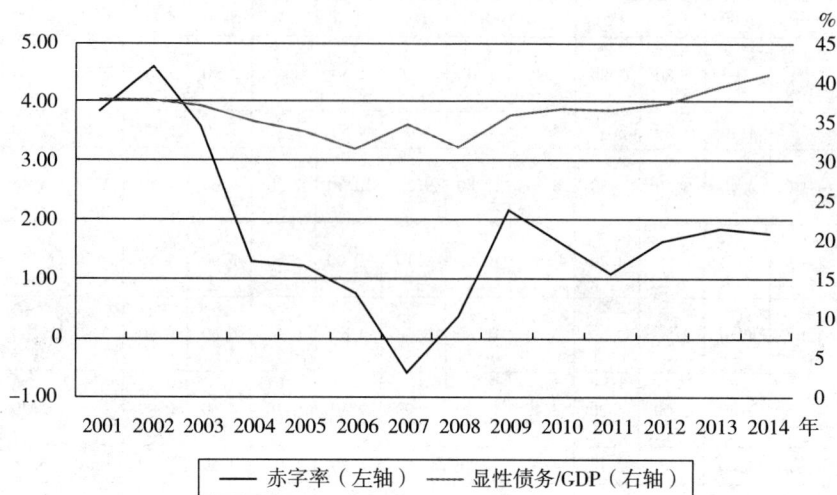

图 4-20　公共部门负债情况

2. 我国地方政府债务存在较大的风险隐患。第一，我国地方政府债务规模不断上升，截至 2014 年底，地方政府负有偿还责任的债务 15.4 万亿元，该数据是财政部会同国家发展改革委、人民银行、银监会等部门今年清理甄别出来的最新地方政府债务"箱底"，15.4 万亿元的地方政府债务余额比 2013 年 6 月末的审计数 10.8 万亿元增长了 40.5%。第二，由于土地资产繁荣周期的下降，政府获得收入渠道下降。15.4 万亿元相当于 2014 年地方一般公共预算收入决算汇总数 12.7467 万亿元的 1.2 倍；2014 年，地方政府和房地产相关的八项税收加上土地出让金的收入，一共有 6.4 万亿元，狭义的土地财政对房地产的依赖度达到 53%（夏斌，2015）。第三，新型的 PPP 模式等较难大规模推广，资产报酬率（ROA）高于 6% 的城投公司比例仅为 7.04%，估计仅有 1.26 万亿元的地方债投资项目能够凭借自身收益引入 PPP 模式。其余的需要财政补贴或政府购买等模式。将当前地方政府负债项目全部发展为市场经济可接受的 PPP 模式，财政每年至少需要贴息 1.07 万亿元。第四，目前地方政府债券发行困难，以及政策面对地方政府债务改革推进方面的犹豫，均是由于财政对基建投资所需资金支持力度有限，也难以让投资者相信地方政府的隐性担保能够被打破。

第五章　中国金融自主权评估

根据维基百科，"自主权（希腊语：νόμος；αὐτονομία；αὐτόνομος，英语：Autonomy，直译为'法'、'自我设置并约束自我的法律'），也称自治权、自决权，它往往指的是一个理性个人有能力作出成熟的、不被胁迫的决定。政治意义上，它也用来指人民的自主统治。"这个定义未必准确，但有一点值得强调，即它强调了决策和行动的自主性和独立性，它不能受到外部力量的影响或支配。由此，我们认为从国家层面来谈金融自主权也应强调国家或政策制定者决策、行动的自主性和独立性。

货币主权作为一国金融主权的重要组成部分，是谈论较早也较多的一个。在民族国家占主导地位时期曾被视为当然的权利，形成了"一个国家，一种货币"的国际货币格局。20世纪后半期，经济全球化和金融一体化的大环境使货币与国家的历史联系表现出了新的特征，呈现出"一个市场，一种货币"的发展趋势，传统的货币主权受到了削弱。但这并未从根本上改变国家货币主权的性质，无论是国家货币还是市场货币，其出发点和归宿都是为国家的利益服务。

现有的国际货币体系建立在以美元作为主要储备货币的基础上，形成了以美元为核心的国际金融秩序。国际货币基金组织的数据显示，美元占全球外汇储备的比例从2001年以来基本维持在60%以上，大部分外汇交易和外币贷款是以美元标价；国际贸易中的重要商品，如石油、重要的初级产品和原材料，甚至是黄金，基本都是以美元进行计价和结算的；各国政府和货币当局在稳定本国货币汇率时所使用的干预货币主要是美元。美元的强势地位决定了美国可以通过发行不兑现的纸币来剥夺其他国家获得国际铸币税的权利、通过美元持续贬值将金融危机和贸易逆差的成本转嫁给别国、通过维护自身利益的美元政策来损害其他国家货币政策的独立性。美元霸权体现的是美国损害他国货币主权以强化自身利益的过程。

经济全球化提高了资源的全球配置效率，为一国经济的发展提供了更多契机。而随着金融市场和金融产品的不断创新和发展，货币主权之外还有更多体现金融自主权的方面，如大宗商品定价权，在国际金融组织中的投票权等。对于中国来说，要想成为经济强国，就必须在参与经济全球化的同时，打破金融强国的金融霸权，将我国金融自主权的维护放在重中之重的位置。另一方面，随着我国经济对外开放的持续深入，在我国金融市场发展尚不完善的情况下，人民币国际化在提高我国国际金融话语权的同时，也增加了金融危机加速传染和资产价格异常波动等可能削弱我国货币信用的风险。

金融自主权的维护关系到国家的核心经济利益，国际政治经济的日趋复杂加大了其维护的难度。尤其是金融自主权本身具有一定的抽象性，本章试图提出量化的安全评价分析框架，识别金融全球化背景下我国金融自主权维护面临的潜在风险，建立及时反映我国金融主权的动态评估机制，这对于维护我国的经济主权和金融安全具有重大意义。

第一节　全球化背景下的金融自主权的界定

目前学术上并没有规范的金融自主权定义，相对成熟的、也是最早出现的有关金融自主权的概念是货币主权，这也是源于货币是金融系统中有关主权的最早期表现形式。而随着金融市场和金融产品的不断创新，国际货币金融体系的不断变化，我们认为除了货币主权外，还至少要包含大宗商品定价权，一国在国际金融体系中的话语权。下面我们分别来进行阐述。

一、货币自主权

货币主权在历史上曾被视为国家当然的权利。1929 年，国际常设法院在 Serbian 和 Brazilian Loans 一案的判词中指出，国家有权对其货币进行规制是普遍承认的法则。国际常设法院的上述判词曾在有关货币主权的国际法研究中被广泛引用，并被普遍认为是对国家货币主权的内涵的界定。

Zimmermann（2013）认为国际法院的上述界定已经成为一种仅仅具有象征意义的宣言，货币主权在不同的时代背景下具有不同的内涵，其概念本身是动态的。金融全球化时代，传统货币主权的内容发生了一定的改变。比如《国际基金协定》对成员国的货币主权进行了约束和限制，要求成员国逐步放弃对经常项目的外汇管制。国家通过转移或者让渡一部分货币主权来参与到国际金融事务中，但这并未从根本上改变国家货币主权的性质[①]。

刘音（2006）认为货币主权对内包括确立本国的货币制度和名称、指定货币管理机构、颁布货币法律和法规、建立币制、保护货币价值和正常流通、禁止伪造和走私货币；对外包括建立外汇行市、维持币值稳定、进行正常的外汇交易、协调货币的国际流通、决定是否实施外汇管制和对外经济交往政策的权利。金融全球化削弱了货币主权对外的平等性。韩龙（2009）指出，一国的货币主权主要包含发行货币的权利，决定和改变币值的权利，调整一国货币或其他货币在其境内使用的权利。这三项权利在经济全球化的国际法下都受到了不同程度的限制。

总体来说，货币主权是一个随时代的变化而不断演进的概念。在经济全球化背景下，国家通过让渡一部分货币主权来获得其他经济利益，货币主权的核心始终是国家通过货币来实

---

① 张洪午：《金融全球化时代的国家货币主权》，载《贵州大学学报（社会科学版）》，2009（1）。

现的国家利益。金融全球化主要表现为外部冲击对本国货币发行和调控自主性的影响，更进一步的还有本国货币对外部的影响，因此本报告从人民币的发行权、使用权（不受外部干扰而调控本国经济波动的独立性）以及国际影响力来说明当前人民币主权的概况。

二、大宗商品定价权

大宗商品（Bulk Stock）主要指用于工农业生产与消费的大批量买卖的物质商品，是一国经济发展所必备的物质基础，一般可以分为能源商品、基础原材料、大宗农产品及贵金属四个类别。而所谓大宗商品定价权，就是指由谁来确定大宗商品国际贸易的交易价格，包括商品贸易中潜在的或普遍认可的定价规则和贸易双方所确定的或参考的基准价格（黄先明，2006）。

伴随着中国经济的快速发展与对外开放规模的不断扩大，中国大宗商品的消费规模已经跃居世界首位，进口对外依存度居高不下。目前中国已成为世界上最大的大宗商品的消费国和进口国，在大宗商品交易市场占据重要地位。据汤珂（2014）报道，中国的铁矿石需求量占世界铁矿石需求量的66%，铜占46%，小麦占18%，大豆占一半左右。对于铅和锌的需求量，整个世界基本呈平稳的态势，但中国的需求量却上升很快。从2009—2011年，中国工业用的大宗商品，随着中国城镇化建设和房地产开发建设步伐的加快，使用量翻了一番。因此，掌握大宗商品定价权对于我国经济发展至关重要。但是目前在国际大宗商品的定价权上，我国几乎无发言权，这与我国的贸易大国地位极不相符。

三、国际金融事务的话语权

随着国际性金融组织作用的显现，对外平等的参与国际金融事务是一国金融自主权的重要体现。在金融全球化背景下，各国的金融自主权，尤其是货币主权都受到了一定程度的限制和削弱，但并非是同等程度的。主要的经济强国通常也是金融强国，作为国际规则的制定者和优势竞争者，这些国家强化了他们在国际金融事务中的决策权。

国际货币基金组织的份额确定了各成员国在国际社会的地位和拥有的投票权。美国在2010年IMF投票权改革后占有16.47%的投票权，对许多国际重大事项的决定具有一票否决权，而金砖五国的投票权加起来只有14.1%，其中中国的投票权为6.068%（见表5-1）。IMF投票权决定的话语权并不能充分体现世界经济的发展趋势和各国经济实力，尽管美国和日本在世界GDP中具有较高比重，但对世界经济的贡献在2007—2013年却呈下降趋势，"金砖国家"对世界经济增长贡献显著，特别是中国近年来GDP占世界经济总规模的比重上升明显。对中国来说，未来人民币国际化程度的加深将有助于提升中国在全球地缘政治中的话语权。

表 5－1	美国、日本和金砖五国在 IMF 的投票权		单位:%
国家	2008 年改革生效前	2008 年改革生效后	2010 年改革生效后
美国	16.732	16.727	16.470
日本	6.000	6.225	6.135
中国	3.651	3.806	6.068
俄罗斯	2.686	2.386	2.585
印度	1.882	2.337	2.627
巴西	1.377	1.714	2.217
南非	0.852	0.770	0.634

资料来源：国际货币基金组织（2012）。

第二节　金融自主权评估体系和指数构建

通过对金融自主权概念的分析，兼顾数据的可获得性，我们主要从以下几个方面进行评估体系的构建：一是货币自主权，这包括三方面，其一是与人民币发行权相关的货币政策独立性问题，其二是中央银行能否基于我国宏观经济调控的需要独立自主对货币供给或利率进行调节的能力，其三是人民币在全球的影响，体现在人民币国际化进程上。二是大宗商品定价权，这一点在随着国际大宗商品金融市场发展越深，我国经济对外依存度越高的情况下越发重要。三是我国在国际金融体系中处理金融事务的话语权。

一、指标选择

（一）货币自主权

这里的货币自主权，主要是指人民币货币政策的制定和实施不受外国经济金融态势和他国货币政策"外溢效应"或"外部效应"的冲击和影响。结合我国当前经济金融现实，我们将货币自主权从货币发行、货币调控、货币的国际影响力三个角度进行阐述。

1. 货币发行自主权指标——货币替代。所谓货币替代是指在货币可自由兑换的条件下，当一国货币存在贬值预期时，由于国内公众对本币币值的稳定失去信心或者本币收益率较低时，公众减持本币增持外币的现象（Chetty，1969）。国外的早期研究（Hilbert，1964；Bergsten，1975；Frankel，1991；等等）基本证实和支持货币替代会对一国的货币政策造成影响这一观点。

在当前美元霸权和我国对外开放程度日益提高的背景下，刑天才（2011）、李成等（2011）证实了我国货币政策和美国货币政策存在较高的联动效应，美元输入造成的货币替代会影响中国货币政策的独立性和执行效果。姜波克和李丹心（1998）、范从来和卜志村（2002）等指出我国货币政策独立性会因本国居民持有外币而受到影响。货币替代指标通常使用国内金融体系中的外币存款/国内广义货币的存量来表示。

2. 货币调控自主权指标——货币政策独立性指标。通常认为一国货币政策是政府用来宏观调控、熨平经济波动的主要工具，这也意味着货币政策是主要依据国内经济形势来对货币供给或者利率进行调整的。但现实中，很少有国家的中央银行能不考虑国际金融形势，尤其是不考虑发行国际储备货币的美联储行动而完全独立执行本国货币政策的。对于 2008 年次贷危机爆发前广泛存在于欧洲和美国的房地产泡沫，Taylor（2009）就指出，美联储过低的利率，以及欧洲各大央行因为要兼顾美联储的影响，也不得不执行过低的利率，是造成这轮发达国家普遍房地产泡沫的主要原因。而 Edwards（2012）则发现美国非常规货币政策对 4 个拉丁美洲国家和 3 个亚洲国家确实存在利率渗透的效果，并且资本账户管制也不能有效地将新兴经济体从国际利率波动中隔离开来。

事实上，有关货币政策相对国外的独立性，克鲁格曼提出的著名的"三元悖论"（The Impossible Trinity）就指出，一国不可能同时实现货币政策独立性、汇率稳定以及资本自由流动三大金融目标，只能同时选择其中的两个。中国正在进入一个"三元悖论"的时期，同时控制汇率并实行独立的国内货币政策正在变得越来越难。由于我国实行强制结售汇制度，自 2000 年以来，我国迅速增长的贸易顺差导致的国内基础货币的被动投放就被诸多学者（李斌、伍戈，2013；谭小波、张丹，2010；郝雁，2008，）认为是我国货币供给内生性和通货膨胀的主要原因。随着近年来国际收支格局的改变，外汇顺差的减少，我国基础货币的被动投放在减弱。

考虑到我国自 1996 年以来，就在开始不断走向利率自由化，汇率干预和资本管制不断减少的进程，而货币调控作用到实体经济最终还是要依靠利率的变化；兼顾与别国的可比较性，我们采用 Aizenman，Chinn 和 Ito（2008）提出的货币独立性指标，来衡量独立性。该指标主要是使用母国与基准国货币市场利率的年度相关性的倒数来刻画，值越高，表示独立性越强。

$$MI = 1 - \frac{corr(i_i - i_j) - (-1)}{1 - (-1)} \qquad (5-1)$$

式中，i_i 和 i_j 分别是本国和基准国的货币市场基准利率。一般基准国选择为美国。

3. 货币国际影响力指标——人民币国际化指数。人民币的国际化，反映的是人民币在国际货币体系中发挥国际货币职能的程度。当前国家间竞争的最高形式表现为货币的竞争，人民币国际影响力的上升，将有利于中国获得一定程度上的世界货币发行权和调节权，改变在国际货币体系中被动的地位，减少汇价风险，促进国际贸易发展，并获得一定的铸币税收入，因此人民币在国际贸易和金融结算领域的使用程度，一定程度上反映了人民币使用权和我国对外金融事务话语权的状况。

中国人民大学从 2012 年开始陆续发布人民币国际化报告，旨在客观地描述人民币在国际经济活动当中实际使用程度的一个综合的量化指标，该指标动态跟踪在全球范围内贸易计价、金融交易和外汇储备等三个方面人民币份额的发展动态，同时可以与其他主要国际货币进行横向的比较。

（二）大宗商品定价权

在国际贸易中，期货价格往往被认为是一个定价基准，这一点对于大宗商品来说尤其重要。期货市场或者其他市场规则的制定者拥有大宗商品的定价权。如果大宗商品价格能够反映合理的需求，我们就认为这一大宗商品价格是合理的，这样就不存在定价权问题。汤珂（2011，2012，2014）的研究都支持大宗商品期货定价从2004年以后，并没有真正反映实体经济的供给和需求。所以，争夺大宗商品的定价权很有意义。

另一方面，目前欧美国家的期货市场价格发现功能又是存在缺失的。在欧美期货市场之外，庞大的柜台交易市场（OTC市场）占到交易量的80%，而OTC交易信息是不透明的。考虑到数据的可获得性，我们使用基于现货价格方面的数据来衡量我国的大宗商品定价权。

基于现货价格的动态比价指标为

$$R = (PM_t/PM_{t-1}) / (PW_t/PW_{t-1}) \tag{5-2}$$

指标释义：PM_t 和 PM_{t-1} 分别表示某一商品当年和上一年度的进口平均价格；PW_t 和 PW_{t-1} 分别表示该种商品当年和上一年度的国际权威价格。

经济学含义：白明（2006）从消费者剩余最大化的角度出发，把符合一国消费者剩余最大化目标的进口定价称为理想价格，高于理想价格的为劣权定价，低于理想价格的为优权定价。所谓国际定价权，是指一国究竟在多大程度上有能力可以使进口大宗商品价格接近理想价格。这种理想价格用世界权威价格来表示。动态比价 R 大于1表明中国进口价格呈现劣权化趋势，R 越大劣权化越明显；动态比价 R 小于1表明中国的进口价格呈现优权化趋势，R 越小优权化越明显，并且动态比价波动越大，越有可能说明中国的定价权微弱从而无法维持进口价格的稳定。

评价：该指标从一国大宗商品的进口价格变化与世界市场市场价格变化的接近度出发，较为简单直观。但该指标只能反映一种对定价权的推测，而不一定是定价权本身。例如，当国内进口价格被动接近世界平均价格时，动态比价 R 接近于1，但其后的定价权含义并不明显。

（三）国际金融事务的话语权

1. 国际金融组织投票权。当前三大国际性金融组织——国际货币基金组织（IMF）、世界银行（World Bank）和国际清算银行（BIS）在国际金融秩序和货币金融框架，包括在危机救助、贫困救助、金融监管方面都发挥着重要的角色。虽然经历了数次改革，以便让新兴国家在国际组织中拥有更大发言权，但目前这些国际组织的投票权或决策权大抵体现的仍是成立初期的利益格局。如传统上由美国主导的IMF和World Bank更多地体现了发达国家，尤其是美国的利益诉求，而传统上由欧洲主导的BIS在规则制定方面也往往更多考虑的是欧美银行体系的形势。

2. 政治全球化指数。一国在国际金融事务中的话语权，除了体现在以上主要组织中的投票或决策权，还往往与其政治影响力高度相关。因此，我们还引入了Dreber（2006）提出的政治全球化指数来衡量。该指数是四项分指数的加权，分别是驻外使馆数量（25%）、参与国际组织数量（27%）、对联合国安理事会的人均贡献（22%）、国际条约（26%）①。

3. 本国持有美国国债占全部美国国债份额。美国国债，作为目前世界头号强国的国家债券，也是全球最大的国债市场。虽然众多新兴国家的储备中持有美国国债，也有部分迫不得已的原因，如美元作为目前最强的国际储备货币的地位，但因为美国政府的高负债，持有的美国国债份额也在一定程度上间接地增强了本国对美国的话语权。

将上述指标总结如表5-2所示，即是我们提出的金融自主权评估体系。

表5-2　　　　　　　　　　　　　　金融自主权指标体系

一级指标	二级指标	三级指标
金融自主权	货币自主权	货币替代率、货币政策独立性、货币国际化
	大宗商品定价权	现货市场动态比价指标
	国际话语权	国际金融组织投票权、政治全球化指数、持有美国国债占比

二、货币主权风险指数构建及说明

（一）数据来源和指标说明

我国金融自主权指数编制面临的较大难题是数据来源方面的限制。首先，在指标的选取方面，舍弃了某些有重要经济含义但缺少数据的指标，如外资股权在我国金融机构中的占比、离岸人民币外汇市场交易规模占境内人民币外汇交易规模的比重、外资进入股市规模占股市规模比重等能揭示我国金融自主权风险的指标。其次，在指标时间长度的选择上，尽可能地选择了那些时间跨度相对长的指标。表5-3总结了相关指标对货币主权维护风险的影响方向，指标数据的来源、起始时间和可计算的最低频度以及相关处理说明。数据的计算起始时间都是以2000年为起点，最终指标可得数据的时间大多是在2000年之后。由于一部分指标只有年度值，因此最终指数的编制将基于年度数据，指数编制的时间区间为2000—2014年。

表5-3　　　　　　　　　　　　　　指标及数据说明

指标	影响方向	数据来源、指标起始时间、指标最低频度	指标说明
货币替代率	−	人民银行、CEIC数据库，2000年，月度	外币存款/M_2
货币政策独立性	+	Aizenman、China和Ito（2014），1987年，年度	前文公式（5-1）
人民币国际化指数	+	中国人民大学《人民币国际化指数报告》，2010年，季度	对人民币在全球范围内贸易计价、金融交易和外汇储备三个方面人民币所占份额加权

① 自1945年以来与他国签署的并被各国最高立法机构批准的条约。存放在联合国秘书长办公室的已签署和批准的条约也包括在内。

续表

指标	影响方向	数据来源、指标起始时间、指标最低频度	指标说明
现货市场动态比价	−	中国海关总署、世界银行，2003年，年度	前文公式（5-2），R 大于 1 表明中国进口价格呈现劣权化趋势，R 越大劣权化越明显；小于 1 表明中国的进口价格呈现优权化趋势，R 越小优权化越明显
国际金融组织投票权	+	IMF，World Bank，BIS	我国在 IMF，World Bank 和 BIS 三大金融组织的投票份额占比
政治全球化	+	Dreher、Axel（2014），1970年，年度	四项分指数的加权，分别是驻外使馆数量（25%）、参与国际组织数量（27%）、对联合国安理会的人均贡献（22%）、国际条约（26%）
我国持有美国国债份额	+	美国财政部，2000年，月度	我国持有美国国债/全部美国国债

（二）指数构建方法

以上数据均先同向化处理后，再用功效系数法进行标准化。

第三节　中国金融自主权评估与分析

一、货币自主权评估与分析

（一）货币发行自主权

按前文所述，我们构建的货币替代指标（外币存款/M_2）如图 5-1 所示。

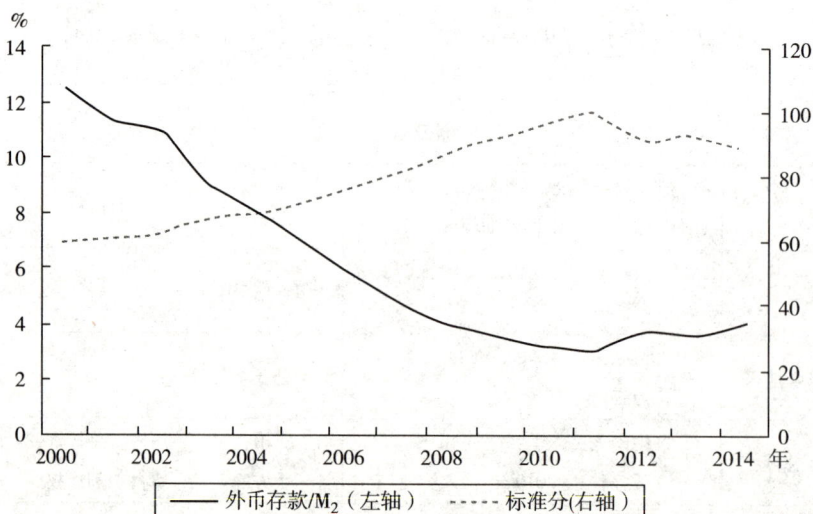

图 5-1　货币替代指标

从图 5 - 1 中可以看出，我国境内外币存款占准货币比例从 2000 年以来，大抵呈现出下降的趋势，最高点出现在 2001 年，约为 12.5%，而最低点出现在 2011 年，约为 3.1%。考虑到从 2000 年以来我国就存在着相当的人民币升值预期，直至 2008 年次贷危机后，尤其是近两年，单边升值预期已经不在，而是双向的波动这一背景，我们看到我国货币替代指标的变化趋势背后不仅体现了我国居民和企业对持有本币的信心，也体现了强烈的投资动机。但从央行对于人民币发行的自主权来看，对于在拉美曾经出现的因高通胀而导致本国居民丧失持有本币的信心而改为持有美元的这一"货币替代"的风险在我国还不显著。相反自 2000 年以来体现了境内居民和企业对人民币持有的信心。对其进行同向化处理后，用功效系数法得到的评分如图 5 - 1 中虚线所示，自 2000 年以来，均分为 79 分，2014 年为 88 分。

（二）货币调控自主权——货币政策独立性指标

按前文所述，货币政策独立性指标如图 5 - 2 所示。

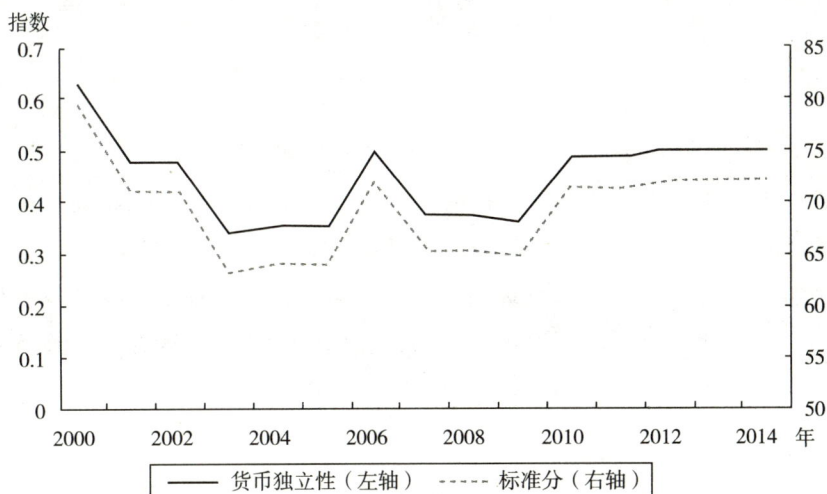

图 5 - 2　货币独立性指标

从图 5 - 2 中可以看到，我国货币独立性指数自 2000 年以来呈现先降后升的格局，即 2000 年至 2004 年，中美两国利率相关性走高，在 2006 年背离后，从 2006 年至 2009 年基本走势相同，即在危机后两国央行均实行了宽松的货币政策，而自 2010 年起，我国货币市场利率开始走高而美国的依旧在零利率附近，使得两者相关性再度降低，因而货币独立性指标再度走高。以上变化说明，虽然我国利率走势受到美国的影响，但我国货币政策的调控仍主要以本国的宏观经济形势为调控基础。纵观过去十五年，我国的货币政策独立性指数在 0.45 上下波动，与同一时期的其他主要发达国家相比，如英国（0.25）、德国（0.32）、日本（0.39），我国因为金融市场尚未完全自由化，货币政策的独立性还要更高一些。但伴随着利率市场化、汇率改革的进一步推进，资本账户的进一步放开，我国货币政策的独立性保持难免会面临更多挑战。处理后的标准分自 2000 年以来，均值为 69 分，最近三年则基本在 72 分左右。

（三）货币国际影响力指标——人民币国际化指数

表 5 – 4 是 2010 年以来人民币与主要货币的国际化指数变化情况，可以看到虽然我国国际化步伐近几年显著加速，但与其他主要国际货币相比，仍然处于较低的层次。按照 Swift 的数据统计，虽然人民币结算占全球支付货币的占比自 2011 年的 0.29% 上升到 2014 年的 2.17%，其排名从第 15 位上升到第 5 位，确切地说，在 2014 年 11 月取代加元和澳元，紧随美元、欧元、英镑和日元成为全球第五大支付货币，但从表 5 – 4 中可以明显看到人民币的国际化程度仍然较低。

表 5 – 4　　　　　　　　2010 年至 2014 年人民币与主要货币的国际化指数

年份	美元	欧元	日元	英镑	人民币
2010	52.08	27.59	4.33	4.37	0.23
2011	52.41	26.79	4.48	4.1	0.58
2012	52.34	23.6	4.46	3.98	0.87
2013	52.96	30.53	4.27	4.3	1.69
2014	—	—	—	—	2.4 *

注：* 表示为估计值。数据最早样本从 2000 年开始。

资料来源：国际货币基金组织 COFER、中国人民大学《人民币国际化报告 2014》。

在用功效系数法进行标准化时，我们选择中国的进出口占全球贸易的占比作为最优值（据 WTO 的最新数据，2013 年中国的进出口贸易占全球比重为 10.04%），其实这是一种保守的估计。例如，美国在 2013 年的全球贸易中占比为 10.7%，而美元在全球支付货币占比已超过 50%。最低值我们使用 0，计算得到的人民币国际化指数的标准分如图 5 – 3 所示。

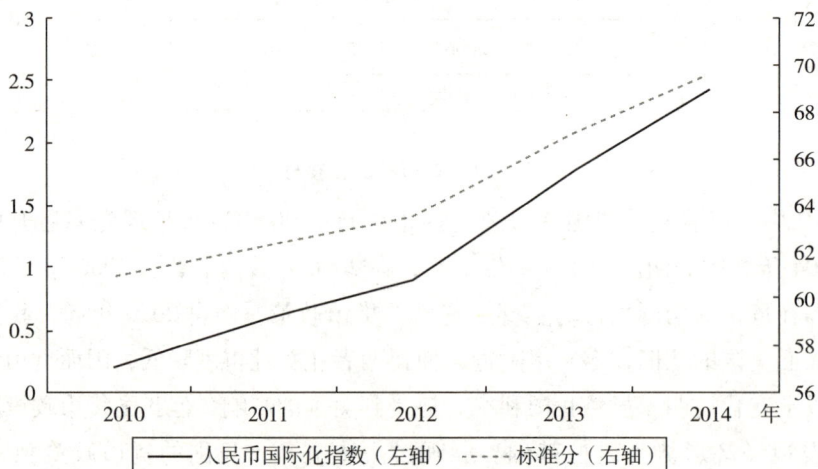

图 5 – 3　人民币国际化指数

事实上，李杨（2014）也指出，货币国际化程度一个很重要的领域或者一个指标就是外汇交易。人民币在外汇交易中的比重也有变化，但是没有所谓整个国际化的指数变化那么大。一国货币在外汇交易市场中的份额以及它的深度，其实是现在衡量一国货币国际化程度非常重要的指标，而人民币这个指标是不高的，这表明人民币要真正充当国际货币仍有相当长的路要走。

将以上三个指标进行加权平均后，得到我国货币自主权指标的标准分如图 5－4 所示。可以看出，我国货币自主权总体来说自 2000 年以来，呈现出提高的趋势，从本世纪初的不到 65 分上升到 2014 年的 77 分。但应该看到这主要是因为我国货币发行权得分较高所致，但在货币独立性和国际化方面仍有很长路要走。

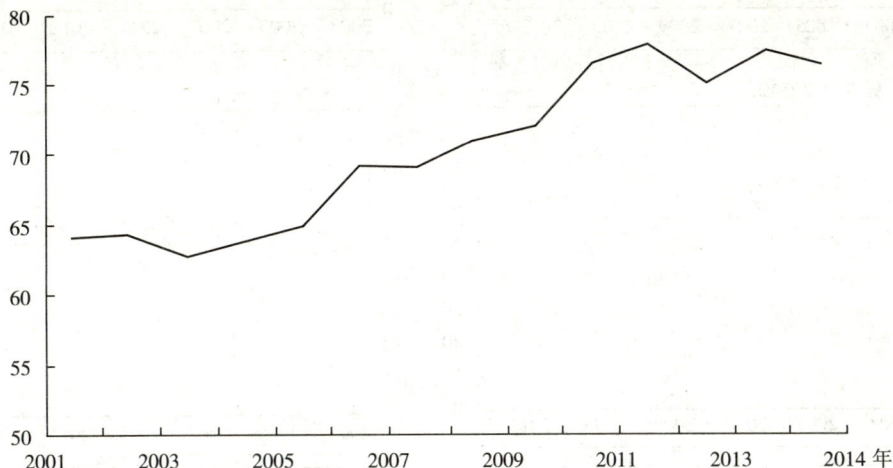

图 5－4　货币自主权指数

二、大宗商品定价权评估与分析

（一）现货市场动态比价指标

我们首先使用白明（2006）提出的动态比价指标来衡量 2003—2014 年间我国几种重要大宗商品优劣权的变化趋势，并推测其可能反映的定价权变化轨迹，所得结果如图 5－5 所示。

从图 5－5 中可以看到，我国进口原油动态比价在 2000 年至 2014 年间整体呈现出一种围绕等权化水平线（动态比价等于 1 的水平线）小幅周期性波动的趋势，最大偏离度仅为 8%。这表明在 2000 年至 2014 年间，我国进口原油价格变动一直趋近于世界价格变动趋势，没有长期偏离世界价格的情况发生。从定价权的角度来讲，这说明我国在国际原油市场上可能具有一定的定价权，从而保障了国内原油进口价格的合理与稳定。

进口铁矿石的动态比价波动明显，整体呈现出一种先大幅下降，随后大幅上升，再大幅下降又上升的趋势。动态比价最低在 2005 年降到 0.64，最高在 2004 年达到 1.57。从 2011 年开始，铁矿石的动态比价逐渐趋于平稳。这说明我国进口铁矿石价格相较于世界平均价格而言，在 2011 年之前呈现出一种较为剧烈的波动趋势，我国铁矿石定价权较弱，无法保障国内进口铁矿石价格的稳定，世界铁矿石价格被三大矿商牢牢掌握。但从 2011 年开始，我国进口价格开始趋于稳定，定价权有所增强。

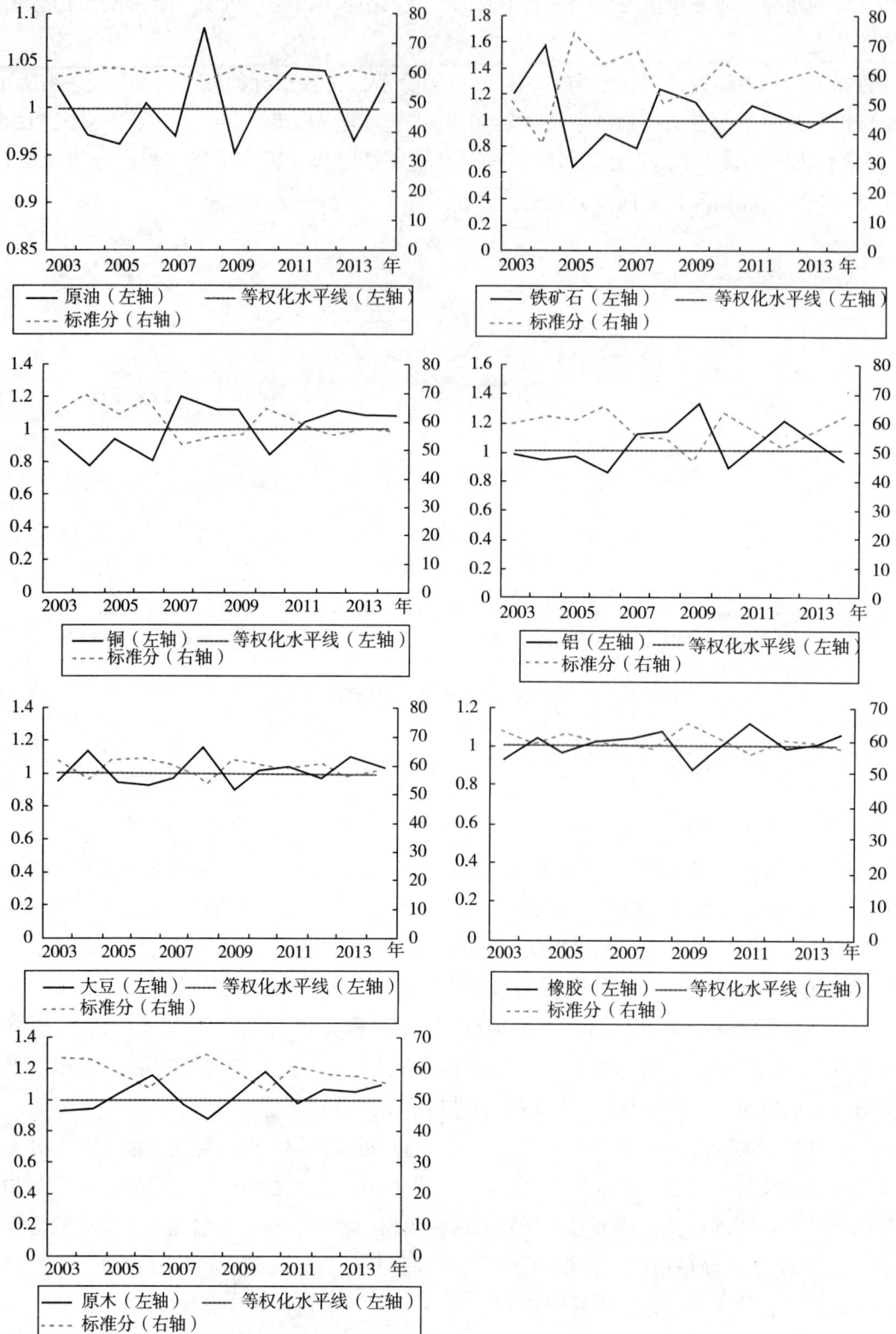

图5-5 大宗商品动态比价指数

　　进口铜的动态比价在 2006 年和 2007 年间波动较为明显，但从 2008 年开始趋于平稳，波动幅度基本在等权化水平线 2% 的水平内。但除了 2010 年表现出优权化，自 2007 年以来各年份均表现出劣权化状态。

　　进口铝动态比价的波动幅度较大，从 2008 年开始，铝动态比价除 2010 年、2014 年略低于等权线外，基本处于劣权化范围。

　　进口大豆动态比价的波动幅度较小，最大偏离度在 2008 年为 15%。从 2009 年开始进口大豆动态比价呈现出一种小幅上升趋势。这些说明我国大豆定价权自 2009 年以来有减弱的趋势。

　　进口橡胶动态比最低在 2009 年达到 0.86，最高在 2011 年达到 1.11，大部分年份都在等权线附近波动，且偏离很小。这说明我国对橡胶的定价权虽然较弱，但与国际价格的关系比较稳定。

　　进口原木动态比价也基本在等权线附近波动。最高点出现在 2010 年，达到 1.19，2011年降至 0.98 后，最近三年又呈现小幅上升趋势。这表明我国对原木的定价权也较弱，且在最近三年不断减弱。

　　将以上七个指标进行平均后，得到我国大宗商品自主权指标的标准分如图 5-6 所示。可以看出，我国大宗商品定价权总体来说自 2003 年以来，呈现震荡态势，并且自 2010 年以来表现出下行趋势，这与我国 2009 年刺激计划以来对大宗商品需求增大，而我国定价权并未改善有关。

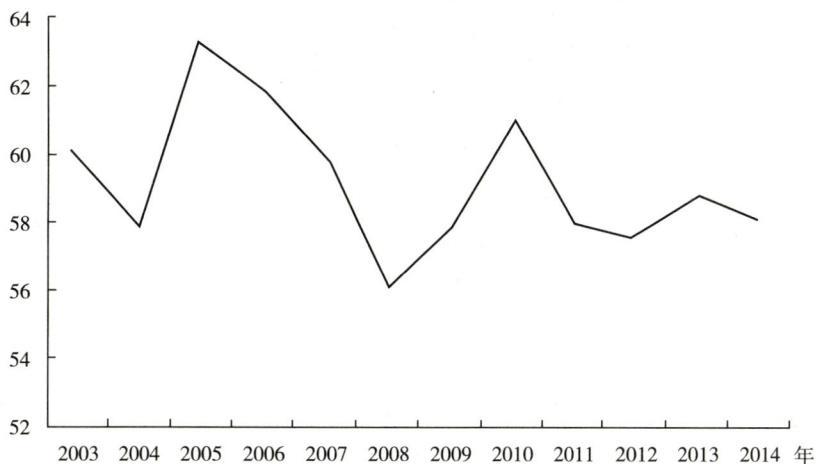

图 5-6　大宗商品定价权指数

三、国际金融事务话语权评估与分析

（一）国际金融组织投票权

　　在三大国际金融组织中，IMF 和 World Bank 有明确的投票份额（Voting Share）。我们认为合理的份额应与一国经济在世界经济中所占份额相当，如美国在 IMF 和 World Bank 的投票份额在 2014 年分别为 16.5% 和 15.85%，这与美国的经济份额占全球约 16% 是相符的。因此在用功效系数法打分时，我们选择中国自 2000 年以来 GDP 占全球份额最低值（2000 年为 7.35%）作为最差值，而最高值作为最优值。可以看出，我国在 IMF 和世界银行的投票权相比我国的经济实力而言，还非常低。即使两大组织在过去的几次改革中，均提高了中国的份额，但标准分均不及格。这表明我国在 IMF 和世界银行的投票权过低，两大组织仍然是以美国为主导的机构。

而 BIS 则在其官方文件中说明，其决策和投票权不依据成员国的出资份额，而是由委员会决定。BIS 的委员会由 1 名主席（Chairman），6 名核心董事（Ex officio directors），以及其他最多不超过 13 个人的董事。6 名核心董事由比利时、法国、德国、意大利、英国和美国六国的央行进行任命。由于没有明确的投票份额，我们将投票权划分为四个等级，若进入 BIS 的成员国，赋级为 1；若进入董事会，赋级为 2；若成为核心董事，赋级为 3；若主席由本国任命，赋级为 4。依次赋级，我国于 2006 年首次出现在董事会成员中，周小川为代表。在用功效系数法打分时，将 1 作为最差值，而 4 作为最优值。最后得分见图 5 - 7。

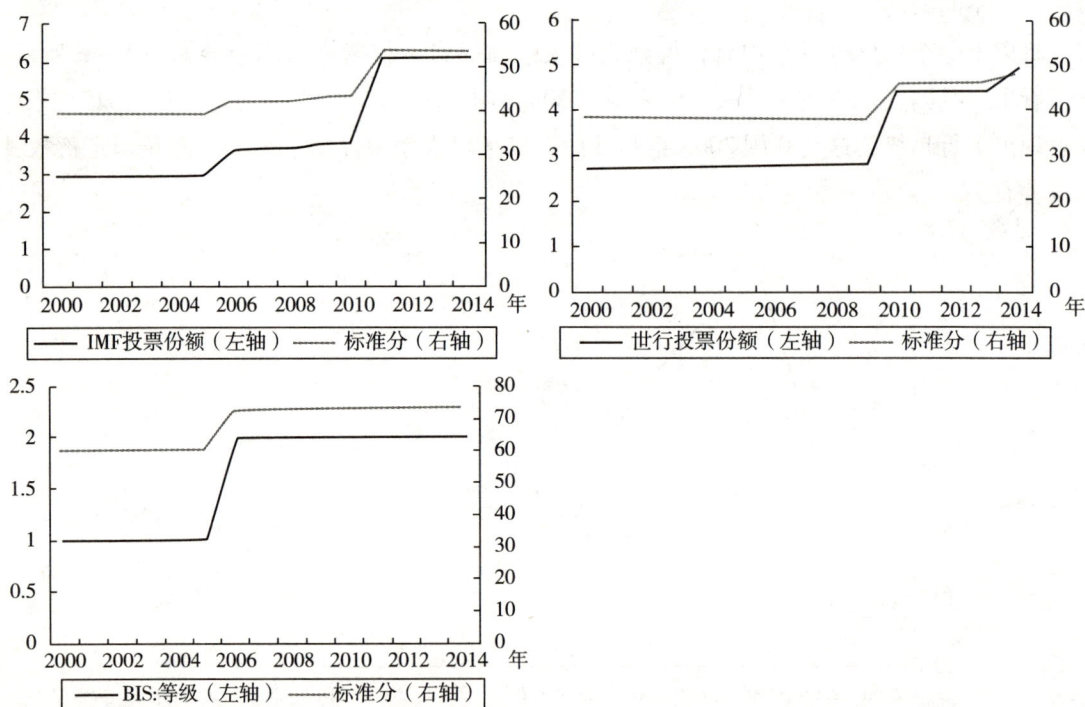

图 5 - 7　国际金融组织投票权

（二）政治全球化指数

如前文所述，我们使用 Dreber（2006）提出的政治全球化指数来衡量。该指数是四项分指数的加权，分别是驻外使馆数量（25%）、参与国际组织数量（27%）、对联合国安理会的人均贡献（22%）、国际条约（26%）。该指数越大，表明全球化程度越高。

最小为 0，最大为 100。图 5-8 给出了中国自 2000 年以来的指数，为了便于国际比较，我们同时画出了美国、俄罗斯，德国和日本的政治全球化指数。可以看出，我国的政治全球化指数自 2000 年以来，从 75.56 大幅度上升至 2012 年的 85.32，这一变化与我国过去十几年来的经济影响力与日俱增相一致。如在 2005 年，我国的政治全球化指数超过了俄罗斯。但与一些发达国家相比，还有一定的差距，如美国、德国在 2012 年均达到 92 以上，而日本也有 90。

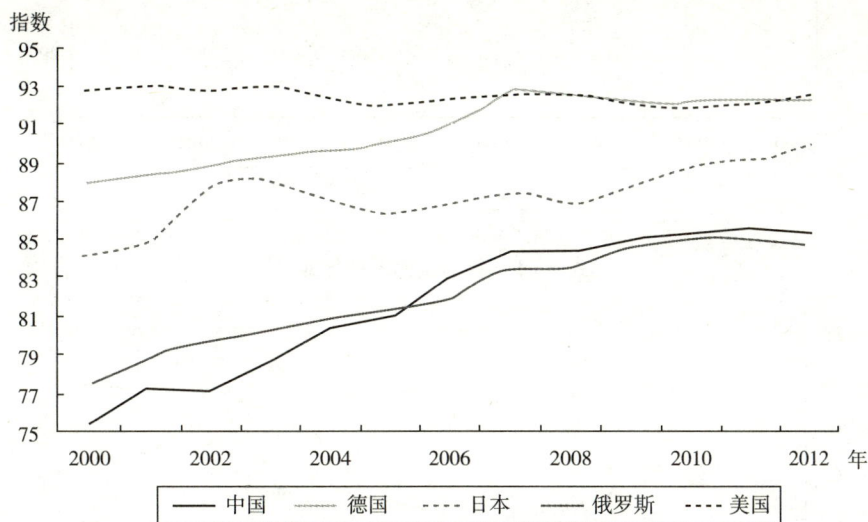

图 5-8 政治全球化指数

（三）中国持有美国国债占全部美国国债份额

图 5-9 给出了我国自 2000 年以来，持有美国国债的份额。可以看出，我国持有的美国国债份额占美国全部国债的占比在 2000 年为 5%，之后的十年显著上升至 26.2%，最近四年则呈小幅下跌走势。这一倒"V"型走势与我国过去十几年的经济增长方式（尤其是 2000—2008 年以出口拉动为主）、外汇制度与资本账户管制情况是一致的。2008 年次贷危机以来，国际上对美元储备货币地位的质疑声渐大，2010 年以来持有美国国债份额的下降也可以看做是我国主动改变外汇持有结构，减小对美元依赖的一种方式。但本指数旨在从通过持有的美国国债产生的对美国政府进而对国际金融事务的影响力，因而仍以份额的变动来近似代表。可以看出，虽然最近四年份额下降，但仍然占到了 20%。以历史值的最大和最小值分别作为功效系数法的最优值和最差值，对该指标的标准分自 2000 年以来为 82.7 分，2014 年为 88 分。

将以上 5 个指标进行加权平均后，得到我国国际金融事务话语权指标的标准分如图 5-10 所示。从中可以看出，自 2001 年以来，我国国际金融事务自主权指数呈现出总体上升的趋势，这与我国在三大国际金融组织的投票权提高有关，但与我国经济实力相比，话语权还偏低。

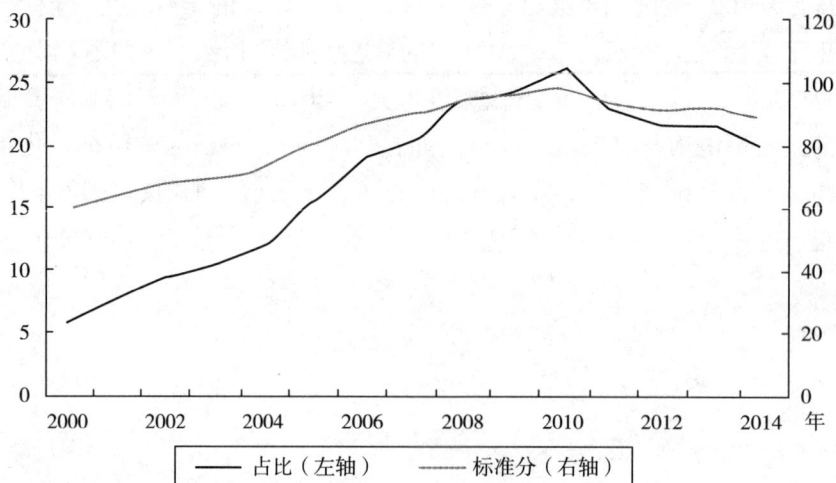

图 5 - 9   持有美国国债份额

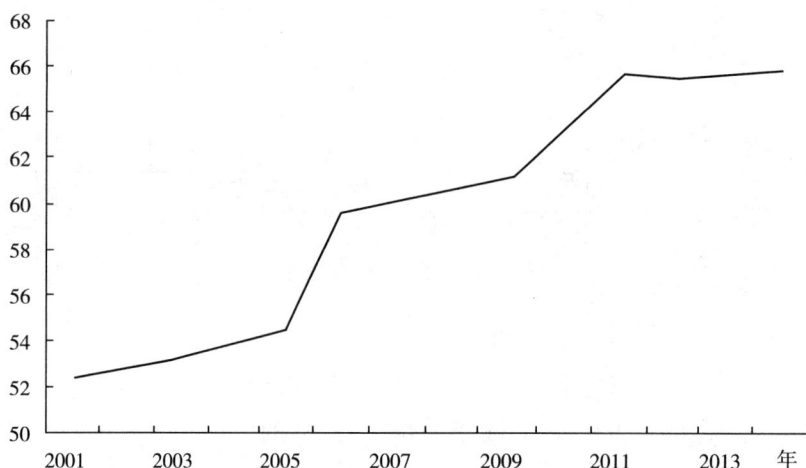

图 5 - 10   国际金融事务自主权指数

第四节   结论与展望

一、主要结论

分指标来看，主要可以总结为以下三点。

（一）当前我国货币主权风险总体可控

2000 年以来，我国货币替代率整体不断减小，体现了居民持有人民币的信心增强，货币政策在调控上的独立性总体在 70 分上下波动，体现了我国货币政策调控仍然能以我国宏观经济形势为主要依据，但是也受到一些美国货币政策的影响。人民币的国际影响力有所提高，但国际化程度仍不足。

（二）大宗商品定价权较弱

我国多种大宗商品均面临着定价权缺失的局面，整体上我国大宗商品定价权现状不容乐观。而现货市场和期货市场发展的诸多不足也制约着我国增强自身国际大宗商品定价权的步伐。

（三）国际金融话语权与我国经济整体实力严重不相称

虽然我国目前 GDP 按购买力平价算，已排名世界第一，虽然是美国国债的最大债主，并且政治影响力也在提升，但我国在国际金融事务中的话语权并不乐观。尤其是目前重要的三大国际金融组织中，IMF、世界银行、BIS，我国的话语权得分都不高，IMF 和世界银行基本上还是以美国为主导的机构，我国的利益诉求还无法从现有的投票权中得到体现。

将三大类指标综合起来，我国总体金融自主权得分如图 5-11 所示。应该看到，在过去四十年里，金融自主权总体来说是呈现明显上升趋势，但与我国经济总体实力相比，仍然有很大的提升空间。

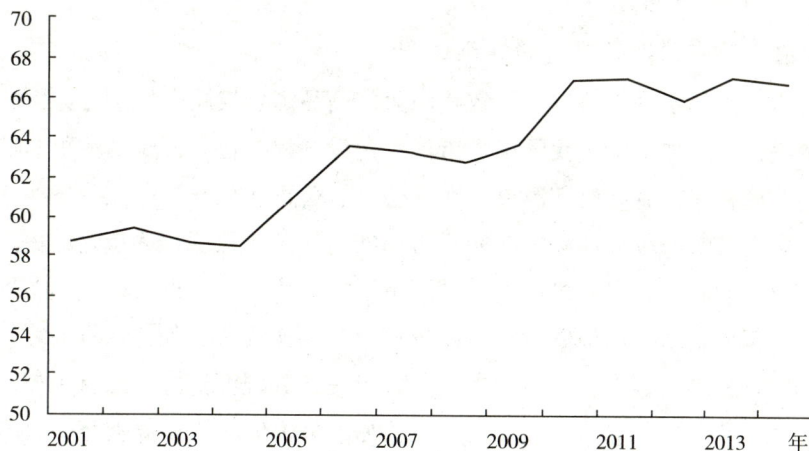

图 5-11　国际话语权得分

二、未来展望

虽然目前我国金融自主权总体在提高，但在当前全球经济金融一体化逐步加深的背景下，仍面临着很多调整，未来随着人民币国际化进程的推进，我国资本项目的进一步开放，我国经济金融开放程度将得到持续提升。金融自主权的维护必然面临更多来自国际合作框架和自身利益方面的冲突。

（一）转变基础货币发行方式，增强货币政策自主性

长期以来，我国基于外汇占款的货币发行机制是种被动的货币发行机制，货币供给具有较强的内生性。随着美联储逐步退出 QE 引发的货币政策变化将会影响包括中国在内的全球货币金融周期的变化，人民币资产和货币扩张的内外环境正在发生趋势性改变，利用中美利差、人民币即期远期汇率测算的无风险套利空间显著收窄，未来外汇占款可能会持续下降，如果没有长效的基础货币发行方式，货币当局将缺乏流动性调节进而调节通胀和经济增长等货币政策工具。因此必须扭转我国货币发行的机制，完善货币政策工具体系，特别是完善公开市场操作、建立常规手段和非常规手段相结合的公开市场操作工具体系，对外汇储备管理机制进行调整，同时还需与其他金融改革协调推进，提高我国货币政策的独立性。

（二）有序推进人民币国际化，维护金融体系安全

货币国际化是维护我国货币主权的必然选择，人民币国际化最终要实现人民币的自由进出，而目前中国的汇率、利率都未实现市场化，金融体系逐步开放的过程中也将面临一系列风险，对金融货币体系构成一定的威胁。随着对外开放的广度和深度的不断提高，金融危机加速传染和资产价格的波动将因海外大规模流转的人民币而增大风险。因此货币的国际化应有序推进，注重我国金融体系安全的维护，完善金融调控和监管，建立和健全危机和资产价格异常波动的早期预警信息系统，并加强与其他国际货币发行国的合作，建立外部金融安全网，保障我国货币主权安全。

（三）加快推进我国期货市场的建设进程

我国期货市场国际定价权缺失是导致我国大宗商品定价权缺失的核心原因。要提升我国大宗商品定价权，必须加快推进我国期货市场的建设进程。首先，应当注重对国内期货交易所交易规则的改进，完善制度设计，更加注重公平、公正和公开性，充分发挥市场功能，减少行政干预色彩。其次，应当加深国内期货市场的对外开放程度，逐步允许更多的国际投资者进入国内市场，同时开放国内机构参与国际市场的期货交易。再次，加快新期货品种上市的速度，逐步完善期货结构。最后，还要注重培育机构投资者和各类期货人才，增强国内参与者参与国际期货交易的实力，保障国内期货市场在开放程度扩大后的自主权。

（四）加强行业信息和谈判力量整合，推动国内信息搜集和披露体系的建设

行业集中度低，力量分散导致国内企业在国际谈判中经常处于下风，整个行业必须接受不合理的进出口价格，而缺乏有效信息来源则使国内企业更易在国际贸易中受制于人。为此，必须加强行业谈判力量的整合，避免行业谈判同盟的貌合神离。此外，还应注重对国内外市场相关信息的搜集整理，建立及时可靠的信息来源，帮助国内企业正确制定采购决策，避免为外国机构所左右。

（五）拓展进口渠道，建立战略安全储备

我国现在众多依赖进口的大宗商品进口来源单一，很容易在谈判中被对手方挟持，失去定价的主动权。为解决这一问题，必须拓展进口渠道，实现进口来源的多元化，以分散风险，摆脱受制于人的局面。此外，还应加快建立重要大宗商品资源的战略安全储备体系，以调节短期的供需紧张状况，保障供应，平抑价格的大幅度波动，增加争夺商品定价权的筹码。

（六）改善国际金融组织格局，提升国际话语权

经济全球化折射出的国家货币主权与限制问题值得关注。在美元霸权的国际货币体系中，美国作为主要货币发行者本应增强美元的货币责任意识，防止滥用货币发行权。但按照习惯国际法，美国一般情况下不需要因其币值改变而承担国际法的国家责任。当前的 IMF 条约并未能对作为国际储备货币发行国的货币行为建立有效约束，从而加大了对别国货币主权的损害。美国在 IMF 占有最大份额，对许多国际重大事务具有一票否决权，这直接阻碍了国际货币基金组织的改革，中国应充分发挥自身影响力，积极推动货币基金组织改革，争取更多的国际话语权来维护自身利益。值得注意的是，我国已牵头成立亚投行，试图打破美国主导的国际金融格局，但是如何有效利用，并避免风险是需要值得进一步深入研究的。

参 考 文 献

[1] 金融安全协同创新中心、西南财经大学中国金融研究中心:《中国金融安全报告2014》,北京,中国金融出版社,2015。

[2] 刘锡良等:《中国金融国际化中的风险防范与金融安全研究》,北京,经济科学出版社,2012。

[3] 粟勤、王少国、胡正:《外汇占款对我国货币供给的影响机制研究——基于2000—2012年央行资产负债表结构变动的分析》,载《财经科学》,2013 (10),11 – 20页。

[4] 牛晓健、陶川:《外汇占款对我国货币政策调控影响的实证研究》,载《统计研究》,2010 (4),11 – 16页。

[5] 李海海、曹阳:《外汇占款的通货膨胀效应——基于1998—2005年的实证分析》,载《中央财经大学学报》,2006 (11),38 – 42页。

[6] 黎友焕、王凯:《热钱流入对中国经济的影响及其对策》,载《财经科学》,2011 (3),34 – 40页。

[7] 唐旭、梁猛:《中国贸易顺差中是否有热钱?有多少?》,载《金融研究》,2007 (9),1 – 19页。

[8] 刘莉亚:《境外"热钱"是否推动了股市、房市的上涨?》,载《金融研究》,2008 (10),48 – 70页。

[9] 秦焕梅、陈学彬:《欧美债务危机对中国经济的影响》,载《国际经济合作》,2012 (4),87 – 90页。

[10] 李扬等:《中国国家资产负债表2015》,北京,中国社会科学出版社,2015。

[11] 李扬等:《中国国家资产负债表2013》,北京,中国社会科学出版社,2013。

[12] 殷剑锋:《金融大变革》,北京,社会科学文献出版社,2014。

[13] 艾民:《货币:主权管辖的对象——对货币与主权关系的探讨》,载《世界经济文汇》,1995 (5),52 – 56页。

[14] 白明:《从进口原油、铁矿石和铜的贸易看中国如何取得国际定价权》,载《中国物价》,2006 (3),23 – 26页。

[15] 韩龙:《国家货币主权的构成与限制问题——兼对美元持续贬值的国际法思考》,载《福建金融管理干部学院学报》,2009 (5),3 – 10页。

[16] 郝雁:《国内信贷、外汇储备与货币供给关系的研究——中国货币供给内生性的逻辑与实证》,载《生产力研究》,2008 (2)。

[17] 何国华、袁仕陈:《货币替代和反替代对我国货币政策独立性的影响》,载《国际金融研究》,2011 (7),4 – 10页。

[18] 贺晓博、张笑梅:《境内外人民币外汇市场价格引导关系的实证研究——基于香港、境内和NDF市场的数据》,载《国际金融研究》,2012 (6),58 – 66页。

[19] 黄先明、孙阿妞:《"三位一体"争取大宗商品进口的国际定价权》,载《价格理论与实践》,2006

（4），21－22页。

［20］欧阳彬：《金融全球化时代国家货币的命运：过去、现在与未来》，载《国际商务（对外经济贸易大学学报）》，2009（6），37－40页。

［21］潘慧峰、郑建明、范言慧：《境内外人民币远期市场定价权归属问题研究》，载《中国软科学》，2009（9），156－164页。

［22］沈悦、董鹏刚、李善燊：《人民币国际化的金融风险预警体系研究》，载《经济纵横》，2013（8），88－93页。

［23］孙华妤：《中国货币政策独立性和有效性检验——基于1994—2004年数据》，载《当代财经》，2006（7），26－32页。

［24］谭小波、张丹：《我国货币供给内生性的实证分析——基于外汇储备对基础货币的影响》，载《经济研究导刊》，2010（14）。

［25］汤珂：《积极争取国际大宗商品定价权》，载《红旗文稿》，2014（9）。

［26］吴志成、龚苗子：《从国家货币到市场货币——货币与国家关系的解读》，载《经济社会体制比较》，2005（6），59－64页。

［27］伍戈、李斌：《成本冲击、通胀容忍度与宏观政策》，北京，中国金融出版社，2013。

［28］夏园园、宋晓玲：《境内银行间外汇市场人民币汇率定价权研究》，载《金融论坛》，2014（3），45－52页。

［29］于祖尧：《汇率制度改革必须维护货币主权》，载《红旗文稿》，2010（11），9－12。

［30］俞可平：《论全球化与国家主权》，载《马克思主义与现实》，2004（1），4－21页。

［31］张鸿午：《论金融全球化背景下的国家货币主权》，载《北华大学学报（社会科学版）》，2009（1），26－29页。

［32］张庆麟：《析金融全球化对国家货币主权的冲击》，载《中国法学》，2002（2），123－130页。

［33］赵杰宏：《国际经济协调与国家货币主权的让渡》，载《湖北社会科学》，2009（8），69－71页。

［34］赵进文、张敬忠：《人民币国际化、资产选择行为与货币政策独立性》，载《经济与管理评论》，2013（6），78－86页。

［35］赵胜民、谢晓闻、方意：《人民币汇率定价权归属问题研究：兼论境内外人民币远期外汇市场有效性》，载《经济科学》，2013（4），79－92页。

［36］Aizenman, Joshua, Menzie D. Chinn, and Hiro Ito (2008). "Assessing the Emerging Global Financial Architecture：Measuring the Trilemma's Configurations over Time", NBER Working Paper Series, #14533, 2008, 12.

［37］Claus D., Zimmermann. The Concept of Monetary Sovereignty Revisited［J］. The European Journal of International Law, 2013.

［38］Cohen, Benjamin J. The International Monetary System：Diffusion and Ambiguity［J］. Orfalea Center for Global & International Studies, 2008, 2.

［39］David E. Altig, Owen F. Humpage. Dollarization and Monetary Sovereignty：The Case of Argentina［R］. Federal Reserve Bank of Cleveland, 1999, 9.

［40］Dreher, Axel (2006). "Does Globalization Affect Growth? Evidence from a New Index of Globalization", Applied Economics 38, 10：1091－1110.

［41］Dreher, Axel, Noel Gaston and Pim Martens (2008), Measuring Globalisation – Gauging its Consequences (New York: Springer), 2015, 3, 5 Version.

［42］Obstfeld, Maurice, Shambaugh, Jay C. , Taylor, Alan M. Monetary Sovereignty, Exchange Rates, and Capital Controls: The Trilemma in the Interwar Period ［J］. Center for International and Development Economics Research, 2004, 2.

［43］Ronald I. , McKinnon. Association Currency Substitution and Instability in the World Dollar Standard ［J］. The American Economic Review, 1982, 6.

［44］Rosa M. Lastra, Legal Foundations of International Monetary Stability ［M］. Oxford University Press, 2006, 6.

［45］Tang Ke, Peng Liu. The Stochastic Behavior of Commodity Prices with Heteroskedasticity in the Convenience Yield, Journal of Empirical Finance, 2011, 18, 211 – 224.

［46］Tang Ke, Time – varying Long Run Mean of Commodity Prices and the Modelling of Futures Term Structure, Quantitative Finance, 2012, 12, 781 – 790.

附录　专题研究[①]

专题一　经济下行风险评估[②]

魏加宁　杨　坤

改革开放以来，中国经济保持了三十多年的高速增长，国内生产总值（GDP）年平均增速高达 10% 左右。然而，在经济增速持续高涨的背后，是日渐突出的人口红利消退、产能过剩加剧和资源环境不良等问题，以及房地产价格泡沫和地方政府债务等各类风险的逐步积聚。2008 年国际金融危机的爆发，对中国经济造成了较大冲击，使得中国经济增长速度转为下行，于是在高速增长下隐藏的一系列问题和各种风险纷纷暴露出来。当前我国正面临着前所未有的经济下行压力，一方面，我们需要清楚地知道到底是哪些因素导致了当前我国经济增速持续下降的局面，另一方面，又必须清楚地知道经济下行会引爆宏观经济中的哪些风险，这些风险的传导路径为何，可能会造成哪些方面的损失，以及我们应当如何应对。本文将会对这些问题展开探讨。

一、关于当前经济下行的成因

学术界对当前经济下行的成因尚未达成共识，争论的焦点是：导致当前经济下行的主要原因究竟是周期性因素还是趋势性因素，是总量因素还是结构性因素。费雪（Irving Fisher, 1932）[③] 曾指出，"在一个经济体中，有无数的变量会引致经济走向非均衡态，而这些变量大致可以分为以下三类：（a）稳定的增长或趋势变量；（b）不稳定的随机冲击；（c）周期变量"。下面我们分别从趋势性因素、周期性因素和短期因素三个角度来进行分析。

（一）趋势性因素

对于当前经济下行，目前主流的解释是所谓"新常态"，而"新常态"的主要理论依据是潜在增长率下降。经过 30 多年的高速增长，中国经济已经进入了一个转型阶段，内生因

---

① 专题研究仅代表专题作者本人观点，文责自负，不代表金融安全指数编制团队的观点。

② 贾涛、朱太辉、唐滔、谭聪、刘华伟、张钟文、谭聪、赵伟欣等同志参与了本文的写作与讨论。

③ Irving Fisher, Booms & Depressions: Some First Principles, New York, Adelphi Company, 1932.

素和外部条件都已发生新的变化。一是人口红利递减，要素成本上升等因素削弱了中国"世界工厂"的竞争力。二是技术创新不足，大学行政化、科技管理体制官僚化以及意识形态的束缚等因素导致我国技术创新水平难以满足创新需求。三是部分行业"国进民退"，资源大量配置到低效率的国有部门，导致投资回报率持续下降。四是资源环境条件的约束逐渐增强，传统的粗放型生产模式难以为继。五是国际金融危机以来，世界经济进入"新常态"，低速增长将维持较长一段时间。①

从图1可以看出，我国潜在增长率已经从"十一五"时期的平均10.6%下降至"十二五"时期的平均8.6%②，下降了约两个百分点。而从实际GDP同比增速来看，已经从2007年的14.16%大幅度下降至2014年的7.4%，其下降幅度远远大于潜在增长率的降幅，并且目前的实际增长速度已经低于潜在增长水平。由此可见，趋势性因素是当前经济下行的一个重要因素，但并不能全部解释当前经济下降的幅度为什么这么大，因此我们还需要从其他方面去寻找原因。

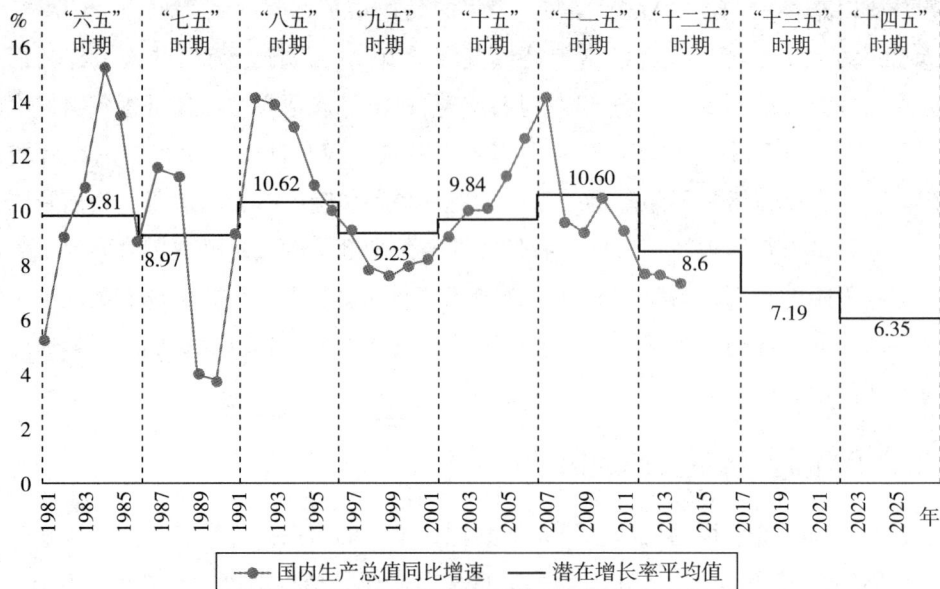

注：虚线为预测值。

资料来源：国内生产总值同比增速数据来自国家统计局网站；潜在增长率数据是根据20多位学者和机构的计算结果得到的算术平均数。

图1　国内生产总值同比增速及潜在增长率趋势图

---

① 林毅夫曾指出，"新常态"这个名词实际上是美国华尔街经济学家提出的一个概念，当时这些华尔街的经济学家认为可能会出现经济增长率降低、失业率增高、金融风险攀升等风险。这些发达国家的产业结构、出口结构是一样的，在这种情况下，发达国家都没有办法给自己国内的结构性改革创造一个必要空间，结构性改革也就一直不能推行下去。结果经济长期疲软，失业率长期居高。在这种状况下，货币政策就会长期宽松，金融市场上的投资非常多，泡沫会非常大，风险非常高，这是发达国家的"新常态"。

② 潜在增长率是根据20多位学者和机构的计算结果得到的算术平均数。

（二）周期性因素

下面我们再从周期性因素的角度来进行探讨。[①] 学术界对经济周期的划分有多种方式，其中最为主流的包括基钦短周期[②]、朱格拉中周期[③]、库兹涅茨中长周期[④]和康德拉季耶夫长周期[⑤]（见表1）。

表1　　　　　　　　　　　　　　四种经济周期划分表

名称	长度	原因
基钦周期（短期波动）	40 个月	库存波动
朱格拉周期（中周期）	10 ~ 12 年	设备投资波动
库兹涅茨周期（中长周期）	20 年	建筑投资波动
康德拉季耶夫周期（长波周期）	50 ~ 60 年	科技创新波动

除上述周期以外，还存在一个"企业创新周期"，而企业创新周期和景气周期之间往往存在一种此消彼长的"逆相位"关系。当经济景气好的时候，企业大都忙于生产、制造和销售产品，且企业效益较好，因此企业往往不太注重研发和创新，而此时进行兼并重组，成本往往也会很高；反之，当经济景气不好、企业效益下降的时候，企业通常可以集中精力进行研发和创新，此时兼并重组的成本也相对较低。所以，从创新的角度看，景气不好的时候恰恰是企业进行研发和创新的好时机，也是兼并重组的好时机。

回顾改革开放36年来的经验，在中国还存在着一个特殊的"改革周期"。改革开放36年来，中国经济经历了三个大的周期，而三次周期都有一个共同的规律，即每当面临国内外经济危机时，中国都成功地通过思想解放来带动改革开放，而改革开放则带动了经济增长。80年代是如此，90年代初是如此，90年代末也是如此，只不过改革红利的显现存在着时滞有所拉长的倾向。而当前的经济下行，在很大程度上是由于前些年改革大幅放缓及思想解放不到位所导致的。综合图1和图2可见，在每一轮改革高潮之后，我国经济都走出了实际增长率低于潜在增长率的局面。

（三）短期因素

除了趋势性因素和周期性因素，导致当前经济下行的原因还有一些短期因素，其中包括

[①] 西方最早对于周期的研究是对商业周期的研究，与太阳黑子相关联的农业周期与之有密切关系。

[②] 基钦周期由美国经济学家基钦（Joseph Kitchin）提出。通过对利率、物价、生产和就业等数据的统计研究发现厂商的生产行为与其库存在密切联系，当生产过多时产生库存，而库存的增加又引导生产商减少生产，从而降低库存。这一周期性变化长度约40个月，被称为基钦周期，也称短周期，其本质是库存周期。

[③] 朱格拉周期是由法国医生克莱门特·朱格拉提出的，他提出了10年左右为一个循环并且以企业固定设备更新投资和投资收益率波动为主要机理的经济周期理论。

[④] 1930年美国经济学家库涅茨提出的一种为期15 ~ 25年，平均长度为20年左右的经济周期。由于该周期主要是以建筑业的兴旺和衰落这一周期性波动现象为标志加以划分的，所以被称为建筑周期，也成为库兹涅茨中长周期。

[⑤] 康德拉季耶夫分析了英、法、美、德及世界经济的大量统计数据，发现发达商品经济中存在平均长度为54年的周期性波动。1939年熊彼特提议经济学界接受"康德拉季耶夫周期"作为经济成长过程中长周期波动。

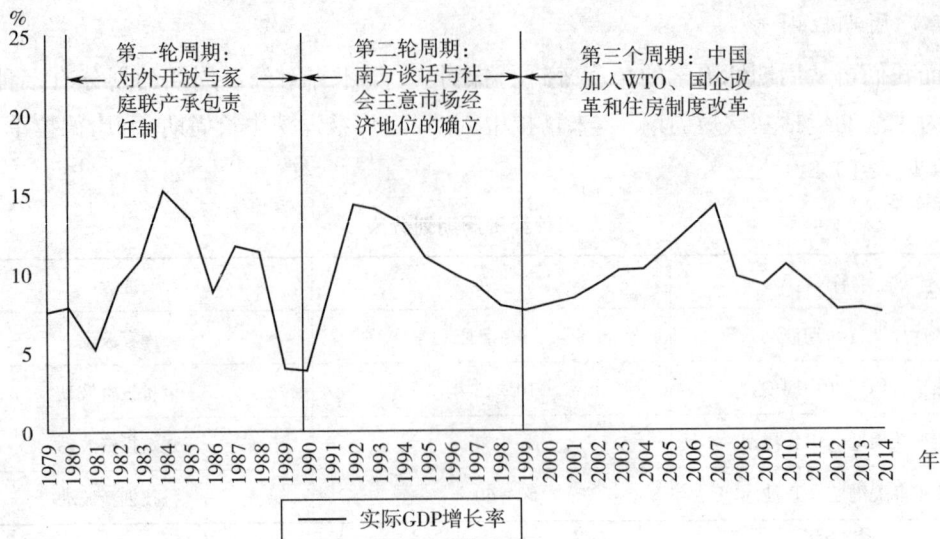

图2 思想解放、改革开放与中国经济周期

资料来源：国家统计局网站；作者自制。

政府投资的下降以及外部需求的萎缩等。

1. 政府投资受到抑制。在我国，政府投资一直是经济增长的重要动力，在整个社会投资中占有相当大的比重，并且带动了钢铁、水泥和建筑业等相关产业的发展。然而自2003年以来，特别是2008年"四万亿"刺激政策以后，地方政府债务规模迅速膨胀，其中大量的非正规、非标准、不透明的隐性负债成为当前宏观经济面临的主要风险之一。

审计署分别于2010年和2013年两次对地方政府债务规模开展了审计，2014年财政部又对地方政府债务规模进行了统计和甄别工作。这些举措都极大地抑制了地方政府的举债冲动，降低了政府投资的积极性，导致政府投资增速下降，进而拉低了全社会固定资产投资增速。一方面，应当承认这些举措有助于强化政府债务约束，规范政府投融资行为；另一方面，也应当实事求是地承认这些措施的确对短期经济增长带来了一些暂时性冲击。

2. 出口前景不容乐观。毫无疑问，除了上述因素以外，当前中国经济下行也与欧债危机未了、世界经济增速放缓密切相关。近期各国际组织纷纷下调了对2015年世界经济增长速度的预测（见表2），联合国从3.1%下调到2.8%，OECD从3.7%下调到3.1%，IMF从3.8%下调到3.3%，世界银行从3.4%下调到3.0%。由此可见，世界经济增长前景不容乐观。

表2	国际组织世界经济增速预测表	单位：%
机构	2015F	2015F（最新）
联合国	3.1	2.8↓
OECD	3.7	3.1↓
IMF	3.8	3.3↓
世界银行	3.4	3.0↓

资料来源：IMF《世界经济展望》（7月更新）；世界银行《全球经济展望》（2015年1月13日）；OECD《OECD Economic Outlook，Volume 2015 Issue 1》（2015年6月）；联合国《2015年世界经济形势与展望》（2015年5月19日）。

欧洲和日本经济仍然不景气，而美国经济虽然有所好转，但由于美国国内储蓄率上升、再工业化推进以及页岩气革命等因素，即使美国经济好转也未必能够像过去那样给中国的出口带来较大利好，相反，由于美联储退出量化宽松政策甚至可能加息的情况下会导致我国的货币政策处于一种两难境地。有鉴于此，未来一个时期我国出口的前景也不容乐观，进而导致经济下行压力进一步加大（见图3）。

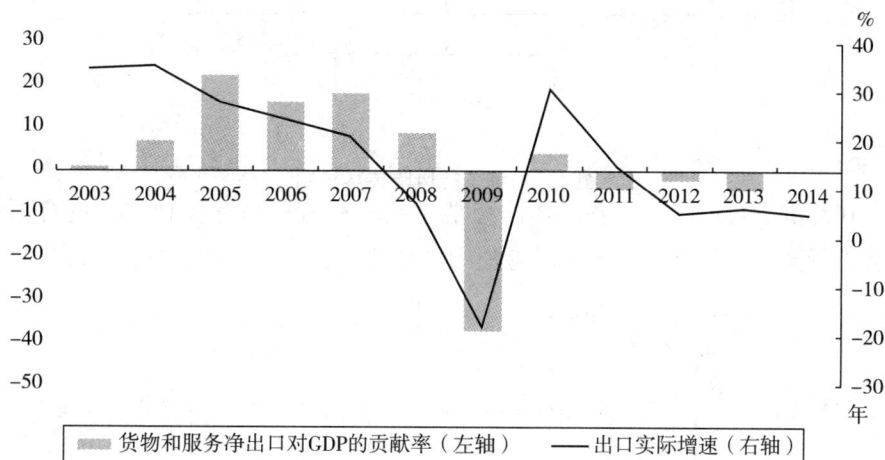

资料来源：国家统计局网站。

图3 我国净出口贡献率及出口实际增速趋势图

二、经济下行导致主要风险急剧上升

当前各级政府官员正在转变观念，不再盲目追求高速增长，我们认为，一方面应当对此予以充分肯定，但是另一方面也不能忽视经济下行过程中可能引爆的各类潜在风险。

通过对我国经济风险的综合评估，我们认为当前最值得关注的风险主要包括：房地产泡沫破裂风险、产能过剩加剧风险、地方政府债务风险、金融风险和通货紧缩风险。其中房地产泡沫破裂风险是当前最需要关注的风险，房地产泡沫一旦破裂首当其冲的就是会加剧其相关产业的产能过剩。而房地产崩盘以及产能过剩的加剧，将会降低政府的土地出让金收入和税收收入，极易引爆地方政府债务风险。而上述风险又必然会传导至金融机构，有可能引爆区域性或系统性金融风险。金融机构的"慎贷"和"惜贷"等行为又有可能引爆通货紧缩风险，使经济陷入恶性循环，加速经济下行甚至"硬着陆"，因此需要对上述风险进行重点监测和动态评估（见图4）。

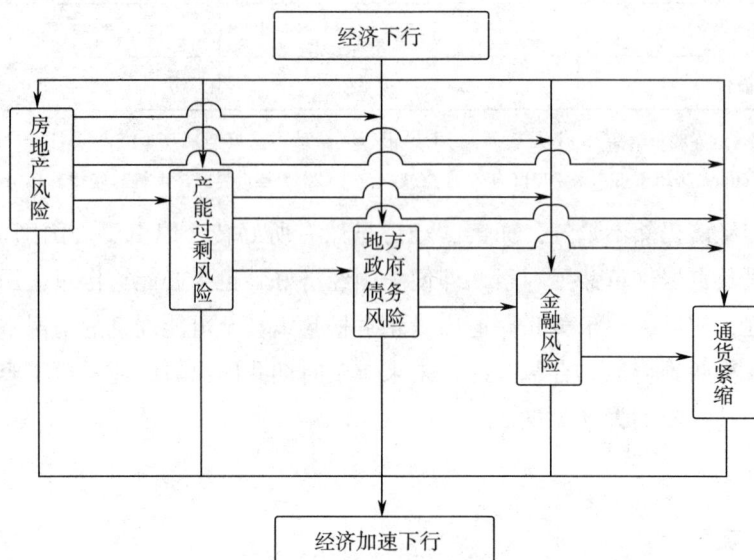

资料来源：作者自制。

图4 经济下行风险传导机制

此外，在经济下行过程中，各类风险可能不会平稳有序地逐步释放，更有可能的情况是，当经济下行至某一节点时，各类风险集中并加速爆发，对经济下行产生瞬间增大的压力（见图5）。

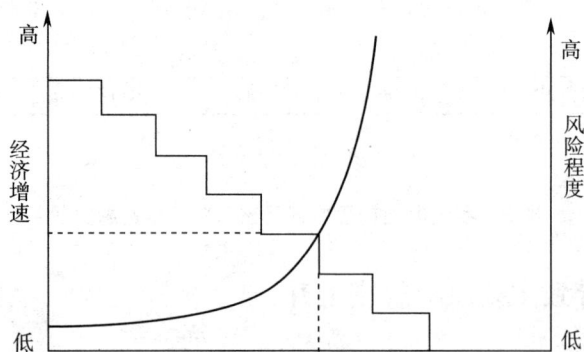

图5 经济下行导致风险上升示意图

（一）房地产泡沫破裂传导机制

1. 当前我国房地产泡沫的现状。所谓房地产泡沫，就是指由房地产投机等因素所引起的房地产价格脱离市场基础价值的持续上涨，从而形成的一种表面上的虚假繁荣。简而言之，就是房价超出均衡水平，并且不可持续。目前，无论从价格还是从数量哪个角度去判断，我国房地产市场均已经达到泡沫状态。

（1）价格方面

一是房价涨幅过快。在过去十年，中国房价除少数季度外，大部分时间都在持续上涨。据朱海斌的研究显示①，2004 年至 2013 年，全国名义房价上涨 136%（实际房价上涨84%）。一线城市的房价涨幅更加突出，北京上涨 303%（实际房价上涨 214%），上海上涨219%（实际房价上涨 149%），深圳上涨 457%（实际房价上涨 335%）。

二是土地总价值增速过快。土地总价值，是监测不动产泡沫的一个重要指标。根据中国居住用地价格指数（CRLPI②）数据显示，从 2005 年第二季度至 2014 年第二季度的 10 年间，中国 35 个大中城市的同质居住用地价格上涨 319.08%。在这 10 年中北京的地价上涨了 6 倍多，2004 年至 2013 年北京的同质居住用地价格指数累计上涨 631.55%③。

三是房价收入比④和房价租金比⑤过高。根据上海易居房地产研究院研究显示⑥，2013年，35 个大中城市中（剔除保障房），有 18 个城市房价收入比超过 10，25 个城市超过 8，其中前三位分别为北京 19.1、上海 18.1 和深圳 17.3，这甚至高于 20 世纪 80 年代后半期泡沫经济时期东京的水平，美国次贷危机之前的房价收入比也不过 5⑦。而从我国房价租金比来看，现在大中城市的房价租金比都在 500 左右⑧，一线城市中北京为 597、上海为 506、深圳为 504，相当于投资房产的年化收益率为 2% 左右，低于一年期银行定期存款平均利率水平（2.25%）。房地产投资收益来源于租金和投资溢价两部分，这意味着如果房价上涨幅度不能弥补房租过低所带来的损失，则投资房产的吸引力将越来越小，房产泡沫破裂的可能性也越来越大。

---

① 朱海斌：《中国的房地产泡沫有多严重》，财新网，2014 - 07 - 15。
② CRLPI 指数由新加坡国立大学房地产研究院、美国宾夕法尼亚大学沃顿商学院和清华大学恒隆房地产研究中心共同合作编制，覆盖全国 35 个大中城市。
③ 资料来源：http://real.wharton.upenn.edu/~gyourko/chineselandpriceindex.html。
④ 房价收入比是指房屋总价与居民家庭年收入的比值。国际上通用的房价收入比的计算方式，是以住宅套价的中值，除以家庭年收入的中值。20 世纪 90 年代初世界银行专家黑马先生提出，"合理的房价收入比的取值范围为 3~6"。
⑤ 房价租金比是指每平方米的房价与每平方米的月租金之间的比值，大致反映了房屋以出租方式取得的投资回报。房屋租售比这个概念是国际上用来衡量某地区楼市运行是否良好的指标之一，国际标准通常为 1:200 到 1:300。比值越高，说明房价中的投资需求越大。
⑥ 资料来源：上海易居房地产研究院：《全国 35 个大中城市房价收入比排行榜 2014》。
⑦ 根据 1998 年联合国对 96 个国家的统计结果显示，其房价收入比区间为 0.8~30，平均值为 8.4、中位数为 6.4。一般而言，在发达国家，房价收入比超过 6 就可视为泡沫区。
⑧ 国际通行标准认为，合理的房价租金比 200~300，它意味着如果把房子出租，200~300 个月（大致相当于 16~25 年）内能收回房款，相当于 4%~5% 的投资回报。如果高于 300，说明房产投资价值相对变小，房价高估，房地产泡沫严重。

（2）数量方面

一是城市年千人套数①过高。从竣工口径来看，中国千人建设套数在2009—2011年，全社会住房竣工面积年均18.5亿平方米，折合每年平均建设1627万套，千人的建设套数为12.1套②。从主要发达国家的经历来看，即使在城市化的高速进程之中或者房地产业最景气年代，一般不超过12，而韩国和日本也没有超过14。从商品房开工口径来看，中国千人建设套数在2011年已经突破20③，如果再考虑保障房年均千万套的开工，2011年中国的千人建设套数已经达到了35套（以上测算尚未考虑大量的在建的违章建房、单位建房、小产权房和私人建房等），我国这一指标已经过高。

二是新增库存的存销比④过高。万科监测数据显示，在27个主要城市（分为广深区域、北京区域、上海区域、成都区域）中，多数城市仅新增的库存就已达到足以销售1年以上，如天津为17个月，烟台为38个月，唐山为22个月。而从3年库存的存销比来看，21个城市超过了12个月，9个城市超过了24个月，如深圳为29个月，长沙为24个月，无锡为57个月，上海为33个月，西安为30个月，郑州为23个月。总的情况反映出，商品房的环比供应在大幅上涨，但成交的反弹乏力，库存总量增加，绝大部分城市的存销比在上升。

2. 经济下行引爆房地产泡沫破裂风险。经济增速的持续下行对房地产价格的影响是巨大的。一是在经济下行的背景下，人们对未来资产价格的长期预期呈下降趋势，因此作为重要投资品的房地产，其未来价格水平必然会承受巨大的下行压力。二是未来居民收入水平会相对下降，居民预期收入水平也会下降将导致需求的下降，必将难以支撑过高的房价水平。三是在经济下行时常会伴随物价水平的下降，这将导致实际利率水平的攀升，实际利率水平的上升提高了房地产投机的机会成本，也加剧了开发商的资金压力。对于资金密集型的房地产行业，"现金流"是维持其有序运行的核心，一旦因利率上升导致大规模的房企现金流截断，房地产泡沫破裂就将一触即发。四是经济下行加大了各类金融机构的风险，出于对风险防控的考虑，商业银行会出现"惜贷"等行为，而影子银行体系会逐渐收缩对房地产企业的资金支持或大幅提高利率水平，这些行为都将会导致房地产企业流动性的不足，引爆房地产泡沫破裂风险（见图6）。

3. 房地产泡沫破裂的影响

一是房价大幅下跌，将导致房地产投资下降，经济增长率骤降。据 Ahuja 和 Myrvoda（2012年）⑤ 估算，中国房地产投资下降1%将导致 GDP 增速下滑约0.1个百分点。

---

① 城市的年千人套数，是指一个周期内，一个区域一千人拥有的房屋套数，是国际上用来衡量住宅水平和推断市场供应容量的一个重要指标。

② 据北大中国社会科学调查中心发布的《中国民生发展报告2012》显示，目前中国家庭平均住房面积为116.4平方米，人均住房面积为36.0平方米。

③ 毛大庆在建策沙龙上的发言，《全国房地产将下行，搞不懂北京楼市》。

④ 新增库存存销比是指在一个周期内，一个区域市场内新增商品房的库存量和上一周期销售量的比值，以月为单位，即多少个月可以销售完相对周期内的存库，是用来反映商品即时库存状况的相对数。

⑤ Ashvin Ahuja and Alla Myrvoda, The Spillover Effects of a Downturn in China's Real Estate Investment, IMF Working Paper 12/266, November 1, 2012。

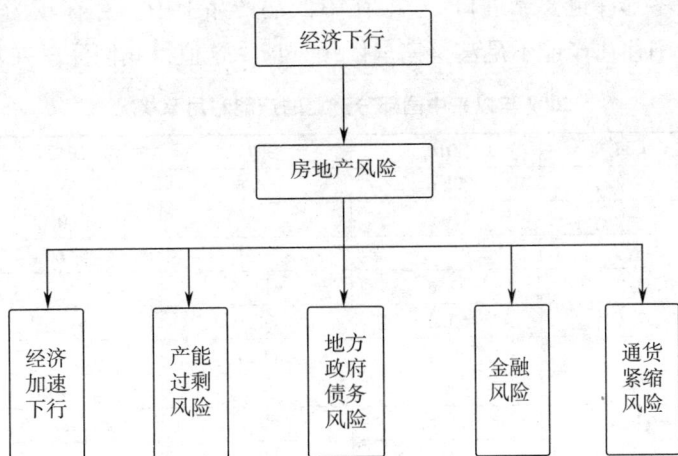

图6 房地产风险传导路径示意图

二是加剧相关行业产能过剩。鉴于房地产与钢铁、水泥和玻璃等上游产业以及家电、家具和装潢等下游产业密切相关，且这些行业产能过剩较为严重，一旦房地产泡沫破灭，将导致对钢铁、水泥等行业的需求大幅度减少，从而加剧产能过剩。

三是地方财政进一步恶化，地方政府陷入债务危机。房地产市场波动影响地方政府债务风险主要有两条渠道，一是地价下跌后，土地作为抵押物的价值逐渐缩水，当地价下跌程度足够大时，以抵押贷款形成的地方政府债务会面临巨大的违约风险。二是由于地方政府债务对土地出让的依赖程度较大，如果地价下跌，地方政府土地出让收入减少，直接导致用于偿还地方政府债务的现金流减少。审计署2013年第32号公告数据显示，截至2012年底，地方政府承诺以土地出让收入偿还的债务余额为34 865.24亿元，占地方政府负有偿还责任债务的37.23%。

四是爆发系统性风险，甚至引爆金融危机。在大多数全球金融危机中，房价崩盘都是一个极其危险的危机触发器。2007年美国房地产泡沫破裂，次贷危机爆发，最终引发了全球范围内的金融危机。当前在中国，房地产企业已将自身与银行、证券和信托等金融机构紧紧拴在了一起，一旦房地产出现问题，必将影响整个金融体系，甚至引爆金融危机。

（二）产能过剩风险

1. 产能过剩的现状。近些年来，中国产能过剩问题较为突出，从钢铁、煤炭、玻璃等传统产业，到光伏等新兴产业，都出现了较为严重的产能过剩现象。此外，还可以发现一个规律，凡是中国政府放开的产业一般都存在过剩的现象，而凡是政府没有放开的产业一般都会出现紧缺，比如教育、医疗等。而在多数传统行业总体产能严重过剩的同时，也存在着结构性产能不足问题。比如平板玻璃产能总体严重过剩，但电子用平板玻璃，如电视机用的大平板、玻璃基板等多数还靠进口。再比如，中国风机设备总体过剩，但风机组成控制系统还要靠进口，大多数零部件也要靠进口。[①] 即在中低端产品上中国存在较为大量的产能过剩，而在高端产品上中国往往产能不足甚至完全依赖进口。这值得我们深思（见表3）。

表3　　　　　　　2009 年以来中国部分产业的产能利用率状况　　　　　单位：%

工业产品	2009	2010	2011	2012	2013
电解铝	61.2	59.6	58.6	—	73.5
光伏	—	—	—	60	—
造船	—	—	—	约60	65.7
电石	67.0	82.6	611.6		
水泥	67.1	65.2	64.5	67.1	75.7
焦炭	72.6	70.4	69.4		
风机设备	—	—	—	<70	—
平板玻璃	69.2	71.4	77.6	—	73.5
粗钢	81.1	82.0	80.5	72.0	74.9
铜材	84.3	85.3	81.8		
铁合金	72.1	72.8	83.9		
煤炭	91.8	89.3	87.2		
发电	84.2	86.4	88.6		
汽车	85.7	105.0	94.4		

资料来源：根据国家发改委、工信部和国家统计局等部门的公开资料整理，"—"表示资料缺失。转引自纪志宏等：《中国产能过剩风险及治理》，中国金融四十人论坛课题报告，2014 年 12 月。

2. 经济下行加剧产能过剩。经济的持续下行会直接加剧产能过剩。一是未来投资回报率预期会下降，这将会导致居民和企业未来投资规模的减少，而固定资产投资规模的减少非常不利于产能过剩的化解。二是未来失业率水平预期上升，会使得地方政府维护社会稳定的压力逐渐增大，可能会导致地方政府为了"保就业"而采用各种手段维持落后企业，其中甚至不乏一些毫无市场竞争力的"僵尸企业"，从而减缓过剩产能存量的调整速度，使产能过剩的风险积聚，在其他因素刺激下爆发更深更广的行业危机。三是经济下行引爆房地产泡沫破裂风险，致使房地产投资规模大幅下降，从而加剧相关行业的产能过剩。

3. 产能过剩的影响。各个产能过剩行业因产业特性、产业地位等因素的不同，所造成的影响和危害也不同。产能过剩风险的影响和冲击主要是四个方面：一是未来企业利润率预期会下降，这将导致原已经营困难的产能过剩的企业陷入更加困难的境地，甚至出现资金链条断裂，从而导致困难程度较深的企业集中破产，从而对整个宏观经济造成更大冲击。二是失业问题，某些产能过剩行业（企业）由于亏损严重，有可能在短期内局部大面积关闭破产，造成大量失业，导致社会不稳定。三是地方政府的财政收入减少，某些产能过剩行业（企业）是当地政府的主要财税来源，在党中央国务院较为严厉且集中地去产能化过程中，有可能使地方财税收入锐减，在当前地方政府债务已经高企的情况下，无力还债，引爆地方政府债务危机。四是对相关金融机构带来冲击，某些产能过剩行业（企业）如果较为集中地关闭破产，由于其产业链上下关联企业较多，有可能通过债务链条传导，对上下游企业进

① 纪志宏等：《中国产能过剩风险及治理》，中国金融四十人论坛课题报告，2014 年 12 月。

而对相关金融机构造成较大冲击（见图7）。

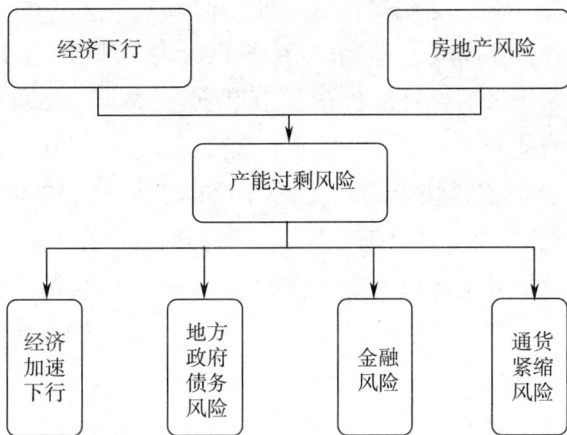

```
┌──────────┐        ┌──────────┐
│  经济下行 │        │ 房地产风险 │
└────┬─────┘        └────┬─────┘
     │                   │
     └─────────┬─────────┘
               ▼
        ┌────────────┐
        │ 产能过剩风险 │
        └──────┬─────┘
    ┌──────┬───┴───┬──────┐
    ▼      ▼       ▼      ▼
┌──────┐┌──────┐┌──────┐┌──────┐
│ 经济 ││ 地方 ││ 金融 ││ 通货 │
│ 加速 ││ 政府 ││ 风险 ││ 紧缩 │
│ 下行 ││ 债务 ││      ││ 风险 │
│      ││ 风险 ││      ││      │
└──────┘└──────┘└──────┘└──────┘
```

图7　产能过剩风险传导路径示意图

（三）地方政府债务风险

1. 当前地方政府债务存在的主要问题

（1）融资平台是主要举债主体，规范性与透明度较差。尽管1994年版《预算法》明令禁止地方政府举债，但地方政府实际上绕道融资平台大量举债。融资平台一般是由地方政府发起设立，通过划拨土地、股权、债券、收费等资产组建的地方国有企业，主要功能是对外融资并用于市政基础设施建设及公用事业等领域。审计署2013年第32号公告的数据表明，融资平台是地方政府债务的主要举债主体，占地方政府债务的比重达37%①。

融资平台的主要问题有：一是数量过多、规模过小，抗风险能力较弱，不利于以丰补歉，难以形成规模效应。二是与一般国有企业不同，融资平台的主要目的是筹集资金，主营业务并不清晰。而且融资平台往往缺乏透明度，通常从多家银行分别借款形成"资金池"，资金与项目不对应，存在违规挪用资金问题，导致商业银行等债权人无法全面跟踪掌握融资平台风险状况，甚至一些地方政府也对下属融资平台的总体负债和担保状况缺乏了解。三是资产负债率过高，普遍超过了80%，部分平台还存在资本金不足、资产注入不实的情况。四是违规担保或无效担保。由于地方财政本身力量有限，地方政府或当地人大对融资平台提供的隐性担保或承诺实际上有名无实。五是融资平台普遍存在治理结构不健全的问题，高管人员大多是由政府官员担任，缺乏必要的企业经营管理经验及风险防范意识，容易发生重大的决策失误。对项目缺乏严格论证，平台的经济效益低下，投入产出效率过低。

（2）融资渠道单一，信贷风险累积

一是审计结果显示，截至2013年6月底，政府负有偿还责任的债务中50.8%来自银行贷款，政府负有担保责任的债务中71.6%来自银行贷款。而这些贷款中期限在三年以下的

---

① 本文以下数据均来自审计署2013年第32号公告《全国政府性债务审计结果》。

短期贷款居多。三年之内（即 2016 年底之前）需要偿还的债务占到总债务的 73.45%。银行"短存长贷"现象日益明显，这隐含着较大的金融风险。

二是近年来，银行理财产品成为重要的资金通道，大多理财产品期限短，以其支撑基础设施建设、市政公用事业等长期项目，期限错配问题更加突出，加剧了银行业的风险。

三是融资平台发行的债券主要在银行间市场流动，有保险、基金、银行等金融机构参与交易。2009 年以来，城投债规模快速增长，根据 Wind 数据库，2008 年底，城投债余额约 2300 亿元，到 2012 年时已膨胀至 2.2 万亿元。除债券外，信托、委托贷款等成为融资平台新的筹资渠道，这加大了债务统计和风险评估难度。一些平台公司盈利能力较差，地方政府偿债能力较弱，个别融资平台已出现债务偿付困难，甚至可能出现违约状况，这对金融安全构成了巨大挑战。

（3）投融资期限错配，流动性风险显著。地方政府债务的期限错配问题十分突出，面临流动性风险。从融资期限结构看，因为长期贷款风险更难把握，银行为地方融资平台提供的贷款期限相对较短，平均期限只有 3 年左右。另外，城投债、中期票据、短期融资券等都属于中短期融资工具。而从投资期限结构看，大多数地方政府建设项目回报周期很长，往往都需要数十年的回报期，有些项目甚至几乎没有回报。以中短期融资工具支持长期的基础设施建设，债务期限与回报期限严重不匹配，将导致巨大的流动性风险。而地方融资平台不得不在纵向上借新债还旧债，在横向上以丰补歉，甚至"拆东墙补西墙"挪用信贷资金，很容易发生资金链断裂的危险。

（4）地方政府债务对土地市场的依赖度过高。从偿债来源来看，地方政府债务的偿债资金过度依赖于土地出让收入。根据 2014 年各省、自治区和直辖市公布的政府性债务审计结果，29 个省份（新疆、西藏、港澳台除外）中，有 23 个省市明确将"地方债依赖土地收入偿还"作为政府债务管理面临的主要问题。以土地偿债在政府负有偿还责任债务中的占比衡量，截至 2012 年底，浙江、天津、福建、海南、重庆分别高达 66%、65%、57%、57% 和 51%，北京和上海也都在 50% 左右，最低的省市也有 20% 的债务靠土地出让收入偿还（见表 4）。

表4 历年地方政府国有土地使用权出让收入表

年份	预算数（亿元）	决算数（亿元）	决算数/预算数（%）	决算数同比增速（%）
2010	13 655.17	29 109.94	213.18	108.45
2011	19 753.41	33 166.24	167.90	13.93
2012	27 010.66	28 517	105.58	−14.02
2013	27 404.01	41 249.52	150.52	44.65
2014	36 371.31	42 605.9	117.14	3.29

资料来源：历年中央和地方预算执行情况与中央和地方预算草案的报告。

对土地资源的控制成为地方政府举债的基础，因此土地市场和地方债务具有很强的联动效应。如果地价上涨或存在较强的上涨预期，那么土地的资产价值高，地方政府能获得丰厚的土地出让金，土地作为良好的抵押物，能够获得银行贷款。但是，一旦地价下跌，土地出让困难，就会带来土地抵押物价值缩水，地方政府债务的还款就会发生困难，甚至导致银行抽贷。通过杠杆效应，还会大幅加大地方政府债务风险，加剧经济的顺周期波动。2014 年地方政府国有土地使用权出让收入决算数的同比增速比上一年大幅下降，已经降至 3.29%，由此可见，地方政府债务风险已不容忽视。

2. 经济下行将引爆地方政府债务风险。经济增速下降是引爆地方政府债务危机的重要原因，通过研究发现至少存在四种传导渠道。

一是经济增速下降会导致财政收入增速下滑，影响偿债能力。近年来，受经济下行的影响中国财政收入增速不断放缓，地方政府偿债能力明显减弱。从 2011 年下半年开始，中国财政收入增长速度明显回落并趋近于 GDP 增长速度。而在此之前，财政收入增速一般都在 20% 以上，是 GDP 增速的两倍有余。2014 年全国一般公共财政收入增长 8.6%，创下 23 年来新低。

二是经济增速下降会导致资产价值下降，进而冲击地方政府资产负债表，损害偿债能力。资产未来的预期现金流会随着经济增速下滑而减少。地方政府债务形成的大多是基础设施等长期资产，其回报受当期及未来经济增速下滑的影响更大。

三是经济增速下降时，银行出于防控风险的考虑会发生"惜贷"行为，地方政府的借债能力也会受到影响，借新偿旧或债务展期面临挑战，资金链压力加大。

四是伴随经济下行的通货紧缩会导致实际利率水平上升，抬高资金成本，加大地方政府的再融资压力与偿债负担。此外，由经济下行导致的房地产市场波动和产能过剩加剧，均会引爆地方政府债务风险。

3. 地方政府债务风险的影响。地方债务风险的爆发会产生以下三个方面的负面影响（见图 8）。

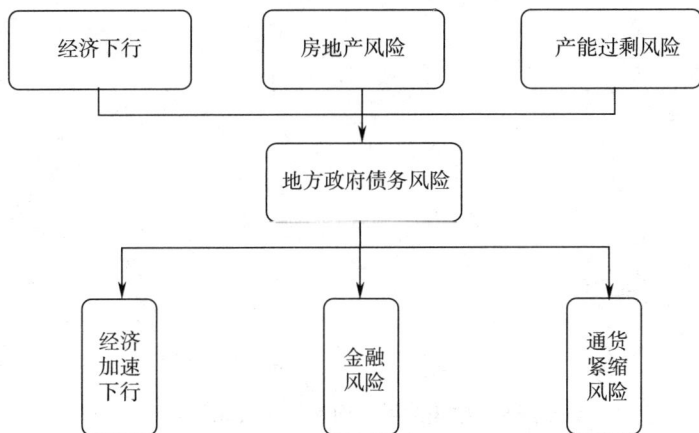

图 8 地方政府债务风险传导路径示意图

一是拖累中央财政，削弱政府刺激经济的能力。当前中国中央政府尚存在一定的财政政策空间。然而，在单一制体制下，一旦发生地方政府债务违约，中央政府将不得不进行兜底，地方政府债务会迅速转变为中央政府债务，扩大中央政府的债务规模和赤字水平，压缩财政政策的操作空间，从而削弱政府刺激经济的能力。

二是大面积的地方政府债务违约将产生的大量银行坏账，冲击金融体系，挤压企业和居民的贷款，进而难以支持正常的民间投资和消费需求，不利于实体经济增长。

三是不利于全面深化改革进程的推进。目前中国正处于全面深化改革的关键期，地方政府债务危机爆发将不利于中国全面深化改革进程。首先，地方政府债务危机及其连锁反应，可能会直接导致经济下行；经济下行时期往往不是推进改革的最佳时机，这会延缓很多领域的改革进程。其次，如果地方政府债务危机爆发，为化解燃眉之急，政府至少会在短期内将工作重点放在债务处置上，从而导致推进改革的力度会有所下降。最后，为化解债务危机，政府行为可能会更加短期化，例如，卖地冲动更加强烈、增加税负或收费项目、挪用资金、压缩公共开支、减少民生支出等，这些都不利于简政放权和深化改革。

四是破坏政府公信力和社会诚信体系。地方政府无法按期归还债务本息，拖欠工程款项，拖欠农民工工资等行为，将对社会诚信体系造成巨大冲击。政府是公权力部门，如果政府都无法守信，社会诚信体系就更难建立了。政府失信，对内会影响民意，不利于执政基础的稳固；对外可能会引发人民币贬值和资本外流，不利于中国的进一步开放。

（四）金融风险

1. 中国金融风险的现状。目前中国金融业的风险点主要表现在金融机构表内风险、金融机构表外风险和金融体系外风险三个方面，具体为：银行业金融机构资产负债表内不良贷款持续增长、金融机构资产负债表外的影子银行资金投向不明、金融体系外互联网金融和民间借贷风险传染[①]（见图9）。

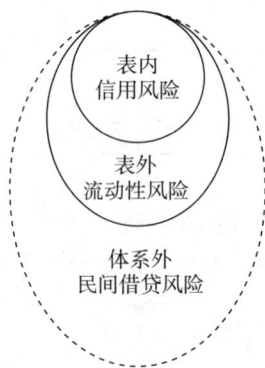

资料来源：作者自制。

图9　中国金融业面临的三大风险

[①] 在2014年的新增社会融资规模中，超过80%来自传统银行体系和影子银行体系，互联网金融尽管体量不大，但违约风险较高，边际影响不可忽视，因此这三个方面大体涵盖了金融领域最重要的风险内容。

（1）银行业金融机构的不良贷款加速暴露，信用风险较为突出。随着中国经济增长进入下行通道，经济结构调整不断推进，利率市场化改革短期内带来的利差收窄和银行业利润增长放缓、核销力度减弱，银行业金融机构不良贷款可能会持续增加。从规模上看，截至2015年一季度末，中国商业银行不良贷款余额约为9 825亿元①，已连续十四个季度上涨。从结构上看，地方政府融资平台、房地产行业、产能过剩行业贷款约占中国银行业贷款的一半左右，同时又是当前和今后一段时期的重点调控领域，未来这些领域的贷款风险较大。从变化趋势看，当前不良贷款有从小微企业向大中型企业蔓延、从产能过剩行业向上下游行业扩大、从风险集中区域向其他区域扩散的态势。

（2）影子银行业务的期限错配严重，流动性风险较大。中国资产证券化刚刚起步，金融衍生品稀缺，与欧美国家影子银行体系有着显著的不同。中国的影子银行体系发展主要是在国际金融危机后中国政策基调从放松刺激转向收缩稳健的背景下，正规银行体系逃避信贷规模管控、存贷比监管等的产物。在规避监管过程中，影子银行体系利用批发融资、短期负债对接长期投资、非标资产及资金池等方式，最大程度地获利，从而造成资产负债存在严重期限错配，流动性风险隐患较大。同时，大量资金流向融资平台、房地产行业及产能过剩行业，一旦泡沫破裂或者经济加速下滑，极易引发信用风险，并引发流动性恐慌。更加重要的是，长期以来中国商业银行等金融机构关注的主要是信用风险，信用风险管理体系相对完善，但流动性风险管控能力相对薄弱，与其面临的流动性风险不相匹配。

（3）民间借贷、互联网金融等均处于自由放任的发展状态，其风险容易传染给传统金融体系。中国互联网金融以及民间借贷等目前处于无门槛、无标准、无监管的"三无"状态，使得P2P行业的呆坏账率远高于传统商业银行，并且"跑路"事件不断上演，面临着信用风险；余额宝类货币市场基金类产品的飞速发展得益于利率未市场化和银行间市场"钱荒"的出现，伴随着利率市场化的推进，其高收益将难以持续，面临着一定的流动性风险。相对于传统的分业经营和分业监管体系，当前民间借贷和互联网金融等虽然体量较小，但由于民间借贷和互联网金融等具有开放性、互联互通性，并且与传统金融体系实际上存在着密切联系，因此其风险爆发很可能通过互联网以及业务联系传染给整个金融体系。例如，余额宝类产品本质上是脱胎于证监会监管的货币市场基金，借道于人民银行监管的第三方支付，将资金投向了银监会监管的同业存款，目前正在拓展保监会监管的保险业务；一些商业银行等金融机构也在不断设立P2P平台等，积极发展互联网金融业务。此外，互联网金融业务的投资收益率和民间借贷利率较高，与金融体系内的利率和投资收益率存在一定利差，这会加速资金外流和金融脱媒。

2. 经济下行引爆金融风险。经济下行引爆金融风险主要存在三条渠道。

一是经济增速的持续下滑，会导致产能过剩企业的经营状况更加恶化，房地产价格大幅下跌，以及地方政府债务风险的爆发，这些因素都将导致银行等金融机构在产能过剩

---

① 资料来源：Wind资讯。

行业、房地产行业、地方政府融资平台等领域的不良贷款率持续暴露，从而引爆金融风险。

二是在经济下行时期，很多金融改革的机遇窗口期会因此关闭，有可能导致管理层更多地运用短期政策而非体制改革化解金融风险和维持金融稳定，不利于金融体系长期健康发展。

三是制约宏观调控的政策空间。当前货币政策承担了稳物价、稳增长、促改革、调结构、防风险等多重责任，随着经济增速下行，货币政策兼顾多重目标的压力，一旦调控不当或者调控不力，就可能会引发金融体系的流动性紧张和利率的不合理波动。

3. 金融风险爆发的影响

一是金融风险的爆发，会导致金融机构"惜贷"和"慎贷"、影子银行规模收缩以及互联网金融企业出现倒闭潮，从而影响实体经济导致经济增速的下降。

二是金融风险的爆发，会增加短期的通货紧缩压力和未来的通胀风险或者资产价格泡沫风险。当财政部无力救助金融机构时，只能依靠中央银行最后贷款人来救助。在当前我国 M_2/GDP 已高达 200% 的背景下，不断扩张货币供给，其结果只会增加远期的通胀风险以及资产价格泡沫风险。

三是金融风险的爆发，可能会导致中国政府陷入财政危机。一方面，中国政府在面对申请救助的金融机构时没有选择的余地，因为在美国金融机构都是私营的，政府不负有任何救助责任，因此美国政府可以采取选择性的救助，而在中国，商业银行基本为国有控股，一旦银行系统出现危机政府便不得不救。另一方面，美国政府的财政资金不在金融机构中，而中国政府特别是地方政府的财政资金有很大一部分存在商业银行中，因此一旦引爆金融风险，大量财政资金有可能会被冻结，从而削弱政府的救助能力，甚至会使部分地方政府陷入财政危机（见图10）。

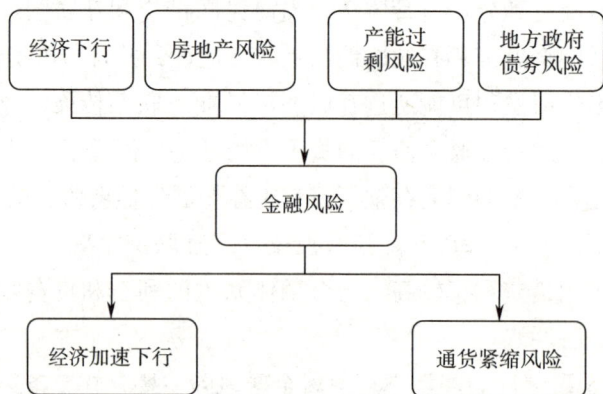

图10　金融风险传导路径示意图

（五）通货紧缩风险

1. 通货紧缩压力的现状。当前中国正在面临着较大的通货紧缩压力（见图11）。一是消费品价格增速较低而服务价格增长稳定。国家统计局数据显示，2015 年 6 月中国居民消费价格指数（CPI）同比增速为 1.4%，但是已经是自 2014 年 8 月起连续 11 个月增速小于 2%，呈现出一定的通货紧缩压力。从结构来看，居民消费价格呈现出明显分化，主要表现在消费品价格增速缓慢和服务价格增速稳定。2015 年 6 月消费品价格同比增长 1.1%，已经连续 10 个月增速小于 2%，而服务价格同比增速为 2.2%。造成这一结果主要是因为人口结构的变迁和人口政策的僵化，劳动力成本逐渐升高，从而导致服务价格的攀升。与此相反，消费品的价格是在持续下降的，尽管有技术进步的原因，如汽车及耐用消费品价格下降等，但是更多的原因是产能过剩导致的价格下降。因此如果不考虑因劳动力价格上升导致的服务价格上涨，通货紧缩的压力则更为明显。

　　二是工业价格持续下降。国家统计局数据显示，截至 2015 年 6 月全国工业生产者出厂价格指数（PPI）同比下降 4.8%，已经连续 40 个月同比下降。其中，采掘品和原材料价格下跌幅度最大，分别环比下降 18.5% 和 8.5%。而从工业生产者购进价格指数来看，2015 年 6 月同比增速为 -5.6%，已经连续 39 个月下跌，其中黑色金属材料类和燃料、动力类降幅明显，分别同比下降 11.2% 和 10.6%。可见，工业价格的持续性下跌是引起 PPI 连续负增长的主要原因。

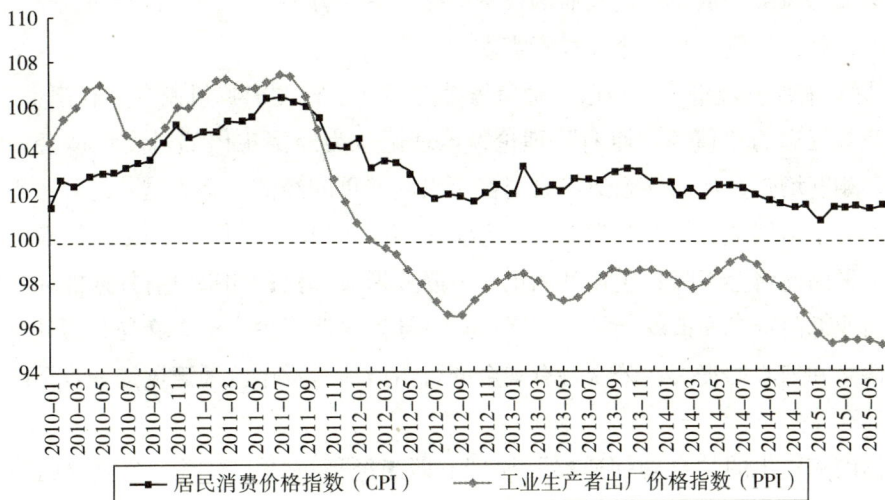

资料来源：国家统计局网站。

图 11　我国 CPI 和 PPI 趋势图

　　三是房屋价格呈下降趋势。国家统计局公布的能够综合反映中国房地产业发展景气状况的国房景气指数显示，2015 年 5 月该指数为 92.43，同比下降 6.23%，自 2011 年 11 月起已经连续 43 个月下降。此外，中国 70 个大中城市住宅销售价格统计显示，2015 年 5 月 70 个大中城市中，新建商品住宅价格环比下降的城市有 43 个，价格同比下降的城市有 69 个；而在二手房价格中，价格环比下降的城市有 28 个，价格同比下降的城市有 67 个。可见，房地产价格面临较大的下行压力。

2. 经济下行引爆通货紧缩风险

一是从各国经验来看，价格波动和经济增速波动有着较高的同步性。一旦经济从增速放缓甚至衰退，物价水平增长通常也会放缓。持续的经济下行通常会改变人们对物价走势的预期，通货紧缩预期一旦形成，市场主体就会认为未来价格会持续下降，因此推迟消费和投资是理性的选择，这将导致当期需求的大幅减少，企业存货大幅增加，因而被动降价销售，企业降价销售会进一步强化居民的通货紧缩预期，从而进入恶性循环。

二是通过产能过剩加剧通货紧缩。当前中国 PPI 持续下降近 40 个月，其主要原因是能源、钢铁等原材料产能过剩。如果产能过剩不能得到及时化解，那么相关产品价格仍将会继续下降，从而加剧通货紧缩。同时，商品价格的持续下降会进一步侵蚀企业利润，从而造成更多企业产能过剩、亏损甚至破产，加剧经济波动。

三是通过房地产泡沫破裂风险影响通货紧缩。房地产泡沫破裂之后，房价出现持续下降，甚至出现"跳崖式"暴跌，将会对通货紧缩造成极大影响。房地产泡沫破裂会导致房地产相关行业需求骤减，降低居民的资产价值，通过财富效应抑制居民的消费，导致银行体系不良资产大幅上升以及影子银行体系的危机，甚至引发信用体系的崩溃。

四是抑制投资需求，加剧通货紧缩。一方面，经济下行会降低地方政府财政收入，加大地方政府的债务风险，从而抑制政府的投资能力。另一方面，经济下行会通过金融风险导致金融机构的惜贷或慎贷，影响企业投资需求。

3. 通货紧缩加剧经济下行风险。通货紧缩对经济下行的影响机制主要有三个途径。

一是费雪提出的"债务—通缩"理论，该理论认为经济主体的过度负债会和通货紧缩相互作用、相互增强，从而导致经济衰退甚至引起严重的经济萧条。这一过程可以简单描述为，债务人为了清偿债务，被迫降价出售资产；由此引起存款货币的收缩和流通速度的下降；价格水平因此将会下降；企业利润也会下降并形成亏损；如果没有外来的通货膨胀措施的干预，商业部门资产净值就会持续下降；这将导致企业减少生产、交易和劳动雇佣；由此形成悲观情绪和信心的丧失；公众持有现金的行为增加，货币流通速度进一步下降，进而引发更严重的通货紧缩。

二是伯南克提出的"金融加速器"原理，即当经济持续下滑时，企业盈利能力出现下降，从而造成资产负债表的恶化以及抵押品估值的下降，而金融部门根据企业情况的变差，预期未来风险上升，因此要求企业提供更高的资本金和更低的资产负债率，因此企业被迫收缩融资规模，导致投资规模的萎缩，致使经济状况进一步下行。

三是顾朝明提出的"资产负债表衰退"概念，即企业资产在经济繁荣时期或泡沫期过度扩张，而在经济泡沫破灭后资产价格暴跌，从而造成企业资产大幅缩水，资产负债表失衡，即企业负债严重超过其资产，由此陷入了技术性破产的窘境。在这一过程中，企业的经营目标将从追求利润最大化转为负债最小化，即通过停止或延后借贷行为的方式，尽可能地减少负债，修复受损的资产负债表。最终，企业这种大规模的资产负债表修复，会进一步加剧信贷紧缩和流动性停滞，造成严重的通货紧缩，最终导致经济出现更严重的衰退。

```
┌────────┐ ┌────────┐ ┌────────┐ ┌────────┐ ┌────────┐
│ 经济下行 │ │ 房地产 │ │ 产能过 │ │ 地方政府 │ │ 金融风险 │
│        │ │ 风险   │ │ 剩风险 │ │ 债务风险 │ │        │
└────────┘ └────────┘ └────────┘ └────────┘ └────────┘
                          ↓
                    ┌──────────┐
                    │ 通货紧缩风险 │
                    └──────────┘
                          ↓
                    ┌──────────┐
                    │ 经济加速下行 │
                    └──────────┘
```

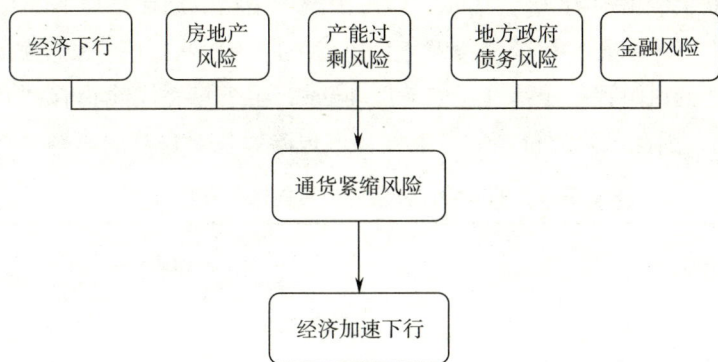

图12　通货紧缩风险传导路径示意图

通货紧缩还会改变经济主体的行为模式。当经济陷入通货紧缩时，消费者会推迟消费，投资者会推迟投资，银行部门会出现"惜贷"现象，而政府因为财政收入的减少而减少财政支出。经济主体行为模式的改变会加剧通货紧缩风险，使通货紧缩陷入自我强化的恶性循环之中。

此外，由于"绳子效应"，会使货币政策治理通货紧缩的效果大打折扣。所谓"绳子效应"，是指只能单方向发力的现象，就像绳子一样，只能拉而不能推。在这里"绳子效应"是指货币政策在应对通货膨胀时效果明显，而面对通货紧缩时往往会效果不佳，因为当利率水平落入"流动性陷阱"时货币政策将会失效。

三、以经济下行为导火索的整体风险评估

若将各个风险分割来看，经济下行的风险可能并不大。但是，由于各个风险间相互交织、相互影响，各风险的独立分析并没有揭示经济下行面临的风险"全貌"，因此需要将各类风险当做一个整体来进行综合评估。

首先，对经济下行与各类风险进行相关性分析，从表5中可以看出，经济下行与房地产泡沫破灭的风险、地方政府债务风险和金融风险的相关性较高，而与产能过剩风险和通货紧缩风险的相关性是中等。

表5　　　　　　　　　　**各类风险影响等级表**

经济下行	产能过剩	房地产风险	地方政府债务风险	金融风险	通货紧缩风险
相关系数	0.55	0.94	0.85	0.67	0.62
影响等级	中	高	高	高	中

注：相关性分为三个等级，分别是高级（1~0.66）、中级（0.66~0.33）、低级（0.33~0）。国内生产总值同比增速为经济下行的代理变量，规模以上工业企业亏损额为产能过剩风险的代理变量，国房景气指数为房地产价格风险的代理变量，地方政府财政收入为地方政府债务风险的代理变量，商业银行不良贷款余额为金融风险的代理变量，居民消费价格指数为通货紧缩的代理变量。

其次，从影响程度来看，根据我们测算，GDP增速每下降1%，将导致规模以上工业企业亏损额增加354.24亿元、国房景气指数下降2.52、地方政府财政收入增速降低5.24%、

商业银行不良贷款余额增加 780.91 亿元、居民消费价格指数同比增速下降 0.61%。

最后，从风险等级来看，在综合考虑各个风险之间的相互影响[1]和爆发的可能性[2]之后，我们建立了系统性的风险评估矩阵（见表 6）。同时，由于每类风险具有"自增强"（Self - Reinforcing）效应，因此风险评价还应考虑各领域风险爆发对自身的影响。

表6　　　　　　　　系统性的风险评估矩阵：可能性与影响力

可能性 / 影响	经济下行	房地产泡沫	产能过剩	财政风险	金融风险	通货紧缩	被影响
经济下行（可能性）	2	3	3	2	2	2	
经济下行（影响）	3	3	3	3	3	3	
房地产泡沫（可能性）	2	3	3	2	2	2	
房地产泡沫（影响）	2	3	2	2	3	2	
产能过剩（可能性）	2	3	2	2	2	2	
产能过剩（影响）	3	3	2	2	1	2	
财政风险（可能性）	2	3	3	2	2	2	
财政风险（影响）	3	3	3		3		
金融风险（可能性）	2	3	3	2	2	2	
金融风险（影响）	3	3	3	3	3	2	
通货紧缩（可能性）	2	3	3	2	2	2	
通货紧缩（影响）	3	3	2	2	3	3	
总影响力							

注：表内评分为课题组成员讨论所得，带有一定的主观性和局限性。

随后，根据风险爆发的可能性及其影响力，计算各领域风险之间的相互影响程度[3]，以及各个风险对其他风险的影响力和受到其他风险的总影响。最后通过加总"影响力"或者"被影响"，得出经济下行的总体风险评分（见表 7）。

表7　　　　　　　　系统性的风险评估矩阵：相互影响

可能性 / 影响	经济下行	房地产泡沫	产能过剩	财政风险	金融风险	通货紧缩	被影响
经济下行	6	9	9	6	6	6	42
房地产泡沫	6	9	6	6	6	4	37
产能过剩	6	9	6	4	2	4	31
财政风险	6	9	6	6	6	6	39
金融风险	6	9	9	6	6	4	40
通货紧缩	6	9	9	4	6	6	40
总影响力	36	54	45	32	32	30	—

注：表内评分为课题组成员讨论所得，带有一定的主观性和局限性。

首先，从各风险因素的"影响力"来看，房地产和产能过剩的风险较高，而其余风险

---

[1]　风险影响的大小分为三个等级，对应的评分分别为：影响较小为 1，影响中等为 2，影响较大为 3。

[2]　风险爆发的可能性分为三个等级，对应的评分分别为：可能性较低为 1，可能性中等为 2，可能性较大为 3。

[3]　风险计算公式：风险 = 爆发的可能性 × 爆发的影响。

均为中等。其次，从风险的"被影响程度"来看，地方政府债务、金融和通货紧缩的风险较高，而房地产和产能过剩的风险为中等。最后，综合考虑影响程度和被影响程度，即为该类风险的风险等级，从表8和表9中可以看出，在经济下行压力下，房地产泡沫破裂的风险等级属于高级，应重点防范，而其他风险的风险等级均为中，仍然不能轻视。

表8　　　　　　　　　　　　　　　　　风险评估结果

风险评估		房地产风险	产能过剩	地方政府债务风险	金融风险	通货紧缩风险
影响力	得分	54	45	32	32	30
	等级	高	高	中	中	中
被影响	得分	37	31	39	40	40
	等级	中	中	高	高	高
风险等级	得分	91	76	71	72	70
	等级	高	中	中	中	中

注：影响力和被影响等级标准：高（54～39）、中（38～23）、低（22～6）；风险等级标准：高（108～77），中（76～45），低（44～12）。

表9　　　　　　　　　　　　　　　　　风险评估综合表

风险事件	风险		相关性	影响程度	风险级别
	成因	结果			
房地产风险	1. 资产价格预期下降 2. 居民收入水平下降 3. 实际利率水平提升 4. 商业银行惜贷	1. 经济下行 2. 产能过剩的加剧 3. 地方政府债务风险 4. 金融风险	高	GDP增速每下降1%，国房景气指数下降2.52	高
产能过剩风险	1. 投资回报率下降 2. 企业利润率下降 3. 地方政府阻碍 4. 房地产泡沫破灭	1. 失业水平加大 2. 地方政府债务风险 3. 引爆金融风险	中	GDP增速每下降1%，规模以上工业企业亏损额增加354.24亿元	中
地方政府债务风险	1. 未来长期资产价格预期下降 2. 银行惜贷 3. 财政收入减少 4. 通货紧缩加剧 5. 房地产和土地价格波动	1. 引爆金融风险 2. 不利于结构调整 3. 不利改革推进 4. 破坏政府公信力 5. 削弱政府刺激经济的能力	高	GDP增速每下降1%，地方政府财政收入增速降低524%	中
金融风险	1. 金融改革力度减弱 2. 宏观调控政策失败 3. 其他风险爆发	1. 信贷规模下降 2. 地方政府危机 3. 资产价格泡沫风险	高	GDP增速每下降1%，商业银行不良贷款余额增加780.91亿元	中
通货紧缩风险	1. 加剧产能过剩 2. 房地产泡沫破灭 3. 通缩预期的形成	1. 资产价格下降 2. 银行惜贷 3. 企业资产负债调整 4. 市场主体行为改变	中	GDP增速每下降1%，居民消费价格指数同比增速下降0.61%	中

资料来源：作者自制。

四、政策建议

（一）要处理好"输血""止痛"与"动手术"之间的关系

面对当前的经济下行趋势，理论界和实务界存在三种观点：一是主张"输血"或"打激素"，即通过增加货币、信贷和财政资金的投入，刺激中国经济。二是主张"打麻药"和"打止痛针"，即通过曲解"新常态"，强调让人们适应当前的经济下行趋势，不用为经济下行而"焦虑"。三是主张通过"动手术"来"止血"，即通过加快各项改革来应对经济下行。我们认为，如果是为了"动手术"而"输点儿血"，打点儿"麻药"是可以理解的，也可能是必需的，但是如果我们光"输血"，光"打麻药"而不赶紧"动手术"的话，中国经济就可能出大问题。所以当务之急是要抓紧时间"动手术"。

（二）加快推进改革，提高潜在增长率

我们应当看到，当前潜在增长率的下降，与改革严重滞后、甚至出现倒退有着密切关系。如果不是出现"国进民退"，如果不是部门利益和决策失误导致人口政策调整过晚，如果不是教育体制行政化阻碍科技创新的话，中国的潜在增长率就不会下降得这么快。

这就要求我们必须通过改革措施来提高潜在增长率。一是通过户籍制度改革和全面放开的人口政策来增加人力资本。二是通过大学及科研机构的去行政化改革来提高科技创新能力。三是通过国有企业改革，打破行政垄断。一方面，对民营企业要实行"负面清单"制度，凡是民营企业能够做的，就尽量让民营企业去做；另一方面，对于国有企业反而应当实行"正面清单"制度，国有企业要去做那些民营企业做不了、做不好的事情，以此来提高中国的资源配置效率。

（三）通过思想解放和创新研发，应对经济下行压力

面对经济下行压力，在宏观层面上必须要做的就是解放思想。如前所述，每当中国经济陷入谷底时都是通过思想解放来推动改革开放，通过改革开放带动经济增长，这是改革开放36年来的宝贵经验，也是经济发展的基本规律。

在微观层面上必须要做的就是加快研发创新和兼并重组。在改革开放之初，学习和模仿国外先进技术，充分发挥后发优势，确实在一段时期内对经济增长起到了相当大的作用。然而，随着中国技术水平同发达国家间的差距逐渐缩小，自主研发和创新的重要性日渐突出。2008年国际金融危机的爆发，充分暴露了中国"世界工厂"的弱点，低技术含量、低附加值产品的订单大幅减少，严重地打击了中国出口加工企业的生存和发展。因此，当前企业急需通过研发和创新，重塑企业和产品的竞争力，努力将"中国制造"转变为"中国创造"。

（四）始终保持清醒头脑，理性看待短期因素

随着"反腐措施"及"八项规定"等措施的制度化，对于经济增长速度的影响也会常态化，而不会带来新的冲击。更重要的是，这些措施对于降低交易成本，减少资源和劳动的浪费，甚至对于减轻环境污染等方面也会带来积极的正面效应，有助于经济增长质量的提

高，有利于中国经济的长期可持续增长。

此外，虽然近年来中国的国际地位在不断上升，但毕竟经济实力仍然十分有限。中国企业"走出去"过程中风险较大，要注意加强国际协调，防范潜在的外部风险。一是要对国有企业的"走出去"进行必要的限制，只允许那些改革到位的国有企业"走出去"，防止"国进民退"现象进一步强化。二是要更加重视国内的科技创新投入，立法规定国家科技创新的投入增速不得低于对外投资的增长速度，以防国内创新投入与对外经济援助出现严重失衡。

此外，在当前形势之下，我们最应当做的，就是不仅要加快国内的改革，也要推动世界的改革，包括国际货币体系的改革。要像20世纪80年代那样，同世界各主要国家一道，形成改革共识，开展改革竞争，依靠改革来推动世界经济的复苏和繁荣。

（五）改善宏观调控，稳妥化解房地产泡沫风险

从公平角度出发，政府不应救市。但问题在于，中国房价已经错过了平稳下跌的机会窗，目前的下跌很可能发生房价的快速下降甚至是暴跌，极有可能带来系统性风险甚至金融危机。因此政府应该及早出手，稳定预期，化解风险。

（六）从供给和需求两端出发，积极化解产能过剩

在供给面，一是严控新增过剩领域的产能，即便确有必要的转型升级新建产能，也必须与淘汰已有产能相置换。二是淘汰落后产能，按照环保、能效等标准，确系老旧落后产能的，必须加以淘汰。淘汰落后产能的手段可以多管齐下，如行政审批、技术准入、融资限制、差别电价、土地审批、环保准入等。三是鼓励兼并重组，提高产业集中度，产能过剩的产业应向具备要素优势和效率优势的地区和企业集中。四是向海外（如亚非拉欠发达地区）转移一批过剩产能。相当一大批产能虽然在中国是过剩产能，但绝不是"落后产能"，对于欠发达国家可能仍然是"高大上"且急需的产业。目前，中国已经提出"一带一路"战略，并发起设立亚洲基础设施投资银行，在配合"一带一路"战略在海外修建基础设施时，中国钢铁、水泥、电解铝等建材类的过剩产能有望转移和消化。

在需求面，应当看到中国在教育、卫生、医疗和环保四大领域存在着巨大的投资需求，应积极放开市场准入，鼓励采取PPP模式，吸引社会资本，满足上述需求。

（七）积极推进"中国版QE"，尽快化解地方政府债务风险

当前中国应积极实行"中国版QE"，其理由主要有三点：一是在地方政府债务问题上，财政风险与金融风险紧密相连，如果财政部门将地方政府债务称为"或有债务"而一推了之，就有可能引爆金融危机。同样，如果金融部门将地方政府债务完全推给财政，就有可能引爆财政危机。如果财政部门与中央银行相互推诿，就有可能引爆财政金融危机。二是过去多年来，中国中央银行的货币投放主要是依靠外汇占款。如今，随着资本外流和汇率波动，外汇占款这一投放货币的主渠道已经萎缩，如不及时启用新的投放渠道，货币供应就有可能出现供给不足。三是针对当前中国面临的日趋严重的通货紧缩风险，根据费雪的理论，经济

一旦进入通货紧缩状态，就会出现债务不断升值—物价不断下跌的恶性循环。因此，从防范通货紧缩的角度出发，中央银行也必须实行"中国版QE政策"，一方面防止通货紧缩，另一方面削减债务规模，从而切断"债务—通缩"的链条。

但是，实行"中国版QE"绝不能放任自流，更不能大水漫灌，各个部门一定要做到有的放矢，以改革为标准把好各自的关口。

首先，财政部门要把好第一道关口，即地方政府债务置换关。在分配置换额度时，一定要牢牢把握推进改革这一唯一标准，对于当地国有企业改革、国有资产重组有成效，财政透明度较高，编制并公开资产负债表的地方政府，应该适当多分配置换额度，反之则少给，甚至不给，以此来倒逼地方政府改革。在这里需要强调一点，任何行为主体在还债时，首先是变卖资产，这是国际社会的通行惯例，也是市场经济的基本准则。决不能出现地方政府一边持有大量国有资产，另一边却要求上级政府负责偿还债务。此外，市场经济的另一个基本规律是，待到危机爆发后再出售国有资产，就会越卖越不值钱。因此，应该在危机尚未爆发之前，尽快出售国有资产，降低债务负担，缓解地方政府债务风险的爆发。

其次，金融市场要把好第二道关口，即市场关。金融机构和投资者在购买地方政府债券时，要本着有利于改革的精神，以地方政府的改革方向和改革力度为其是否购买其地方政府债券的唯一标准。

最后，中央银行要把好第三道关口，即货币投放关。中央银行在决定从金融机构手中购买地方政府债券时，也必须坚持改革导向，坚持优先购买那些在国企改革、信息披露和资产负债表编制工作等方面改革力度大的地方政府所发行的地方债券。如果有中央银行做后盾，并且有明确的政策指向，那么大型金融机构也就能大胆并且有选择地购买那些地方政府发行的"改革债券"了。

（八）积极推进金融业改革，尽快化解金融风险

一是未来防范和解决好中国金融风险，需要多措并举，标本兼治，关键是要加快推进金融业改革，通过加快改革化解系统性风险。一方面，是否爆发系统性、区域性金融风险，取决于风险积累与改革推进的赛跑。当前应当合理规划改革推进方案，稳步推进利率汇率市场化改革，提高资金价格在资金配置中的作用；坚持"增量改革"和"存量改革"双轮推动，加快发展民营银行，促进广覆盖、差异化、多层次的银行体系建设；实施股票发行注册制改革，大力发展债券市场，优化融资结构等。另一方面，金融改革和金融抑制两者在相互较量中前行，金融改革不推进，金融抑制就会增强，金融体系的效率就难以实现质的提升，风险就难以从根本上化解。此外，当前是中国新一轮全面深化改革的关键时期，改革久拖不决或原地徘徊会导致政府掉入"塔西陀陷阱"。

二是建立金融监管委员会，完善金融监管协调机制。不断改进和取消贷款规模管控等，避免同业业务、理财业务、影子银行、互联网金融的非理性发展和规模过度膨胀，避免系统性风险的积累和金融危机的爆发。完善金融监管协调机制，提高金融监管政策的协调性，减少监管套利。在当前分业监管体制暂时不动的条件下，必须加快对当前的金融监管部际协调

机制进行升级，改为常态化的金融监管决策委员会。该委员会由国务院分管领导任主席，除相关部门领导参与以外，还应当吸收独立的专家学者和市场人士，并引入投票表决机制以改变目前"议而不决"的现状，提高监管协调的有效性。

三是加快推进金融机构民营化，在存款保险制度已经推出的条件下，下一步改革重点应该是金融机构民营化。同时加快推出金融机构破产处置条例，让"坏银行""坏机构"及时退出，让金融机构经营失败就退出成为"新常态"，避免风险不断积聚。当前，放宽银行业民营资本准入的增量改革是必要的，但考虑到我国已有 4000 家左右的银行业金融机构，通过存款保险制度和金融机构市场退出机制淘汰已有问题金融机构的存量改革也不可忽视。

（九）多策并举，努力防控通货紧缩风险

一是理顺货币政策传导机制，保持市场合理的流动性。中央银行已经意识到通货紧缩风险正在积聚，因此试图通过降准和降息等措施来达到刺激实体经济的目的。但是从目前来看，效果并不明显，实体经济并没有明显的回升趋势，相反资本市场仿佛正在酝酿新一轮资产泡沫。这显然有悖于央行的政策初衷，说明了当前货币政策传导机制存在问题，需要通过改革来进一步理顺和疏通货币政策传导机制，如通过利率市场化打通利率传导机制，通过金融机构民营化打破垄断来引导企业投资行为，继续推进存款保险机制来规范商业银行行为等。此外，在稳健的货币政策目标下，应保存市场合理的流动性，以应对可能爆发的风险。

二是通过减税政策刺激居民消费，缓解企业压力。对居民采取减税政策可以起到刺激居民当期消费的作用。通货紧缩时居民往往选择推迟当期消费，因此减税政策可以引导居民将未来消费提前以弥补因物价下降造成的需求缺口。而对企业减税可以缓解企业因物价下降造成的债务负担，给予企业充分的时间调整资产负债结构，同时对产品结构和公司治理水平进行调整和升级，以防止大面积的企业破产。

三是通过打破垄断行业的阻碍来激发民间资本的投资热情。在中国，凡是已经放开的行业均存在不同程度的投资过剩，相反凡是垄断行业均存在严重的投资不足，其中最典型的就是医疗、教育、养老领域。因此，必须打破垄断行业的阻碍，引入民间资本，激发民间资本的投资热情。

专题二　中国面临的短期资本外流：现状、原因、风险与对策[①]

张　明

摘要：从2014年第二季度至今，中国开始面临短期资本持续外流的新局面。本文从国际收支表数据与银行跨境收付数据这两种视角分析了短期资本外流状况，发现本轮短期资本外流由本国居民与外国居民共同主导，而本国居民又由企业部门而非家庭部门主导。造成本轮短期资本外流的主要因素包括人民币兑美元贬值预期的形成、中美经济增速以及中美利差的收窄、全球投资者风险偏好程度的下降、中国房地产市场的下行以及中国政府资本账户开放进程的加快等。本文的估算表明，未来在不利情景下，中国面临的短期资本流出的规模可能达到5.13万亿美元，显著超过中国外汇储备存量，相当于中国2014年GDP的50%。短期资本外流的加剧可能成为触发中国金融系统性危机的重要因素。为更好地应对短期资本外流风险，中国政府应该更加审慎地开放资本账户，尽快建立健全宏观审慎监管与微观审慎监管框架，在保证经济适度增长前提下加快结构调整，加快人民币汇率形成机制改革以避免本币持续高估。

关键词：中国短期资本外流　金融系统性风险　资本账户管制

一、引言

继1998年之后，中国在2012年首次迎来了资本与金融账户逆差，这意味着持续十余年的国际收支双顺差格局被打破。尽管2014年全年中国仍维持着资本与金融账户的小幅顺差，但在2014年的后三个季度均出现了资本与金融账户逆差，该逆差在2015年第一季度显著扩大。这表明中国从2014年第二季度起开始面临跨境资本外流、特别是短期资本外流的新局面。

笔者认为，中国在过去面临的短期资本持续流入的格局已经基本终结。在未来一段时期内，中国可能面临短期资本大进大出的新形势。而在特定情形下，中国可能面临短期资本大举流出的情况，而这将会严重损害中国金融体系的稳定，如果应对不当的话，甚至可能触发系统性金融危机。

本专题试图廓清当前中国面临的短期资本外流的现状及其原因、分析潜在短期资本外流的可能规模及其危害，并给出如何应对短期资本外流加剧的政策建议。本文剩余部分的结构安排如下：第二部分与第三部分分别从国际收支表与银行跨境收付数据的角度来梳理当前短

① 张明为中国社会科学院世界经济与政治研究所国际投资研究室主任、研究员。研究领域为国际金融与宏观经济。电子邮箱：zhangming@cass.org.cn。本文的写作受到国家万人计划首批青年拔尖人才支持计划"中国政府应如何系统地管理短期国际资本流动"的资助。

期资本外流的状况及背后的主导力量;①第四部分分析当前短期资本外流的主要原因;第五部分预测潜在短期资本外流加剧可能造成的风险;第六部分为简要的结论及提供中国政府如何应对短期资本外流的政策建议。

二、近期短期资本外流状况:基于国际收支表的分析

图 1 展示了 1982 年至 2014 年中国的年度国际收支状况。从中可以看出,在 1999 年至 2011 年期间,中国出现了连续 13 年的国际收支双顺差,即经常账户顺差和资本与金融账户顺差的组合。国际收支持续双顺差的自然结果是储备资产的快速增长。1993 年至 2014 年期间,中国储备资产连续 22 年呈现正增长态势,这 22 年储备资产流量累计增长 3.95 万亿美元。②然而,中国的国际收支结构在 2008 年全球金融危机爆发前后发生了重要变化。如图 1 所示,在 2009 年之前,中国的经常账户顺差规模显著超过资本与金融账户顺差规模,换言之,储备资产增长的主要来源是经常账户顺差。而从 2009 年起,经常账户顺差显著下降,资本与金融账户顺差显著上升,以至于在 2010 年、2011 年与 2013 年,资本与金融账户顺差超过经常账户顺差,成为储备资产增长的主要来源。然而与此同时,资本与金融账户余额的波动性也显著增强。例如,在 2012 年,资本与金融账户出现逆差,终结了中国连续 13 年的国际收支持续双顺差格局。又如,2014 年中国的资本与金融账户顺差仅为 382 亿美元,远低于 2013 年的 3 461 亿美元。

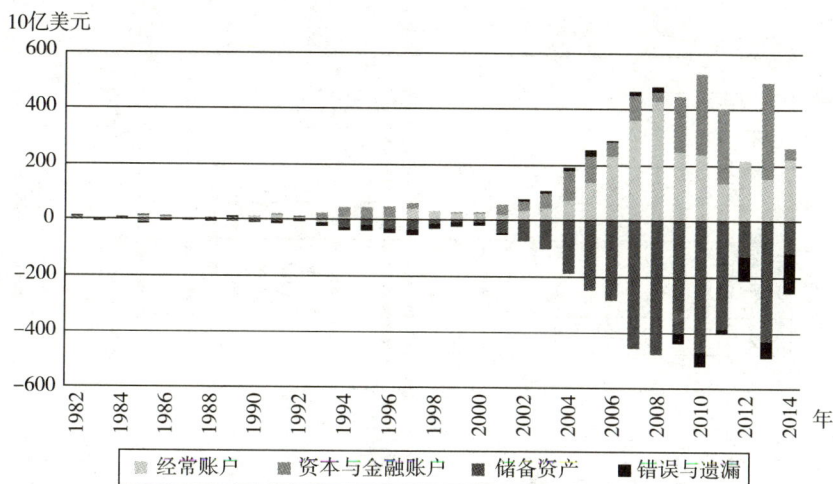

注:根据国际收支表编制规则,储备资产数据为负,表示储备资产增长,反之亦然。
资料来源:CEIC。

图 1 中国的年度国际收支状况

---

① 张明与匡可可(2015)提出了如何综合运用季度国际收支表与月度银行跨境收付数据来研判中国面临的跨境资本流动的分析框架。本文沿用了这一框架,并进行了一定的改进。
② 国际收支表上的储备资产属于流量概念,不包含存量资产的估值效应。而中国人民银行发布的储备资产月度数据则包含了存量资产的估值效应。

考虑到年度数据为低频数据，有时候掩盖了季度之间的变动趋势，因此有必要分析更加高频的季度国际收支数据。图2展示了2007年第一季度至2015年第一季度中国的季度国际收支状况。如果比较图2与图1，我们可以发现，前者揭示了2014年以来一些关于国际资本流动的最新情况：第一，从2014年第二季度至2015年第一季度，中国已经出现持续4个季度的资本与金融账户逆差，这4个季度的资本与金融账户逆差累计为1 539亿美元，其中仅2015年第一季度就高达981亿美元；第二，在2014年第二季度至2015年第一季度，中国也出现了持续4个季度的错误与遗漏项净流出。更重要的是，与之前相比，错误与遗漏项净流出的规模显著放大了。例如，在2007年第一季度至2013年第四季度期间发生了错误与遗漏项净流出的季度中，平均每个季度的错误与遗漏项净流出规模为207亿美元。而在2014年第二季度至2015年第一季度，错误与遗漏项的净流出规模平均达到556亿美元。第三，一般认为，资本与金融账户统计了合法的跨境资本流动，而错误与遗漏项则在真正的错误与遗漏之外，反映了官方统计口径之外的地下资本流动。那么2014年第二季度至2015年第一季度的国际收支状况，则反映了在这一年时间内，无论是合法的跨境资本流动还是地下资本流动，都出现了资本持续较大规模外流的局面。这种资本与金融账户和错误与遗漏项同时连续4个季度发生净流出的现象，在过去还从未出现过；第四，作为上述资本持续外流的结果，储备资产在2014年第三季度至2015年第一季度期间出现连续3个季度的负增长，这一状况也是过去从未出现的（2012年第二、第三季度，中国外汇储备资产曾经出现连续两个季度的负增长）。

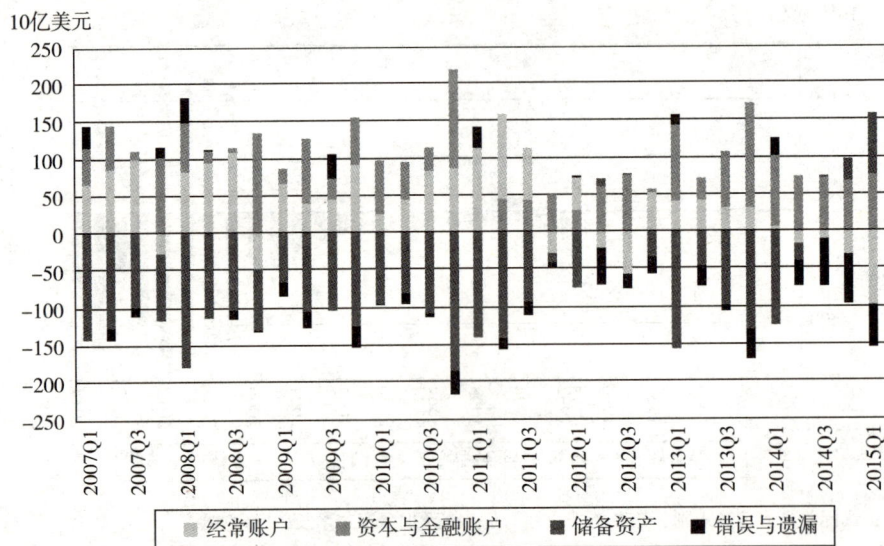

注：根据国际收支表编制规则，储备资产数据为负，表示储备资产增长，反之亦然。

资料来源：CEIC。

图2　中国的季度国际收支状况

从上述分析中可以看出，自2014年以来，中国的跨境资本流动的确出现了一些新的趋势性变化。要更加深入地观察这种变化，就有必要更加细致地研究中国国际收支表中资本与金融账户的变化。由于在中国的国际收支表中，资本账户的规模（2005 年至 2014 年年均余额为 36 亿美元）远低于金融账户的规模（2005 年至 2014 年年均余额为 1347 亿美元），因此，笔者在下面将重点分析中国金融账户的变化。图 3 展示了中国季度国际收支表中金融账户细项的变动状况，从中不难看出：第一，中国的直接投资余额持续为正且相对稳定，在 2007 年第一季度至 2015 年第一季度这 33 个季度中的季度平均余额为 428 亿美元；第二，中国的证券投资波动性稍大（过去 33 个季度中有 5 个季度为负），但规模相对较小（过去 33 个季度平均余额为 90 亿美元）；第三，中国的其他投资波动性最大（过去 33 个季度有 18 个季度为负），且规模也相对最大（在 15 个净流入的季度中平均规模为 328 亿美元，在 18 个净流出的季度中平均规模为 −604 亿美元）；第四，其他投资项净流出具有明显的规律性。在图 3 中出现了 3 次较为集中的其他投资项净流出。第一次发生在 2007 年第三季度至 2008 年第四季度之间，这是美国次贷危机爆发的时期；第二次发生在 2011 年第四季度至 2012 年第四季度之间，这是欧洲主权债务危机集中爆发的时期；第三次发生在 2014 年第二季度至 2015 年第一季度之间。不难看出，在 2014 年第二季度至 2015 年第一季度出现持续的资本与金融账户逆差的原因，恰好是同期内出现了规模不断上升的其他投资净流出。尤其是 2014 年第四季度与 2015 年第一季度，这两个季度的其他投资净流出均超过 1000 亿美元，接连创出历史新高。

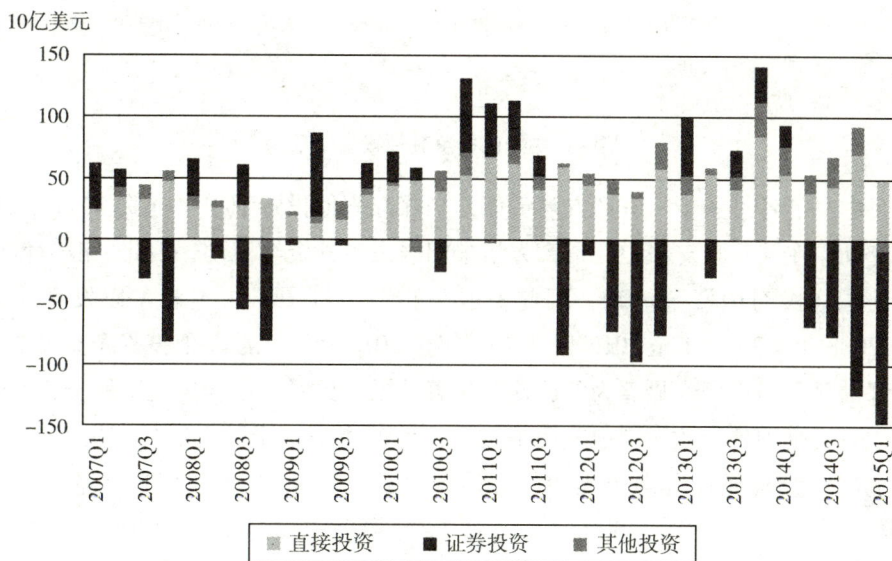

资料来源：CEIC。

图 3　中国的季度金融账户细项

为更深入地理解其他投资的变动，笔者在图 4 中列示了中国季度国际收支表中其他投资细项的各子项。从中不难看出，至少在 2012 年与 2014 年的这两波其他投资净流出浪潮中，主导其他投资变化的主要是贷款以及货币与存款这两个子项的变动。例如，在 2011 年第四季度至 2012 年第四季度期间，季均金融账户逆差为 705 亿美元，其中季均贷款子项净流出达到 186 亿美元，季均货币与存款子项净流出达到 518 亿美元。再如，在 2014 年第二季度至 2015 年第一季度期间，季均金融账户逆差为 1 026 亿美元，其中季均贷款子项净流出达到 555 亿美元，季均货币与存款子项净流出达到 257 亿美元。

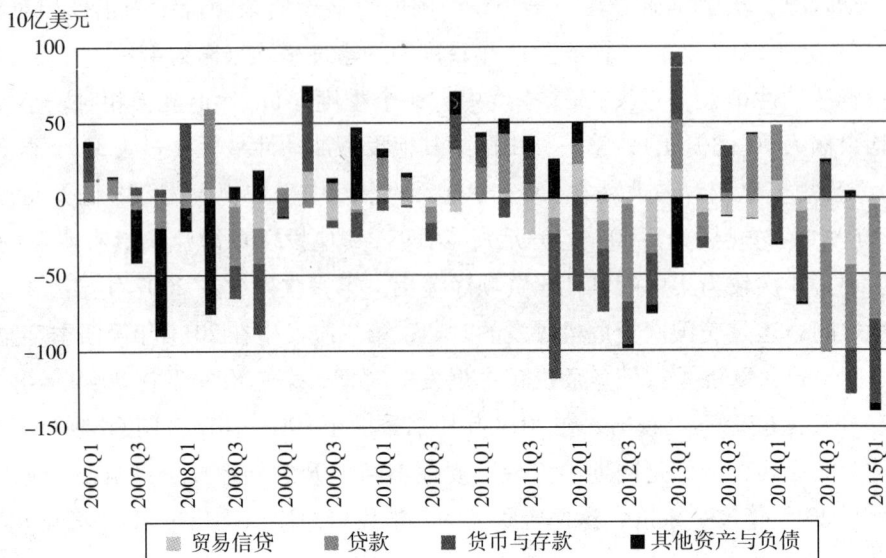

注："其他资产与负债"子项为《国际收支与国际投资头寸手册》（第六版）中的其他股权、保险和养老金、其他应收款与其他应付款等子项之和。

资料来源：CEIC 以及作者的计算。

图 4　中国的季度其他投资子项

在图 5 中，笔者进一步从资产方与负债方来探究其他投资细项中贷款和货币与存款这两个子项的变动。在国际收支表中，资产方指本国居民对外资金流动，因此一般为负值，而负债方是指外国居民对内资金流动，因此一般为正值。从图 5 中笔者可以发现，首先，在 2007 年至 2008 年、2011 年至 2012 年、2014 年至 2015 年这三波其他投资净流出中，贷款子项负债方都由显著为正变为显著为负，这意味着外国居民对本国居民提供的贷款发生了显著收缩，这既可能是国外贷款人提前收回了资金，也可能是由于国内借款人提前偿还了款项。其次，在上述三波其他投资净流出中，货币与存款子项资产方的流出额都曾经显著放大（2008 年第四季度流出额突破 400 亿美元；2011 年第四季度与 2014 年第二季度均突破 600 亿美元），这表明本国居民货币与存款资金外流规模在上述期间都显著放大。再次，在上述三波其他投资净流出中，货币与存款子项负债方也都由显著为正变为负值，但变动幅度要显著低于贷款子项负债方。最后，相比之下，贷款子项资产方较为稳定，波动性较小。综上所述，在其他投资细项发生显著净流出时，贷款和货币与存款细项通常扮演着重要角色。然而不同的是，贷款细项的净流出由外国居民主导（境外贷款扩张变为境外贷款收缩），而货币与存款细项的净流出则由本国居民主导（本国居民存款资金外流显著放大）。

总结一下从国际收支表视角反映的近期跨境资本流动的变化，主要结论包括：第一，从

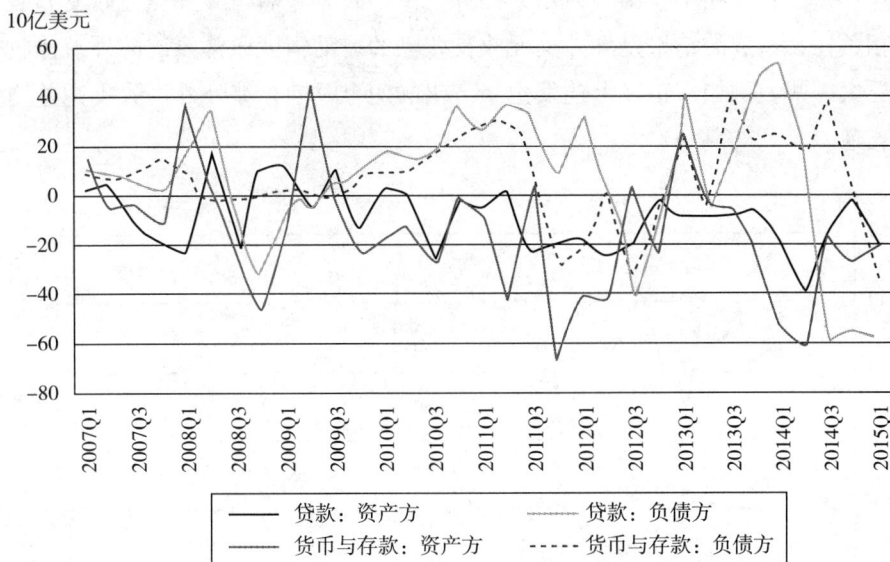

注：资产方为本国资金对外流动，在国际收支表中一般为负值；负债方为外国资金对内流动，在国际收支表中一般为正值。

资料来源：CEIC。

图5　从资产方与负债方来审视贷款和货币与存款子项的变动

2014年第二季度至今，中国出现了持续的跨境资本外流；第二，在这一波跨境资本外流中，其他投资细项外流是最重要的原因，也即短期跨境债权债务类资金出现了持续净外流；第三，贷款子项和货币与存款子项的净外流是其他投资细项净外流的最重要原因；第四，贷款子项净外流由外国居民主导，而货币与存款子项净外流则由中国居民主导。

三、近期短期资本外流状况：基于银行收付数据的分析

国际收支表的数据尽管更为全面、翔实，但可惜中国央行目前只发布季度而非月度的国际收支表数据，要想分析更加高频的跨境资本流动，就需要借助银行层面的数据。事实上，银行层面的两套数据（代客涉外收支数据与代客结售汇数据）能够帮助笔者从另一个视角来观察跨境资本的流动状况。有趣的是，从银行月度数据视角，笔者可以观察到居民、非金融企业与银行等不同部门的资产或负债调整行为。

图6展示了2010年1月至2015年5月的中国境内银行代客涉外收支状况。从中可以看出，在2012年8月至10月、2013年6月至7月、2014年8月至12月以及2015年3月至4月这四个期间，境内银行代客涉外收支状况出现了逆差，这意味着在居民与非金融企业层面出现了跨境资金净流出。不难发现，上述跨境资本净流出的时间段与国际收支表资本与金融账户出现逆差的时间段是大致对应的。中国政府还公布了分币种的银行代客涉外收支数据。从图6中可以看出，第一，迄今为止，银行代客涉外人民币收支的规模仍显著低于外币收支

规模，但这一差距正在缩小；第二，由于涉外人民币收支差额与涉外美元收支差额似乎存在较强的负相关性，造成的结果是涉外美元收支差额的波动幅度通常要比涉外总体收支差额的波动幅度更大一些。例如，正在上述发生净流出的四个时期，涉外外币收支逆差均要大于涉外总体收支逆差。

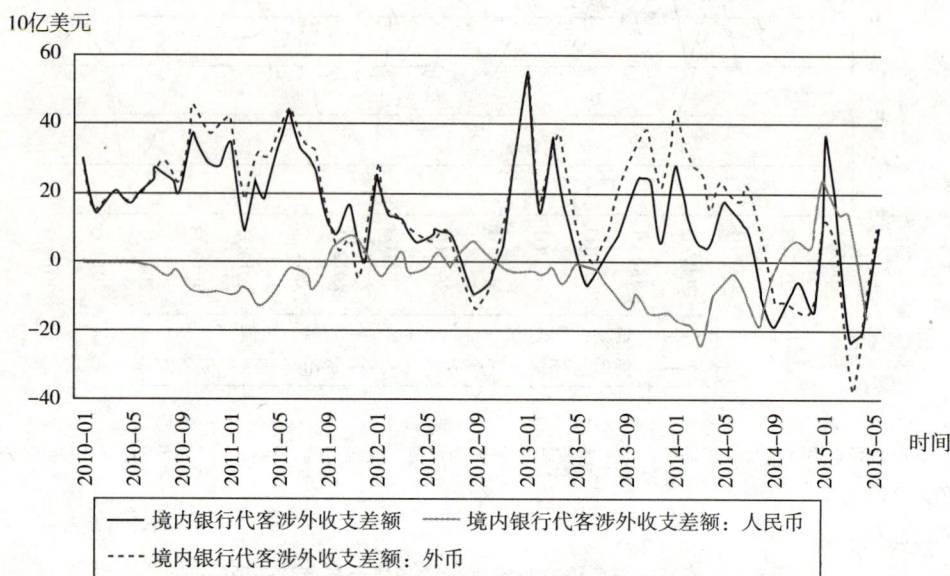

资料来源：CEIC。

图6 境内银行代客涉外收支状况

银行结售汇数据包括银行自身结售汇数据与银行代客结售汇数据。如图7所示，除极个别时期（如2013年1月）之外，银行自身结售汇规模均显著低于银行代客结售汇规模，因此笔者以下主要分析银行代客结售汇数据的变动。如图7所示，在2011年11至12月、2012年的4月、6月、8月以及2014年9月至2015年4月期间，银行代客结售汇出现逆差，这意味着居民与非金融企业在净购买外汇。而在其他时期，居民与非金融企业在净出售外汇。通常来讲，居民与非金融企业是净购买外汇还是净出售外汇，除了与当时的进出口状况相关外，主要与人民币兑美元的变动预期相关。当市场存在人民币兑美元升值预期时，居民与非金融企业倾向于净出售外汇，银行代客结售汇出现顺差；相反，当市场存在人民币兑美元贬值预期时，居民与非金融企业倾向于净购买外汇，银行代客结售汇则会出现逆差。

笔者还可以通过比较银行代客涉外收支差额（外币）与银行代客结售汇差额来分析居民与非金融企业持有外汇的意愿。如图8所示，在大多数时期，银行代客结售汇差额要高于银行代客涉外收支差额（外币），这意味着居民与非金融企业在这些时期内出售的外汇资产超过了同期内他们通过跨境交易获得的外汇资产，这种行为主要是受到人民币兑美元升值预期的驱动。与之相反，在少数时期（2010年5至7月、2011年6月、2011年11月至2012年8月、2013年8月、2014年4月至2014年8月、2014年10月以及2015年1至4月），

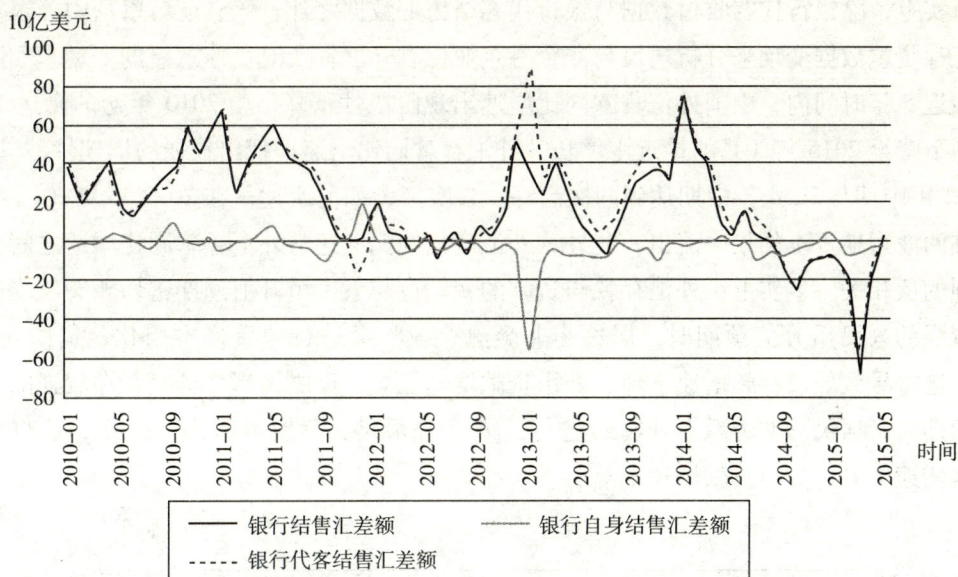

资料来源：CEIC。

图7　银行结售汇状况

银行代客结售汇差额却低于银行代客涉外收支差额（外币），这意味着居民与非金融企业在这些时期内出售的外汇资产低于同期内他们通过跨境交易获得的外汇资产，这说明随着人民币兑美元升值预期逆转为贬值预期，居民与非金融企业更加倾向于持有外币资产，"藏汇于民"的格局开始形成。

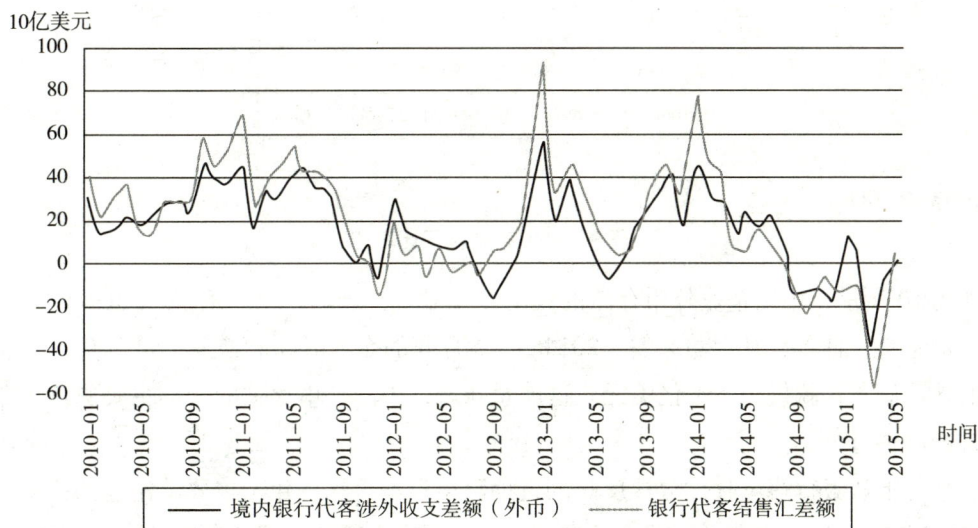

资料来源：CEIC。

图8　银行代客涉外收支状况与银行代客结售汇状况的比较

事实上，除银行代客收付数据与银行代客结售汇数据之外，笔者还可以从中国银行体系的外汇存贷款数据变动来分析居民与非金融企业持有外汇资产或负债意愿的变动。如图9所示，最近5年时间内，中国外汇贷款同比增速出现阶段性下降，由2010年初的高达70%以上逐渐下降至2015年5月的接近零增长。外汇存款同比增速呈现出较强的周期性波动特征，在2012年中期与2014年中期达到两次高峰。事实上，如前所述，在2012年与2014年，中国面临两波短期资本的集中流出。此外，外汇贷款同比增速与外汇存款同比增速之间存在较为强烈的反相关。事实上，外汇存款与贷款的变动也与人民币升值预期密切相关。当市场上存在较强的人民币升值预期时，居民与非金融企业将会进行"资产本币化、负债外币化"操作，这将导致外币存款增速下降、外币贷款增速上升；反之，当市场上存在较强的人民币贬值预期时，居民与非金融企业将会进行"资产外币化、负债本币化"操作，这将导致外币存款增速上升、外币贷款增速下降。

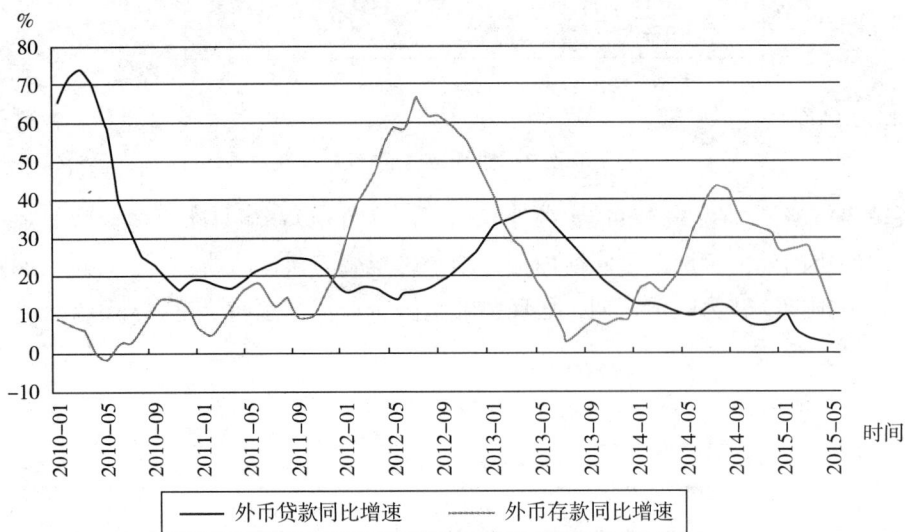

资料来源：CEIC。

图9 外汇存贷款同比增速

如图10所示，中国企业外币存款的波动性要显著高于居民外币存款（也即外币储蓄存款）的波动性。此外，从存量来看，2014年12月底的企业外币存款达到4 220亿美元，而同期的外币储蓄存款仅为741亿美元。这就意味着，中国外币存款的变动主要源自非金融企业的资产调整行为。

总结一下从银行跨境收付数据反映的近期跨境资本流动变化，主要结论包括：第一，在2014年下半年至2015年上半年期间，中国出现了跨境资金的持续流出；第二，在跨境资金持续流出期间，居民与非金融企业持有外币的意愿显著增强，导致银行代客结售汇差额持续低于银行代客涉外外币收付差额；第三，在跨境资金持续流出期间，发生了外币贷款同比增速显著下行、外币存款同比增速显著上行的现象，表明居民与非金融企业在进行"资产外

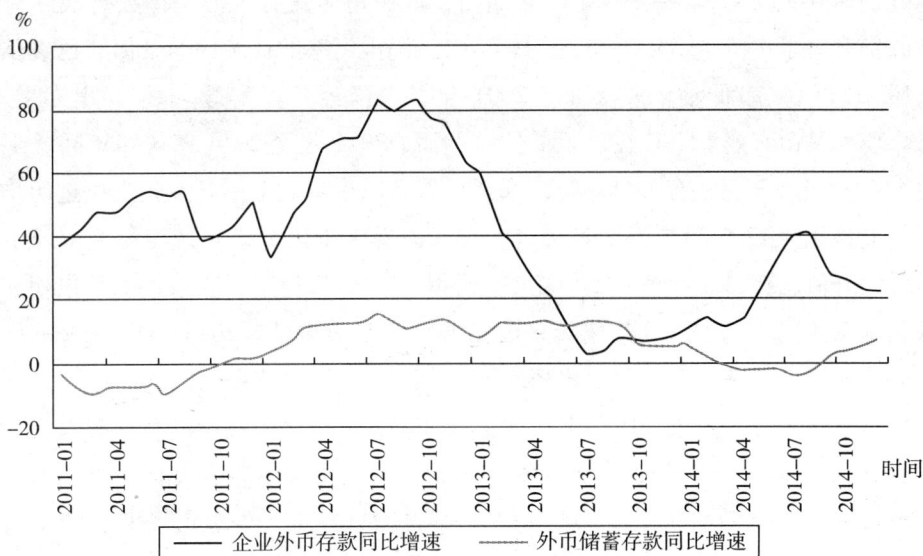

资料来源：CEIC。

图 10 企业外币存款与居民外币存款的变动

币化、负债本币化"的财务操作；第四，居民与企业的上述行为均与人民币兑美元贬值预期的出现密切相关；第五，从外币存款的变动来看，其波动性主要来自非金融企业的行为变化，而非源自居民的行为变化。

四、导致近期短期资本外流的原因

迄今为止有大量的国内外文献研究跨境资本流动的驱动因素。笔者所在团队就此也进行了持续的研究。张明与肖立晟（2014）在对 2000 年第一季度至 2012 年第三季度 52 个经济体的面板研究中发现，对新兴市场经济体而言，本国经济增长率是吸引国际资本流入的最重要的劳动因素，而全球风险偏好与美国经济增长率是跨境资本流动最重要的推动因素。本国经济增长率越高、美国经济增长率越低、全球风险偏好越高，新兴市场国家面临的资本流入规模越就大，反之亦然。张明与谭小芬（2013）研究了 2000 年 1 月至 2012 年 6 月中国短期资本流动的主要驱动因素。结果发现：第一，人民币升值预期是吸引短期资本流入的最重要因素；第二，中外利差仅能在短期内吸引短期资本流入；第三，国内股价上升是比国内房价上升更重要的吸引短期资本流入的因素；第四，中国经济增速在一定时滞后也会影响短期资本流动。结合这两篇文献，笔者认为，导致 2014 年第二季度以来短期资本持续外流的主要原因包括以下几个方面。

（一）人民币兑美元升值预期逆转为贬值预期

自 2005 年 7 月中国央行启动人民币汇率形成机制改革以来，人民币兑主要国际货币均显著升值。例如，2005 年 6 月底至 2015 年 5 月底这 10 年间，人民币兑美元、欧元、日元的升值幅度分别达到 26%、32% 与 34%。同期内，人民币名义有效汇率指数与实际有效汇率指数更是分别升值了 44% 与 55%。①过去 10 年内人民币汇率的持续快速升值，已经从根本上改变了人民币有效汇率低估的基本面。2007 年，中国经常账户顺差占 GDP 的比率超过 10%，意味着人民币有效汇率存在显著低估。然而，2011 年至 2014 年这四年间，中国经常账户顺差占 GDP 比率已经持续低于 3%，这意味着人民币有效汇率已经相当接近于均衡汇率水平。事实上，从 2013 年第二季度美联储宣布考虑退出量化宽松起，美元兑全球主要货币呈现出强劲的升值态势，而由于人民币兑美元汇率基本保持稳定，导致人民币跟随美元，兑欧元、日元等发达国家货币以及其他新兴市场的货币显著升值。2013 年以来人民币有效汇率的强劲升值无疑会显著影响中国的出口增长。例如，王宇哲与张明（2014）的研究表明，在控制了外需变化之后，如果人民币汇率基本盯住美元，那么人民币的名义有效汇率每升值 1%，中国的出口量将会下降 1.28% 或 1.62%。事实上，在 2015 年的前 5 个月内，有 4 个月出现了出口同比负增长。事实上，从 2014 年第二季度以来，外汇市场上已经出现了持续的人民币兑美元的贬值预期。由于目前中国央行依然控制着人民币兑美元汇率的每日中间价，这就造成在人民币兑美元的中间价与市场价之间存在显著差距。如果人民币兑美元的市场价显著低于中间价，这就意味着市场上存在人民币兑美元贬值预期，以至于中国央行不得不通过干预中间价的方式来维持人民币汇率稳定，反之亦然。如图 11 所示，从 2014 年 3 月起，人民币兑美元汇率市场价，开始由之前持续高于中间价的状态，转变为持续低于中间价。这意味着人民币兑美元汇率的运动预期，从 2014 年 3 月起由升值预期转为贬值预期。人民币兑美元贬值预期的产生，自然会导致短期资本流出中国。不难看出，2014 年 3 月人民币兑美元贬值预期的产生，与 2014 年第二季度起的短期资本流出，在时点上是基本重合的。

（二）中国经济增速下降、美国经济增速回升

如前所述，中国与美国的经济增速，也会对中国的短期资本流动状况产生影响。由于经济增速会大致决定该国的投资回报率，因此如果中国经济增速显著高于美国，中国将会面临短期资本的持续流入，反之亦然。一方面，近年来，随着中国人口老龄化的加剧、农民劳动力由农村转移到城市的过程基本结束、制造业产能过剩的加剧、企业融资成本的上行以及全要素生产率的放缓，中国经济的增长速度显著下滑。另一方面，随着美国经济逐渐从次贷危机造成的低谷中逐渐复苏，其经济增长率开始再度接近潜在经济增速。如图 12 所示，中国季度 GDP 同比增速已经由 2007 年第二季度的 16.1% 下降至 2015 年第一季度的 7.0%，而美国季度 GDP 同比增速已经由 2009 年第二季度的 -4.1% 上升至 2015 年第一季度的 2.7%。中美经济增速之差已经由 2007 年至 2009 年期间的超过 10%，下降至 2015 年初的不到 5%。换言之，中美经济增速之差的下降是导致短期资本在近期流出中国的原因之二。

---

① 上述数据系笔者根据 CEIC 数据库中中国外管局与 BIS 提供的双边汇率与有效汇率数据进行计算的结果。

资料来源：CEIC。

图11　人民币兑美元升值预期的变化

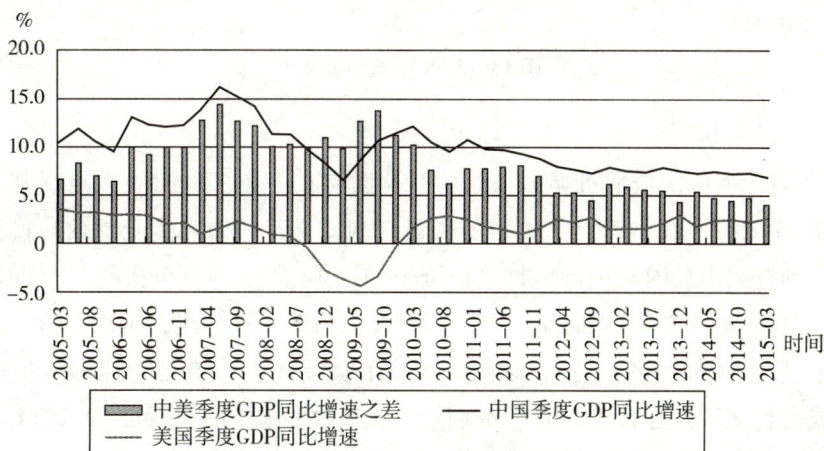

注：此处的中美季度 GDP 同比增速都使用的是 IMF 国际金融统计数据中的口径。

资料来源：CEIC。

图12　中美季度 GDP 同比增速的比较

（三）全球风险偏好重新下降（风险规避程度上升）

如前所述，包括中国在内的新兴市场国家面临的短期资本流动，也会受到全球投资者风险偏好程度变化的影响。当全球投资者风险偏好程度上升时，短期资本通常会由发达国家流向新兴市场国家，反之亦然。笔者可以用 VIX 指数（美国芝加哥期货交易所的市场波动指数，衡量的是美国标普500 股指期货的隐含波动率）来刻画全球投资者的风险偏好。该指数越低时，全球投资者的风险偏好程度越高，反之亦然。如图 13 所示，VIX 指数在 2014 年第四季度与 2015 年第一季度处于相对高位（该时期内 VIX 指数均值为 16.31），显著高于 2013 年初至 2014 年第三季度的水平（该时期内 VIX 指数均值为 13.93）。2014 年底 2015 年初全球投资者风险偏好的下降，很可能与美联储加息预期以及希腊主权债危机重燃导致的全球市场动荡有关，而这将会导致短期资本流出中国的规模加大。

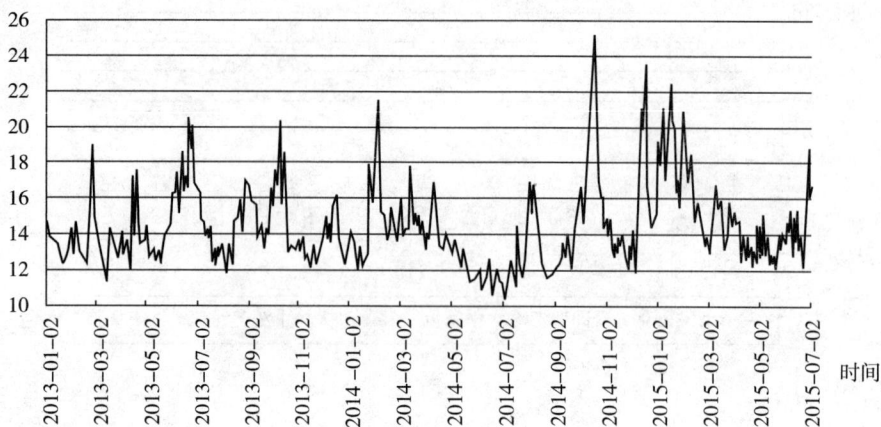

注：本图中采用的是 VIX 指数的日度收盘价。

资料来源：YAHOO Finance。

图 13　VIX 指数的变化

（四）中美利差收窄

自 2007 年夏天美国次贷危机浮出水面后，美联储在一年多的时间内将联邦基金利率由 5.25% 降至 0~0.25%，由此产生了大量的美元套利交易，即借入美元贷款转换为新兴市场国家货币后，到新兴市场国家进行高收益投资。如图 14 所示，以可比的三月期银行间利率来衡量，则在 2009 年至 2013 年期间，中美利差大约为 5 个百分点，再加上这一时期内人民币兑美元汇率呈现出缓慢升值态势，导致中美套利交易不但没有汇率风险，反而有汇率收益，由此造成套利交易大行其道，大量短期资本流入中国国内。然而，从 2014 年第二季度起，随着中国宏观经济下行，中国央行开始采取从量化宽松到全面宽松的策略来应对，导致国内银行间市场利率显著下行，到 2015 年 5 月，中美利差已经由 5 个百分点以上收窄至不足 3 个百分点。更重要的是，随着人民币兑美元汇率的升值预期逆转为贬值预期，过去的中美货币套利交易开始面临汇率风险。此外，随着市场预期美联储将在 2015 年下半年步入新的加息周期，预计未来中美利差将会继续收窄。因此，中美利差的收窄以及进一步收窄的预期，是造成近期短期资本流出中国的重要原因。

（五）中国房地产市场下行

短期资本流动也与一国国内资产价格走势有关。如图 15 所示，从 2014 年初起，国房景气指数开始持续下行，表明中国房地产市场开始向下调整。由于在本轮房地产上升周期中，部分二线城市、很多三、四线城市积累了大量的房地产库存，导致本轮房地产市场下行周期可能会变得旷日持久。中国房地产市场由盛转衰，可能是导致短期资本流出中国的重要原因。从 2014 年 11 月至 2015 年 5 月，中国股票市场走出了一波波澜壮阔的牛市行情，按照

资料来源：CEIC。

图14　中美短期市场利率比较

常理，这将导致短期资本流入中国。不过，根据外管局披露的截至2015年第一季度的资本流动数据，以及中国央行公布的截至2015年5月的外汇占款数据来看，短期资本持续外流的状况尚未改观。

资料来源：CEIC。

图15　上证综指与国房景气指数

（六）资本账户加速开放导致国内居民与企业加快海外资产配置

虽然中国政府过去在资本账户开放方面一直采取了审慎、渐进、可控的策略，但是随着中国央行开始推进人民币国际化，资本账户开放的步伐明显加快。2012年央行调查统计司发布的一份报告宣称，央行将在2015年实现资本账户的基本开放，在2020年实现资本账户的全面开放。近期，央行领导人再次重申了在2015年基本实现资本账户开放的目标。在过去，由于中国央行实施了人民币利率管制与资本账户管制，导致大量国内资金只能在中国国内进行有限的资产配置。随着资本账户的加速开放，国内居民与企业将会有很强的动机进行全球资产配置，而这将造成大量的国内资本外流。例如，从 2015 年下半年起，家庭净资产超过 100 万元人民币的家庭，将可以通过 QDII2 渠道直接投资于国外金融市场。尤其是考虑到随着利率市场化的推进，国内金融风险在未来几年将会显性化，如果管理不善则可能酿成区域性甚至系统性金融危机，如果这种情形发生，国内居民与企业的海外资产配置进程无疑会加快，这会造成中国面临的资本外流加剧。例如，根据 Bayoumi 与 Ohnsorge（2013）的估算，中国的资本账户开放将会导致中国的海外资产发生相当于 GDP 的 15%～25% 的存量增长，以及中国的海外负债发生相当于 GDP 的 2%～10% 的存量增长，这意味着资本账户开放将会导致显著的资本净流出。

五、未来短期资本大规模流出的风险

尽管如前所述，从 2014 年第二季度至 2015 年第一季度，中国出现了持续的短期资本流出。但这一短期资本流出的规模是较小的，对中国政府而言风险完全可控。但是，对未来短期资本大规模流出中国的风险却不容小觑。在本部分中，笔者将首先估算潜在资本外流的可能规模，其次分析潜在资本外流加剧的原因，最后分析资本外流加剧可能造成的危害。

（一）潜在资本外流的可能规模：人民币套利交易平仓与国内储蓄多元化

在本部分，笔者将估算潜在资本外流的规模。笔者将潜在资本外流分为外资外撤与内资外流两部分。

在估计潜在的外资外撤规模时，笔者将主要讨论流动性较强的短期资本，特别是债权债务类资本，而并不包含 FDI。截至 2014 年底，中国国内的 FDI 存量高达 2.68 万亿美元，占到同期中国外汇储备规模的 70%。因此，一旦中国国内 FDI 存量大规模外流，则无论是其规模还是其冲击都不容小觑。

笔者可以粗略将潜在的外资外撤规模分三块进行估计：第一块是外国银行对中国的各类贷款。如图 16 所示，根据 BIS 的数据，截至 2014 年第四季度末，全球银行对中国各类机构的贷款余额达到 7982 亿美元，其中对中国银行、非银行企业与政府的贷款余额分别为 3 468 亿、3 409 亿与 1 090 亿美元。尽管贷款可以分为短期与中长期，但欧债危机的爆发生动地表明，当一个经济体爆发金融危机时，外国贷款人通常会全面抽回贷款，甚至包括中长期贷款。

第二块是通过内地与香港之间的关联贸易流入内地的套利资金。如前所述，自 2009 年全球金融危机后，由于中国内地的利率水平显著高于全球利率水平，再加上人民币兑美元汇率呈现稳中有升趋势，导致人民币套利交易有利可图。大量的套利资金通过贸易渠道的转移定价（特别是通过内地关联企业高报出口的方式）由香港流入内地。如图 17 所示，其浅色阴影部分即是笔者通过"内地对香港的出口—香港从内地的进口"这一粗略方式估算的两地之间通过转移定价方式流入的套利资金。截至 2014 年 12 月底，通过转移定价方式流入的套利资金的累积规模达到 4175 亿美元。值得指出的是，由于香港关联公司的资金来源主要源自香港本地公司向外国金融机构的贷款，因此第二块估算的资金规模与第一块估算结果重复计算的程度不会太高。

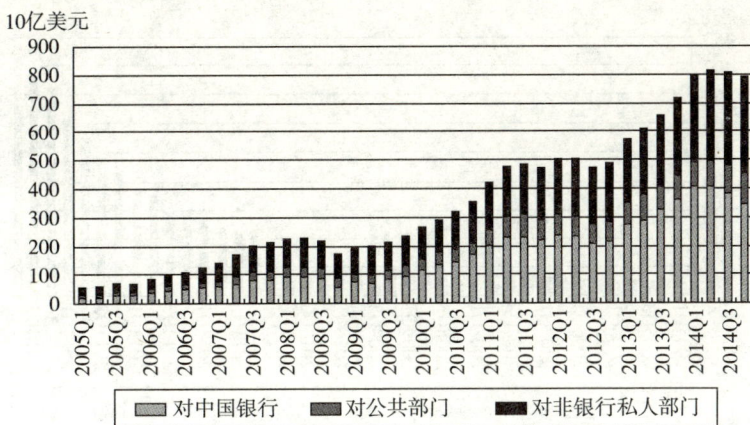

资料来源：BIS。

图16 全球银行对中国的债权规模

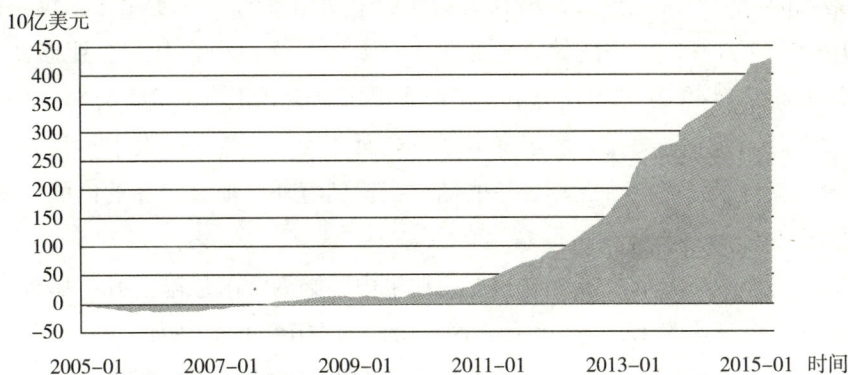

资料来源：CEIC以及作者的计算。

图17 内地与香港之间通过转移定价的套利资金流入

第三块是中国各类主体发行的国际债券规模。如图18所示，从2010年起，中国居民发行的国际债券的未到期余额显著增长，从2010年第一季度末的500亿美元飙升至2014年第四季度末的4 368亿美元。在2014年底，由非银行金融机构、银行、企业与政府举借的国际债券的未到期余额分别为2 305亿美元、1 507亿美元、404亿美元与153亿美元。当然，债券资金与银行信贷资金相比，前者不会发生提前抽贷的现象，但由于中国主体的海外债券通常为中期债券（以3~5年居多），这意味着在未来几年内，每年仅国际债券的还本付息额就比较可观。

综合上述三块资金，通过简单的计算，假定发生不利情形时，外国银行可以抽离全部贷款，通过贸易转移定价流入的套利资金也可以全部撤出，再假定中国居民发行的国际债券平均期限为3年（也即分三年还本付息），那么在不利情形下，最大可能的外资外撤规模约为：7 982 + 4 175 + 4 368/3 = 1.36万亿美元。

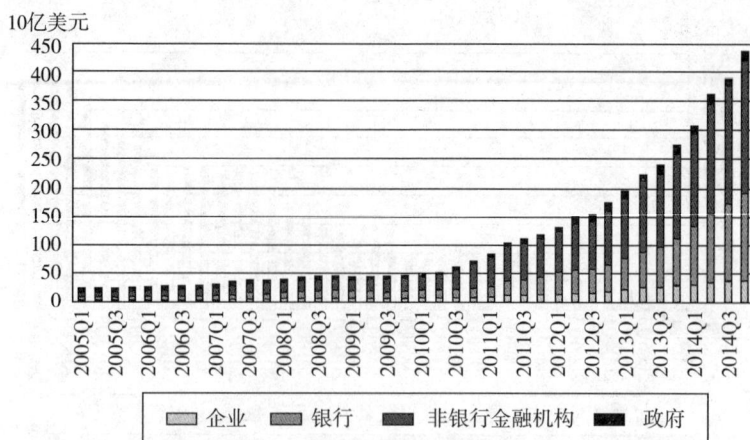

资料来源：BIS。

图 18　中国居民发行的国际债券的未到期余额

在估计潜在的内资外流规模时，笔者主要分析中国储蓄的全球多元化动机。如图 19 所示，截至 2014 年 12 月底，中国的储蓄总额为 117 万亿元人民币，其中企业储蓄为 59 万亿元人民币，居民储蓄为 49 万亿元人民币。按照人民币兑美元汇率 6.2:1 计算，则 2014 年底中国储蓄总额为 18.87 万亿美元。假定资本账户全面开放，一旦中国发生不利的经济金融情景，如果中国企业与家庭决定将五分之一的储蓄配置到海外，那么潜在的内资外流规模将达到 3.77 万亿美元。

将潜在的外资外撤与内资外流规模相加，如果中国国内金融风险上升，那么中国可能面临的潜在资本外流将高达 5.13 万亿美元，这显著超过 2014 年底中国 3.84 万亿美元的外汇储备，相当于 2014 年中国 GDP 的 50%。如果真的发生如此大规模的资本外流，将对人民币汇率、国内金融体系稳定与中国经济的可持续增长造成严重的负面影响。

需要指出的是，有几个因素可能造成上述潜在资本流出规模高估，例如在三块外资外撤资金规模的计算中可能存在重复计算（如在外国银行债权与跨境套利资金之间或外国银行债权与国内机构海外发债规模之间）。但与此同时，也有几个因素可能造成上述潜在资本流出规模低估，例如笔者还没有考虑存量 FDI 资金的撤出，以及一旦发生危机时，国内储蓄外流规模可能超过 20% 等。因此，上述估算结果在一定程度上还是具有较强的参考价值的。

（二）短期资本外流加剧的可能原因

在未来几年内，可能造成短期资本外流加剧的主要原因包括：

一是随着中国政府加快开放资本账户（如放大 QFII 与 QDII 的额度、QDII2 的推出、沪港通与深港通的推出、内地与香港基金互认的实施、自贸区开放力度的加大等），跨境资本流动面临的约束将显著减少，资本大进大出的概率将显著上升。

二是国内经济增速进一步下行，爆发系统性金融危机的可能性加剧。在内外需持续低迷

10亿元

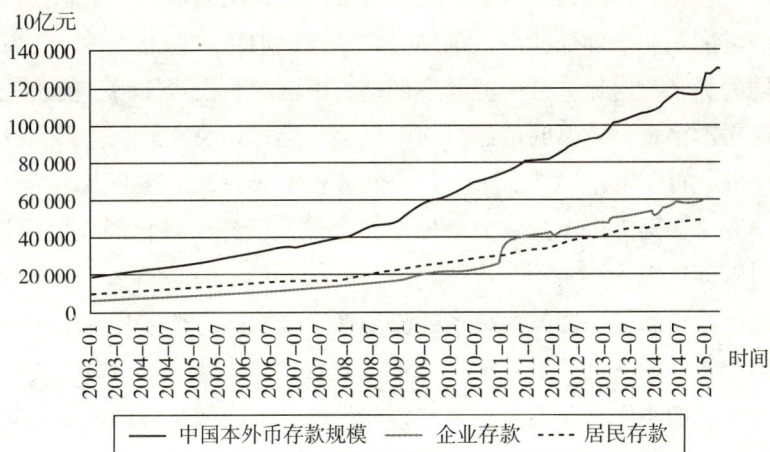

资料来源：CEIC。

图19　中国的存款规模及部门分布

的前提下，宏观经济下行将使得中国企业部门高杠杆能得以持续，而企业部门去杠杆将会导致银行系统坏账显著上升。随着利率市场化的进一步推进以及全国性存款保险公司的推出，未来几年中国的隐形金融风险将会逐渐浮出水面。如果处置失当，中国可能爆发区域性甚至全球性金融危机。在这种状况下，国内居民对国内金融体系的信心可能显著下降，从而导致短期资本加剧外流。

三是人民币兑美元贬值压力加剧。目前人民币兑美元汇率已经出现高估，如果这一高估状态不但没有纠正，反而有所加剧的话，那么随着未来资本流动的逆转，人民币兑美元可能出现大幅贬值。更为重要的是，在资本外流与人民币贬值之间可能形成恶性循环。

四是美联储步入新的加息周期。尽管美联储步入加息周期的具体时点还不确定，但未来美联储必将逐渐上调联邦基金利率。在美国货币政策正常化的过程中，中美利差将会进一步收窄，从而提高国际市场对中国国内资金的吸引力，进而导致人民币套利交易平仓甚至反转。

五是地缘政治动荡加剧。目前全球地缘政治冲突有加剧之势。在中国的周边，东海、南海、东北亚、中亚、南亚，世界都不太平。随着中国经济的崛起，中国政府的外交策略开始由韬光养晦变为有所作为，与美国、日本等发达国家以及部分相邻新兴市场国家爆发各种冲突的概率正在上升。而一旦中国面临的地缘政治动荡加剧，那么国内外主体的避险情绪将会上升，以寻求投资多元化、规避投资风险为目的的外资外撤与内资外流将会显著加剧。

（三）短期资本外流加剧的危害

张明（2014）建立了一个从私人部门、公共部门与对外部门联动角度来分析中国金融系统性风险的框架。在这个框架内，在特定冲击下，对外部门面临短期资本外流加剧，则可能成为引爆中国金融系统性风险的动因。金融危机的爆发可能从对外部门开始，随后传递至私人部门，进而传递至公共部门，最后传递至对外部门，从而形成一个恶性循环。

危机的起因可能是一个外部冲击，例如美联储快速加息。如上所述，随着未来中国制造业产能过剩问题的加剧及房地产价格的向下调整，中国商业银行体系可能出现大量坏账，这会降低中国居民对本国金融体系的信心。而一旦美联储开始快速加息，那么外部对中国国内资金的吸引力上升。再加上中国政府正在加快开放资本账户，上述原因的结合，可能引发大规模的国内资本外流，国内资本持续大量外流将会导致已经市场化的人民币汇率显著贬值。对外部门的危机随即出现。

国内资本外流将会降低中国国内市场的流动性，造成国内整体利率水平上升。利率水平的快速上升将会带来两种不利后果：第一，中国制造业企业融资成本上升、财务负担加剧，从而不得不进入痛苦的去杠杆化阶段；第二，利率上升可能加快房地产价格向下调整，甚至捅破房地产价格泡沫。无论是制造业的出杠杆化，还是房地产价格的显著下降，都会导致中国商业银行体系坏账飙升，从而引爆银行业危机。私人部门的危机就此爆发。

鉴于银行业依然是中国金融体系的最重要环节，一旦银行业爆发危机，中国政府不得不出手救市。从目前来看，中国政府拯救银行业无非有三种手段，一是重新走 1998 年的老路，即财政部发行特别国债募集资金，将资金注入不良资产管理公司，由不良资产管理公司以账面价值从商业银行购买不良资产，之后再用财政资金来核销坏账；二是直接动用财政资金或外汇储备对商业银行补充资本金，由商业银行在资产负债表内消化坏账；三是采用更加市场化的手段，例如引入公私合作的资产证券化来帮助商业银行处置不良资产。无论采用哪种手段，中国政府救市的结果，都必定是用政府部门的加杠杆来应对私人部门的去杠杆。换言之，债务负担必然会由私人部门转嫁至政府部门。

问题在于，1998 年中国政府救助商业银行时，政府债务占 GDP 比重处于很低水平，可能仅在 20% 上下。而目前即使根据审计署的普查数据，截至 2013 年 6 月底，中国政府债务占 GDP 比率也已经达到 56%。根据市场估计，中国政府的全口径真实债务水平可能达到 GDP 的 70% 上下。那么，如果中国政府再启动一次救助商业银行的行动的话，中国政府债务占 GDP 的比重最终可能上升到 90% 以上，甚至超过 100%。届时，中国政府未来能否还本付息，就可能成为市场关注的焦点。部分市场主体甚至开始做空中国国债，或者大举买入中国国债的 CDS（信用违约互换）。公共部门的危机可能因此而生。

最后，私人部门与公共部门的危机，最终可能再次传递至对外部门。随着银行业危机的爆发及主权债务危机风险的加剧，国内外主体对中国金融体系的信心可能进一步下降，从而引发更大规模的短期资本外流，这会导致更大的人民币贬值压力。央行从而不得不进行外汇市场干预，而这又会导致外汇储备规模快速下降。外汇储备骤降可能进一步加剧市场的恐慌情绪，引发更大规模的资本外流与贬值压力。

危机还未完结。更大规模的资本外流可能导致国内利率水平进一步上升，从而加剧制造业企业去杠杆、房地产价格下跌与政府偿债压力。人民币汇率贬值会导致中国企业的外债负担加剧。因此，对外部门的动荡可能再次传递至私人部门与公共部门，从而构成一个致命的危机螺旋。

如果上述危机真的爆发，那么其破坏性将是相当大的。危机结束后，中国政府可能需要很长时间，才能修复家庭、企业、金融机构与政府自身的资产负债表。而在人口日益老龄化、传统增长模式难以为继的大背景下，中国经济要在危机后重塑增长动力，无疑将会面临巨大挑战。这一切，与日本在泡沫经济破灭后的情形颇为类似。如果应对适当，中国经济也可能陷入长期低速增长的困境，从而最终陷入中等收入陷阱的泥潭。

六、结论与政策建议

从 2014 年第二季度起，中国开始面临持续的短期资本外流。从国际收支表的视角来看，本轮短期资本外流主要是其他投资子项出现资金净流出，而这又主要源自贷款细项以及货币与存款细项的资金净流出，其中贷款细项净流出由外国居民主导，而货币与存款细项资金净流出由本国居民主导。从银行跨境收付的视角来看，这一轮短期资本外流的主要原因，是在人民币兑美元汇率的贬值预期形成后，中国家庭与企业开始实施"资产外币化、负债本币化"的财务操作，"藏汇于民"的格局正在形成。在这一过程中，企业所起的作用远较家庭重要。

导致这一轮短期资本外流的主要原因，一是人民币兑美元的升值预期转变为贬值预期；二是中国经济增速下降与美国经济增速回升造成中美经济增速之差收窄；三是全球投资者风险偏好程度下降；四是中美利差收窄；五是中国房地产市场下行；六是中国资本账户开放加速加快导致中国居民加大了海外资产多元化配置的力度。

未来一旦发生短期资本外流加剧，则资本外流的潜在规模不容低估。根据笔者的估算，在不利情形下，外资外撤与内资外流的规模合计可能达到 5.13 万亿美元，相当于 2014 年中国 GDP 的 50%。造成潜在资本外流加剧的原因包括中国政府加快资本账户开放、潜在经济增速下行加剧金融风险以及风险显性化过程、人民币贬值预期与资本外流形成恶性循环、美联储步入新的加息周期以及地缘政治动荡加剧等。如果管理不当，短期资本外流可能成为引爆中国金融系统性风险的导火索。

换言之，尽管当前的短期资本外流是可控的，但如果广义的人民币套利交易（包括全球银行对中国的贷款、香港与内地之间通过转移定价进行的套利交易、中国企业在海外发行的债券）发生反转，以及中国居民开始加速向海外配置资产，那么资本流出的规模将会显著上升。有一种观点认为，随着资本账户的进一步开放，中国居民会向国外配置资产，但与此同时外国居民也会向中国配置资产，这两者抵消后不会出现大规模的资本净流出。但问题在于，这两种资产配置行为都是周期性的、逐利的。在中国宏观经济增速下行、房地产市场持续向下调整、金融体系风险上升、人民币出现贬值预期强化的背景下，外国资金流入抵消中国资金流出的可能性微乎其微。目前国内唯一利好的因素恐怕就是股市的不断飙升了。但股市的泡沫（尤其是创业板的泡沫）终究会破灭，一旦股市泡沫破灭，中国居民的资金外流与外国居民的资金外撤可能同时发生，这种共振的格局将会导致短期资本外流规模显著放大。

为更好地应对短期资本流出可能加剧，甚至引爆中国金融系统性危机的风险，笔者在此提出如下政策建议。

第一，在当前应该格外慎重地对待资本账户开放问题。在国内金融体系尚存在较大的脆弱性、美联储即将步入新的加息周期的背景下，一旦全面开放资本账户，中国可能面临短期资本大举流出的格局，这或者可能引发金融危机，或者可能导致中国央行重新收紧资本账户管制。发展中国家资本项目自由化大都伴随金融危机的发生。历史经验值得注意！此外，中国的资本项目在很大程度上已经开放，所剩管制主要限于对短期跨境资本的额度控制。中国并不存在如果不"完全"或"基本"开放资本项目，金融改革就无法推进、宏观经济稳定无法实现的形势。所谓通过资本项目自由化"倒逼"中国金融改革的提法缺乏理论和经验的根据。中国不应该放弃渐进开放资本项目的政策。

第二，应该尽快建立起系统的宏观审慎监管与微观审慎监管框架，在资本账户全面开放之前，尽可能抑制金融风险的继续累积，最好能够逐渐降低金融风险。这包括让全国存款保险公司尽快投入运营、允许部分影子银行产品违约与中小金融机构破产清算、建立风险预案与危机管理机制等。近期中国股市的大起大落生动地说明了即使在经验丰富的外国投资者全面参与中国金融市场之前，中国国内投机者凭借杠杆就可以将市场搅得天翻地覆，而相关监管者不但反应滞后而且彼此之间缺乏协调。在国内宏观审慎监管框架建立健全之前、在国内金融市场上既有的金融风险得到全面监控与妥善处理之前，加快资本账户开放无疑是引火烧身。

第三，在当前应该通过系统的宏观经济政策组合来保证宏观经济以合理速度增长，并在增长的前提下加快结构调整。如果经济增速过度失速，那么不但短期资本可能加剧流出，而且调整结构也将无从做起。与货币政策相比，财政政策应该进一步发力。而无论货币政策还是财政政策，在操作方面都应该注重前瞻性、注重预期管理，避免出现"头痛医头"、"脚痛医脚"式的应激式操作。此外，要避免出现短期资本的大规模外流，中国政府必须通过加快结构性改革来提振市场信心。在笔者看来，目前最重要的结构性调整包括：提高居民收入占国民收入的比重；打破国有企业对若干服务业部门的垄断，对民间资本真正开放这些部门；加快国内要素价格的市场化等。

第四，中国央行应该加快人民币汇率形成机制改革，使人民币汇率在更大程度上由市场供求来决定。在当前的情形下，这意味着人民币兑美元汇率应该顺势贬值，从而消除人民币汇率显著高估的状况，避免人民币汇率失调引致的短期资本大规模外流。

参考文献

[1] Bayoumi, Tamim and Ohnsorge, Franziska. "Do Inflows or Outflows Dominate? Global Implications of Capital Account Liberalization in China", *IMF Working Paper*, No. WP/13/189, 2013, 8.

［2］王宇哲、张明：《人民币升值究竟对中国出口影响几何》，载《金融研究》，2014（3），18－32。

［3］张明：《论中国金融系统性风险》，载《中国资本市场研究季刊》（日文），2014（3），27－45。

［4］张明、匡可可：《中国面临的跨境资本流动：基于两种视角的分析》，载《上海金融》，2015（4），23－28。

［5］张明、谭小芬：《中国短期资本流动的主要驱动因素：2000—2012》，载《世界经济》，2013（11），93－116。

［6］张明、肖立晟：《国际资本流动的驱动因素：新兴市场与发达经济体的比较》，载《世界经济》，2014（8），151－172。

专题三　中国企业"走出去"的风险与应对

方明

改革开放以来，中国企业海外贸易、对外工程承包和投资规模不断扩大，取得了可喜的进展。随着国家"一带一路"战略的实践，中国全球化经营趋势也日益明显。从过去来看，中国国际经营曾遭受过各种各样的风险损失。从现在和未来看，中国全球经营也必将面临着全球系统性风险、国别风险、市场风险和行业风险的损失。而且，微观层面的风险也常常影响到国家的国际投资的资产与负债的质量，影响着国家的国际经济金融实力。为此，一方面要强调防范各种全球经营行为的风险，另一方面也要建立企业和国家的全球经营能力，不断提升国家和企业掌控全球经营中机遇与风险的能力。

一、中国企业"走出去"和国际投资概况与趋势

（一）中国企业"走出去"概况

中国改革开放近四十年来，2014 年中国商品对外贸易总额达到 4.3 万亿美元（出口 2.34 万亿美元，进口 1.96 万亿美元），已超过美国 4 万亿美元的商品对外贸易总额，全球排名第一。当然，如果把服务贸易加上，美国对外贸易总额高达 5.2 万亿美元，中国 4.87 万亿美元，较美国有 3 000 多亿美元的差距。2014 年中国商品贸易顺差达 3 825 亿美元，但服务贸易逆差也高达 1 971 亿美元，整个对外贸易顺差为 1 854 亿美元。2014 年美元商品贸易逆差达 7 368 亿美元，服务贸易顺差达 2 318 亿美元，整体对外贸易逆差达 5 050 亿美元。不过，2014 年中国对外贸易的发展也有两个风险因素体现出来：一是贸易伙伴的多元化趋势在一定程度上增加了国别风险的可能。2014 年全年我国与发展中国家进出口比重较 2013 年提高 0.4 个百分点，其中，对东盟、印度、俄罗斯、非洲、中东欧等国家进出口增速均快于整体增速。二是大宗商品价格下跌给相关贸易和相关融资带来了较大的风险，如铜、铁矿石贸易和相关融资带来了较大的风险。

中国非金融类企业"走出去"年直接投资流量自 2010 年以来一直保持在 1 000 亿美元以上，2014 年我国境内非金融类投资者共对全球 156 个国家和地区的 6 128 家境外企业进行了直接投资，对外直接投资共计 1 028.9 亿美元，同比增长 14.1%；2014 年末对外直接投资存量达 6 463 亿美元。2014 年末金融类对外直接投资存量也高达 1 171 亿美元。好的迹象有如下三个方面：一是中国双向投资首次接近平衡：据商务部和国家外汇管理局统计，2014 年我国共实现全行业对外直接投资 1 160 亿美元，同比增长 15.5%，其中金融类 131.1 亿美元，同比增长 27.5%，非金融类 1 028.9 亿美元，同比增长 14.1%。全国对外直接投资规模与同期我国吸引外资规模仅差 35.6 亿美元。二是我国大型对外投资并购项目投资领域呈现多元化趋势，尤其是制造业和农业领域并购活跃。联想集团以 29.1 亿美元收购美国摩托罗拉公司移动手机业务。东风汽车有限公司以 10.9 亿美元收购法国标致雪铁龙集团 14.1% 股

权。中粮集团以 15 亿美元并购新加坡来宝农业公司和以 12.9 亿美元并购荷兰尼德拉公司，成为迄今农业领域对外投资最大的两个项目。三是企业更加注重当地利益融合，积极履行社会责任。但是问题也非常明显，一是一些面临下行周期行业的并购投资继续扩大，风险也在继续放大，如能源矿产领域继续成为投资热点，五矿资源等企业联营体以 58.5 亿美元收购秘鲁拉斯邦巴斯铜矿等，2014 年采矿业直接投资达 193.3 亿美元。二是"走出去"企业全面开花，地方企业对外直接投资发展迅速，经验不足可能会放大风险。2014 年，地方企业对外直接投资 451.1 亿美元，同比增长 36.8%，占同期对外直接投资总额的 43.8%，较上年比重增加 7.2 个百分点。

中国对外工程承包新签合同金额自 2008 年以来一直在 1 000 亿美元以上，完成营业额最近三年也已超过 1 000 亿美元。其中，2014 年，我国对外承包工程业务完成营业额 1 424.1 亿美元，同比增长 3.8%，新签合同额 1 917.6 亿美元，同比增长 11.7%。中国企业对外工程承包传统的重点区域在亚洲、非洲和中东等地，2014 年在北美、拉美、欧洲等地区接连签署重要项目，标志着新市场开拓取得明显成效。但是，随着区域和国别的分布日益广泛，对外工程承包面临的国别风险问题和安全问题也日益凸显。

从中国企业"走出去"的整体情况来看，中国已经深度融入全球市场，全球市场的风险，如全球危机、汇率的变动、大宗商品价格的下跌和外汇管制等，都对中国企业"走出去"有着直接的影响，也会间接地影响到中国的国际投资实力。

（二）中国国际投资概况

在中国国际投资资产负债表中，2014 年末中国国际投资的资产已达 6.4 万亿美元，全球仅排在法国之后，负债已达 4.6 万亿美元，净资产从 2013 年末的近万亿美元下降至 1.8 万亿美元（见表 1）。在可以预计的将来，中国国际投资的资产与负债规模还会继续上升，尤其是随着人民币国际化的深入和中国资本账户的开放，中国国际投资的资产与负债还将面临着质的飞跃。

表 1　　　　　　　　　2014 年末主要国家/地区国际投资头寸　　　　　单位：亿美元

国家/地区	资产	负债	净资产
美国	245 955.5	316 152.5	− 70 197.0
英国	159 937.8	166 876.6	− 6 938.8
德国	92 637.4	79 817.9	12 819.5
荷兰	88 425.3	83 310.6	5 114.7
日本	78 356.6	47 946.9	30 409.7
法国	78 239.5	82 496.6	− 4 257.1
中国	64 087.5	46 323.4	17 764.1
瑞士	42 901.3	34 650.2	8 251.1
中国香港	41 701.5	33 450.9	8 250.6
新加坡	28 874.6	23 500.8	5 373.8
加拿大	28 699.5	27 516.8	1 182.7

续表

国家/地区	资产	负债	净资产
意大利	26 708.6	32 145.3	−5 436.7
比利时	23 725.1	21 055.5	2 669.6
西班牙	17 988.9	30 004.4	−12 015.5
澳大利亚	16 050.7	23 159.4	−7 108.7
俄罗斯	12 570.2	9 460.4	3 109.8
巴西	7 790.0	15 539.8	−7 749.8
印度	4 916.5	8 508.6	−3 592.1
南非	3 943.7	4 089.6	−145.9

资料来源：IMF 和中国外汇管理局。

注：南非为 2013 年末数据。

尽管有人声称中国对外直接投资 90% 的企业亏损，但笔者认为这肯定是言过其实了。具体而言有两方面的证据：一是国际收支平衡表中的投资收益，二是中国对外直接投资中的海外利润转再投资。

一方面，就国际收支平衡表中的投资收益而言，根据国家外管局的有关定义和发布会上的发言来看，其投资收益既包括直接投资项下的利润利息收支和再投资收益、证券投资收益（股息、利息等）和其他投资收益（利息），也包括外汇储备的投资收益。其中，时任外管局国际收支司司长的管涛在 2012 年接受采访时指出，2011 年我国对外投资收益达 1280 亿美元，其中大部分是外汇储备的经营收益。我们根据相关界定，计算投资的总资产与总负债，并计算投资收益的贷方（中国对外投资）和借方（外国对中国投资），分别计算两方的收益率如表 2 所示。

表 2　　　　　　　中国对外投资的资产与负债和投资收益情况　　　　　　单位：亿美元

年份	2006	2007	2008	2009	2010	2011	2012	2013	2014
ODI	906	1 160	1 857	2 458	3 172	4 248	5 319	6 605	7 443
证券投资资产	2 652	2 846	2 525	2 428	2 571	2 044	2 406	2 585	2 625
其他投资资产	2 539	4 683	5 523	4 952	6 304	8 495	10 527	11 867	15 026
外汇储备	10 663	15 282	19 460	23 992	28 473	31 811	33 116	38 213	38 430
FDI	6 144	7 037	9 155	13 148	15 696	19 069	20 680	23 312	26 779
证券投资负债	1 207	1 466	1 677	1 900	2 239	2 485	3 361	3 865	5 143
其他投资负债	3 152	3 778	3 796	4 416	6 373	8 907	9 426	12 724	14 402
总资产	16 760	23 971	29 365	33 829	40 520	46 599	51 369	59 271	63 525
总负债	10 503	12 281	14 629	19 464	24 308	30 461	33 467	39 901	46 323
投资收益差额	−71	37	222	−157	−381	−853	−352	−945	−599
投资收益贷方	502	766	1 027	990	1 288	1 277	1 500	1 662	1 831
投资收益借方	574	729	805	1 147	1 669	2 130	1 851	2 607	2 429
总资产收益率（%）	3.0	3.2	3.5	2.9	3.2	2.7	2.9	2.8	2.9
总负债收益率（%）	5.5	5.9	5.5	5.9	6.9	7.0	5.5	6.5	5.2

从表 2 中可以得出如下基本结论：中国对外投资净资产为正，净收益为负，但不能由此

说中国对外投资是亏损的。原因是因为中国对外投资中直接投资规模较小（2014 年末仅 7 443亿美元），而债券投资和银行借贷规模较大，尤其是外汇储备为主（2014 年末规模 3.8 万亿美元），收益率当然偏低（多年来维持在 2.7% ~3.5% 的水平），而外国对中国的投资中以直接投资为主（2014 年末规模近 2.7 万亿美元），整体收益率偏高（多年来维持在 5.2% ~7% 的水平）。

另一方面，多年以来，在商务部发布的中国对外直接投资流量中，基本由三个指标构成：新增股本投资、当期利润再投资和其他投资。其中，当期利润再投资始终占有非常重要的份额（见图 1）。除受 2008 年、2009 年全球金融危机和 2012 年欧债危机的影响外，当期利润再投资占比都在 31% ~37%。如果中国对外直接投资的企业 90% 都亏损，那么，当期利润再投资的利润从何而来呢?!

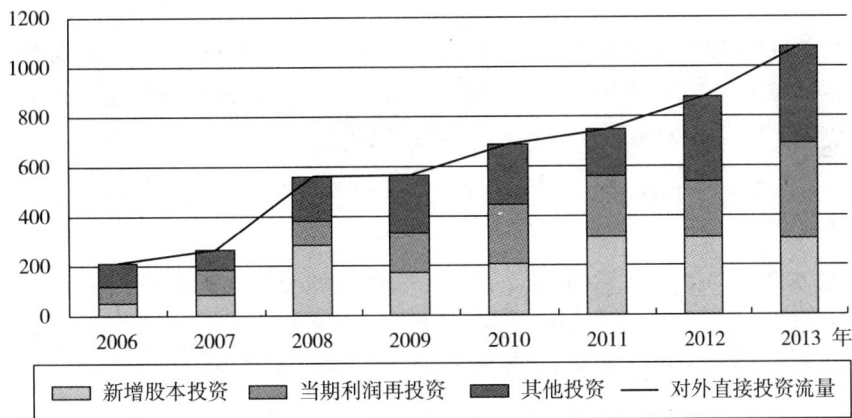

资料来源：中国商务部和 Wind 资讯。

图 1　中国对外直接投资流量构成

中国有较大规模的净国际投资资产，在中国国际收支平衡表中的净收益为负。原因是多方面的，核心在于大规模的外汇储备投资遵循了相对保守的原则，多投资于低风险的美国国债和其他发达国家国债。另外，外国直接投资在中国的收益是巨大的，而中国对外直接投资的收益只能逐步体现，而且还面临着巨大的风险冲击。

（三）中国全球化经营的时代已经到来

"一带一路"战略标志着中国改革开放进入了全球化经营的新阶段。改革开放初期是中国打开国门"引进来"，2000 年前后开始降低门槛让中国企业"走出去"，现在进入了全球化经营的阶段。

全球化经营的时代，从微观上讲，既是中国企业"走出去"并全球化经营阶段，也是中国银行业的跨境经营向全球化经营转化的阶段。从中观上讲，全球化经营既是人民币国际化的阶段，也是资本账户开放的阶段，也是货币政策全球化的阶段。从宏观上讲，全球化经营既是政府全球化经营阶段，也是市场和资源进一步全球化利用的阶段，也是文化的全球融合阶段。

在这个全球化经营时代，各个主体从不同的角度都将面临着全球化的风险，尽管我们仍然把它称为海外风险。从全球风险的分类来看，可以分为所有主体面临的全球系统性风险（包括金融危机和地缘政治冲突）、国别风险、行业风险、市场风险和文化风险，还有主体自身经营管理不善的风险等。

二、中国企业"走出去"的风险损失

所谓的风险损失就是对"走出去"已造成的损失进行归纳分析，找出产生风险损失的症结之所在。

（一）中国对外贸易的风险损失

中国对外贸易的风险损失主要来源于三个方面：一是国外技术性贸易措施导致的损失，多是未能满足国外相关技术性标准所致。二是出口后的应收账款损失。三是恶意诈骗造成的损失。其中，最核心的是前两类风险。此外，依赖于大宗商品对外贸易衍生出来的金融业务也面临着损失，尤其是与铜价、铁矿石价格等大宗商品价格相关的贸易融资，也会面临大宗商品价格下跌和欺诈风险的损失。而国家级交易商将风险对冲搞成投机的大宗商品期货交易也常常带来重大损失。

1. 国外技术性贸易措施导致的损失。据国家质检总局根据相关调查公布的数据，2014年，中国有36.1%的出口企业受到国外技术性贸易措施不同程度的影响，全年出口贸易直接损失755.2亿美元，比2013年增加93.2亿美元，占同期出口额的3.2%。

其中，对中国企业出口影响较大的国家和地区排在前五位的是欧盟、美国、东盟、拉美及日本，分别占直接损失总额的32.8%、29.9%、8.1%、4.9%和4.6%。受国外技术性贸易措施影响较大的产品类别排在前五位的是机电仪器、化矿金属、纺织鞋帽、玩具家具、橡塑皮革，分别占直接损失总额的41.3%、20.4%、9.6%、8.2%和7.2%。受国外技术性贸易措施影响较大的省份排在前五位的是广东、浙江、山东、天津、江苏，分别占直接损失总额的31.4%、15.6%、13.9%、8.7%和6.1%。

主要贸易伙伴影响中国工业品出口的技术性贸易措施类型集中在认证要求、技术标准要求、标签和标志要求、包装及材料要求、工业产品中有毒有害物质限量要求五个方面；影响农产品出口的技术性贸易措施类型集中在食品中农兽药残留限量要求、重金属等有害物质限量要求、微生物指标要求、加工厂和仓库注册要求以及食品标签要求五个方面。究其原因，主要是由于中国出口企业对国际贸易标准缺乏了解，因单证、标签等不符合国际标准产生的滞关、压仓、退货等事件所导致的损失。

2013年我国约有38%的出口企业受到国外技术性贸易措施不同程度的影响，全年出口贸易直接损失约662亿美元，企业新增成本242.5亿美元，但比2012年下降17.1亿美元。在2010年时，这类损失每年高达1 000亿美元以上。尽管2014年这类损失有所增加，但整体呈现出下降趋势。

2. 巨额的出口应收账款损失。据 2005 年前后商务部下属机构的调查数据，中国出口业务的坏账率高达 5%，是发达国家平均水平的 10~20 倍。针对中国 1 000 家外贸企业的调查也显示，68% 的企业有过因贸易对方信用缺失而利益受损的遭遇，其中损害最严重的就是信用风险所造成的拖欠货款和合同违约，中国企业"应收账款延迟收付"的比例超过 50%。商务部研究院的调查表明，海外坏账在竞争比较激烈的行业发生的可能性更高，如电子、服装、轻工等。就贸易形式来说，一般贸易出现海外坏账的风险比加工贸易要大一些。

另据 2013 年的有关报道，据国家商务部研究院保守估算，中国企业被拖欠的海外债务早已超过 1 000 亿美元。另据民间数据估计，这个数额高达 6 000 亿美元。2012 年新增的海外拖欠额则已超过 150 亿美元，而且正在回升蔓延。据统计，2012 年，仅福建一省的企业被美国企业拖欠的账款就高达 10 亿美元。据中国出口信用保险公司（下称"中信保"）广东分公司统计，2012 年度广东省新增风险总量是 2009 年国际金融危机全面爆发时的年度新增风险总量的两倍多。除了全球金融风暴带来的全球信用风险上升外，超过一半的欠债案属恶意欺诈。

随着全球金融危机这类全球系统性风险的爆发，以及经济周期进入衰退和萧条阶段，资本品出口的信用损失也在大量增加，同时，为资本品出口进行的融资，也常常面临因业主放弃进口或破产带来的损失。在全球金融风暴爆发后，在船舶出口领域较为普遍。

3. 盲目压价、无序竞争对我国经济发展带来严重危害。

第一，造成我国企业自相残杀和巨大损失。企业之间为争夺出口市场，采取竞相杀价的方式恶性竞争，其结果必然是两败俱伤。正所谓"鹬蚌相争，渔翁得利"。中国过去有一句话，说人生得意之事便有"他乡遇故知"，现在中国出口商在国外最怕的就是"他乡遇故知"，中国人最怕见到中国人，中国人打败中国人。这不能不引起我们的深刻反思。

第二，损害了中国商品的整体形象。大量的廉价商品竞相压价出口，必然会给外国消费者造成一种不良印象，"中国制造"就是质次价廉低档的代名词。这会使我们为提升产品质量、树立中国品牌形象的努力毁于一旦。

第三，危及我国资源安全，损害劳动者利益。竞相压价出口资源性产品，造成了我国有限资源的流失；大量极低价格的工业制成品出口，在很大程度上也等于贱卖我国的原材料。这些都将加剧我国的资源和环境问题。大量丰富的劳动力是我国的一大优势，但低价竞争出口无疑是建立在更大程度地压低劳动力成本的基础之上，一些出口加工企业工资水平低、劳动时间长、工作环境差，这些都严重损害了劳动者的权益。

第四，造成了贸易摩擦，导致国外反倾销、反补贴等非关税壁垒案件的增加。近年来，随着我国出口额的迅速扩大，盲目压价和恶意竞争带来的低价格，导致中国与国外的贸易摩擦越来越多，国外对华反倾销、反补贴案不断增加。同时，不但欧盟、美国对我国进行反倾销调查，一些发展中国家也出现与我国的贸易摩擦，印度等国已经成为对我国发起反倾销的大户。

4. 与大宗商品进口相关的贸易融资和期货投机风险损失。

在中国经济高速发展期间，在矿产资源交易中活跃着一群矿产资源交易商，一些以某类大宗商品抵押进行融资的贸易融资产品也登堂入室，如贸易铜和铁矿石融资等。在美元疲弱而整个大宗商品价格持续走强的阶段，大宗商品抵押融资也开展得如火如荼。但是，这类与中国资源进口紧密相关的贸易行为，就面临着欺诈和大宗商品价格大幅下跌带来的双重风险，前者如青岛港融资铜骗贷事件，后者如铜和铁矿石贸易融资因其价格大幅下跌而给银行的贸易融资带来重大损失。

但是，风险并不仅限于此。随着以期货对冲防范原油、铜和棉花等大宗商品价格大幅波动风险的策略逐步深入相关贸易商的心中，国家铜和棉花等储备中心和海外交易商开始进行相关大宗商品交易，但需要把握对冲交易和投机交易的界限，并且建立严格的对头寸和止损的相关规定并严格执行。由于全球大宗商品市场期货交易相对透明，这些交易常常被国际上有实力的投机商挤爆，最终形成巨额损失。如中航油新加坡的投机失败、国储抛铜失败等，都带来了重大损失。

（二）中国企业对外工程承包的风险损失

中国企业对外工程承包的风险损失主要包括四个方面：一是国别风险导致的损失，如利比亚战乱给中资对外工程承包企业带来的重大损失，或者是因为国家没有支付能力导致的损失。二是中资企业在外承包工程因多种原因导致的不能完工或超出预算的损失，如环境、文化、合同和工程变更等超出预期的损失。三是中资企业完成工程后因为外汇管制导致资金不能正常回流国内的风险，或者因为汇率贬值导致的损失等。四是面临的安全损失，如因为恐怖袭击导致的人员损失。

1. 国别风险损失：以利比亚为例。国别风险是走出国门的企业首当其冲会面对的风险，通常的国别风险主要包括货币的不可兑换、国有化或征收、违约三类风险。具体来讲，货币兑换风险是指该国外汇储备下降，支付能力减弱而可能临时采取一些措施，限制外资企业将当地货币兑换成美元汇回国内而产生的风险。1998 年俄罗斯曾发生过，2002 年阿根廷也发生过，不允许外资企业将收益汇回，影响了企业的运营和国际化收益的及时体现。国有化与征收风险是指政府突然出台政策将有关资源或企业的所有权征收或国有化。近期在中石化与西班牙雷普索尔石油公司（Repsol）洽谈收购其在阿根廷最大石油公司 YPF 57.4% 股权的过程中，双方已达成非约束性协议，协议收购价将在 150 亿美元以上，但 4 月 16 日阿根廷总统向议会提交议案，试图强行收购控股股东雷普索尔对 YPF 公司 51% 的股权，以实现对YPF 的国有化。西班牙雷普索尔石油公司目前与阿根廷政府的关系已然接近冰点，双方解决分歧的回旋余地几乎为零，中石化的收购意向也因此受阻。国家违约风险是指部分东道国法令和政策的朝令夕改而导致的违约风险。这已成为国际投资的一大隐忧，如印度最高法院在2010 年初宣布由于电信部门关于可能存在的腐败行为，对电信部门之前颁发的 180 余张 2G牌照宣布无效，将收回并重新进行招标；近期印度又通过新的法令，宣布对自 1969 年以来所有针对印度资产所进行的交易进行征税，这种政策的不透明与不稳定对在印经营的外资企业直接构成了威胁。

对国别风险欠缺警醒意识,体现在我国企业"走出去"的"扎堆"现象,导致我国针对某些区域、某些国别的风险过于集中。以利比亚为例,利比亚一直是中国对外承包工程业务的重要市场之一。2008年,利比亚一跃进入中国对外承包工程新签项目前三名。根据商务部的统计,截至2009年,中国已累计在利比亚投资4 269亿美元,我国有75家企业在利比亚投资,共涉及50多个项目的工程承包,总金额约188亿美元,35 000多名中国人参与建设。其中中资企业的投资,主要集中在房屋建设、配套市政、铁路建设、石油和电信领域。而2011年利比亚内战的爆发,导致中国企业在利比亚的直接损失金额约200亿美元;除直接损失外,银行系统对项目公司提供的间接融资量、因战乱导致工程进度无限期搁浅而损失掉的项目运营预期收益、工程设备及固定资产的损毁、撤离利比亚的中资机构员工的薪金和安置费等间接损失还没有完全估算。而这些企业,多数没有采取风险防范措施,因而没能有效转嫁这些不可预期的系统性风险。

一些国家频繁出现安全事故也常常导致对外工程承包企业的人员伤亡或重大财产损失,如中国工程承包商在巴基斯坦水电站项目中多次出现人员伤亡情况。

2. 未遵守国际商业惯例导致的项目风险损失:以波兰项目和沙特项目为例。与发达国家相比,我国企业的国际市场经济体验有限,国际竞争力整体不高。在"世界经济论坛"公布的国际竞争力评价报告中,中国微观经济竞争力始终属于排序最后的20%之列。对国际通行惯例的不熟悉,导致国内企业喜欢带着国内的规则、惯例和感觉出去,却往往因此而碰壁。

低价投标往往是中国基建行业的"潜规则",但这种做法在国外却行不通。低价投标的具体做法是以超低价格获取项目的承建权,然后在工程建设过程中变更工程,提出索赔,也就是对外所称的"项目二次经营",从而由低价工程转变为高价工程。以中海外波兰高速公路项目为例,尽管在实际操作中,波兰国家道路和高速公路管理局允许因不可预期因素导致的一定程度的工程延期,并会支付一定的工程差价。但以往的差价都在合同总额的5% ~ 7%,但由于中海外成本超支,要求的差价高达80%,虽然以其工程方案为证据要求波兰方面提高工程标价,仍遭到波兰方面的拒绝,并称其成本上升的风险已包含在竞标价格中。对于国际项目一旦双方在合同上签字后,一切就应以合同内容为准,很难以合同约定以外的情理来推卸责任,即便诉求属实,也很难从合同本身寻求到依据。这也体现出我国"走出去"企业在对国际化项目运作规则的不熟悉与不适应。

出现问题后的危机处理能力不足也是国际化运作能力较弱的一个体现。中铁建沙特朝觐轻轨项目的巨额损失就是上述问题的真实写照。该项目从签约伊始即有浓重的政治色彩,项目在执行中业主要求不断变更,却对地下管网和征地拆迁等配套工作不及时执行到位,给施工造成极大困难,这在施工项目中是非常忌讳的事项,面对这些问题,中铁建实际上有诸多选择,包括有权按照合同约定及国际惯例要求中止合同并要求延长工期,或较早利用该项目的政治背景妥善处理承包商与业主之间的争议和纠纷,但是中铁建都没有及早去做。在其

2009 年报、2010 年半年报中做了微亏披露，而后披露亏损陡增至 36.05 亿元这一过程中，没有及时有效地将项目有关情况特别是亏损情况向国资委等主管部门汇报并得到其理解和认可，未能也没有与债权人和投资者做有效沟通，诸多问题堆积到最后，演变成为无法回头的"悲剧"，公司在危机管理方面能力委实差强人意。

3. 对当地市场、环境、政策认识不足，项目前期准备不充分。有了对国际惯例与规则的认识和对国别风险的基本了解，也只是在宏观层面提高了风险识别能力。落实到具体的国家和项目，企业也还需要针对微观层面市场规则、行业政策及交易对手、项目本身风险进行充分的尽职调查，但是我国"走出去"企业在这一点上还有严重的欠缺，急于求成、盲目冒进的情况普遍存在，自身研究和了解能力不足，也不喜欢借助第三方的中介力量，按照很多国际中介的话来讲，就是企业"宁可交高额学费，也不愿付低额路费"，这些前期功课做不足，就往往导致项目执行中增加成本、遭受损失。

在中铁建沙特朝觐轻轨项目中，尽管沙特政府的支付能力非常雄厚，但对流程和工作效率的要求却非常高，中铁建集团对项目当地的施工标准、文化理念和宗教要求等缺乏足够的认识和思想准备，项目的前期论证和评估明显不足，签约前没有充分估计项目工程量及风险，却迫于各方压力草率同意将报价由最初的 160 亿~180 亿元降至 121 亿元，给后续经营埋下了极大隐患。

中海外承建波兰 A2 高速公路项目的巨额亏损也反映出同样的问题。由于该项目在欧盟范围内众所皆知，为给市场一个交代，波兰公路管理局不得不采用 FIDIC 条款（国际工程招标通用的条款）招标。但为了避免被高利润的欧盟建筑商挟持，波兰公路管理局大幅修改了合同，将对中海外等承包商有利的材料调差、"标准和地质原因改变而增加工程量"等合同条件统统删除，且毫无顾忌地提高门槛，增加大量额外的苛刻条件。上述这些条款严重失去公平原则，等于在未开工之前，发包方波兰公路管理局就已经为承包商设置了可怕的陷阱。中海外没有对这些问题项目隐患进行充分评估，结果造成了项目的最终失败。

一些电站建设的出口信贷项目中，由于没有做好前期的地质勘查工作，到真正开始建设时，才发现原来选址的地方下方存在着溶洞或其他缺陷，需要投入大量财力进行弥补；或者是不熟悉当地劳工管理规定和环境保护规定，想当然地以中国的劳工条件和环保条件计算工时和费用，结果在真正施工时发现完全不是这样的情况，如澳大利亚引入的劳工必须要有英语等级，本籍在矿场工作的劳工工作一月休息一月；由于铁路建设可能影响到青蛙的季节性迁移而停工等真实的看起来难以想象的故事不断重演。

4. 国内企业之间恶性竞争带来的投资成本增加的损失。近年来，随着中国企业走出国门，国内企业的竞争也蔓延到海外。在非洲、拉美、东南亚基础设施领域的电站、大坝以及公路和铁路等项目上，经常出现几家中国企业同时竞标，有的企业为了拿到订单，采取低价策略，不断降价，造成恶性竞争，使中国企业蒙受巨大损失。

5. 汇率风险损失。对于海外工程承包而言，现汇项目较大，也就是中国公司建设工程，按工程进程收钱，中间没有银行融资和对汇率风险的防范。很多建筑公司在海外工程承包中的合同常常以当地货币或美元标价，并没有进行汇率风险锁定。如果以美元标价，当美元正好进入贬值而人民币进入升值周期时，汇率损失非常可观。如果以当地货币标价，随着美元升值，当地货币常常进入贬值周期，也会带来较大的汇率损失。

一些试图锁定或防范汇率风险的公司，常常又因为对汇率市场和衍生产品的不熟悉，将原本是汇率风险的对冲搞成为汇率的投机，如中信泰富对于澳洲铁矿石的投资中就进行了澳元汇率的投机，导致了巨大损失。

（三）中国企业对外直接投资和海外经营的风险损失

随着全球系统性风险的出现，近年来快速增加的中国企业对外直接投资也遭受了一定的账面损失，尤其是与大宗商品价格下跌相关和股票市场价格相关的投资，都面临着相应的账面损失。根据我们的观察，对外直接投资面临着全球系统性风险的影响，也受到国别风险的影响，还受到行业风险的影响，而这些企业还面临着投资决策失误、风险规避手段演化成投机的失误等系列风险。从目前出现的损失案例来看，大致可以将海外直接投资的损失分为七类：第一类是海外矿业投资和能源投资进入时机不当造成的损失，第二类是股权投资中高位进入而遭受的股价下跌或公司破产的损失，第三类是海外直接投资中人为利益转移的道德风险损失，第四类是海外直接投资遭受的国别风险损失，如国家发生政变、对国外直接投资者新增的限制、汇率管制等，第五类是海外直接投资中金融市场投机的损失，第六类是海外直接投资社会责任和商业规模不熟悉带来的损失，第七类是国内企业之间无序竞争，收购价格被大幅提升带来的重大损失。

1. 海外矿业和能源公司并购时机不当的损失。近年来，海外投资热潮涌起，国内的央企、国企及民企纷纷"走出去"，希望能在全球矿产资源配置中发挥作用，抢占先机。根据中铝矿产资源有限公司副总经理王思德在日前举办的 2014 矿业投资经验交流会上提供的数据：目前，中资海外控参股矿业上市公司共 106 家，有 79 家是中资企业参与控参股，其中有 44 家国企和 33 家民企。2008—2012 年是控参股海外上市公司的高潮期。国内矿企有 60% 投资到了澳大利亚，其次是加拿大，再次是美国，在这三国的投资项目大约占到了中国海外控参股项目的 70%，投资的热门矿种包括金、铜、铁、铅、锌、钻石、煤炭、镍、铀等。虽然投资激情高涨，投资行动激进，但实际的投资结果却多是事与愿违，大约有 80% 的海外矿产投资企业都以失败告终。究其原因，专家们认为主要缘于国内矿企对海外投资环境和流程的陌生及投资过程中的盲目跟风。

历史上中国最大的海外股权投资就发生在 2009 年 2 月。当时中国铝业与力拓公司签订协议，计划以 140 亿美元入股力拓，如果交易完成，中铝持有的力拓股份将有望上升到 18%。力拓是世界三大铁矿石巨头之一，全球市场占有率较高。国际金融危机爆发后，铁矿石价格下跌，力拓在资金上出现了困难，负债 387 亿美元，急需外部资金补备；而中国需要有价格稳定、供应充分的优质铁矿石资源。中铝收购力拓正是在这样一个兼具国家战略机遇和世界经济机遇基础下进行的。虽然中铝对力拓收购案最终以力拓的毁约而结束，力拓依据双方签署的合作与执行协议向中铝支付了 1.95 亿美元的违约金。但不可否认，从这次并购中，我们看到了瞅准时机对国内企业跨足海外市场来说，是极其重要的盈利保障。

中信泰富 Sino - iron 项目便是一个大"麻烦"。Sino - iron 项目是澳大利亚史上最大的磁铁矿开发项目，中国钢铁业更是对其寄予厚望。但是，该项目却成为了中信泰富数年来萦绕不去的噩梦：当初一时冲动的拍板投资，便坠入了西澳磁铁矿的成本"黑洞"，总投资规模一路飙升至近百亿美元，成为中国迄今在澳洲最大的矿业投资项目。除了前期的勘探投资外，在项目实际实施过程中也遇到了很多问题。澳洲磁铁矿的结晶颗粒比国内磁铁矿小很多，研磨成本远高于国内；当时中冶认为可以从中国带技术人员到澳大利亚，但因为澳大利亚的高就业限制，所有合同都必须外包给西澳本地公司做，中冶因此要支付超过 10 倍的劳工费用。中信股份与澳洲矿业亿万富豪克莱夫·帕尔默（Clive Palmer）之间旷日持久的诉讼案更是扑朔迷离。

基础设施也是海外投资必须考虑的因素。很多投资地都是地广人稀，完全不具备铁路、公路、电力、网络通信服务等企业运营所需的基础设施。部分地区现有的基础设施也可能无法满足企业运营的正常需求，直接导致企业无法按计划进行产品运输和销售，造成产品积压、仓储设施压力巨大，严重时甚至导致生产被迫延缓。因此，即便这些地区的矿产品位高于已盈利的中国在产矿山，其投资和运营成本仍可能高于中国，盈利并非易事。所以在投资之前，企业必须依据当地基础设施建设水平，衡量一下项目可行性。宝钢集团牵头的澳洲西皮尔巴拉铁矿石项目（West Pilbara Iron Ore Project），目前也因为矿价剧烈波动而遭遇搁浅。路透社报道称，为实现每年 4 000 万吨初期产能，西皮尔巴拉铁矿石项目需要建设 280 公里的重轨和 Anketell Point 港口设施。而要完成这些工作至少需要四年时间，根据目前的时间表，项目在 2020 年前投产无望。

此外，不同时期内国际大宗矿产品价格的上涨和下跌也是境外矿业投资应该考虑的。例如，2014 年以来全球大宗商品价格的进一步下跌，导致中国全球矿业投资和能源投资都进入一个非常艰难的时期。如油价从最高近 150 美元/桶下降至 40 美元/桶，目前尚不能说已经到底。铁矿石的下跌趋势还没有完成，有色金属的下跌才刚刚开始。在这一过程中，原来一些成功的矿业和能源领域投资并购案例，都演变成为风险损失所在。2015 年 6 月 7 日，攀钢钒钛公告拟将其持有的鞍钢集团香港控股有限公司（下称鞍钢香港）、鞍钢集团投资（澳大利亚）有限公司（下称鞍澳公司）的全部股权转让给鞍钢集团矿业公司（下称鞍钢矿业），交易价格将以资产评估机构评估价为依据确定。很可能是为了甩掉正在"大出血"的包袱，即澳大利亚卡拉拉矿业有限公司（下称卡拉拉）。卡拉拉主要从事铁矿项目的勘探和开发业务，其矿区位于西澳大利亚州中西部地区，已探明的磁铁矿资源储量为 25.18 亿吨。攀钢钒钛控股股东鞍钢集团从 2007 年起通过鞍澳公司，与金达必金属有限公司（下称金达必）共同开发卡拉拉铁矿项目。然而，卡拉拉铁矿项目进展得并不顺利。2013 年，卡拉拉尚盈利 2.28 亿元，然而自 2014 年以来矿价持续低迷，卡拉拉因计提减值准备亏损 45.65 亿元，2015 年第一季度继续亏损 1.29 亿元。

2. 金融机构股权投资遭受的巨额损失。2012 年，中国海外收购的损失超过 2 000 亿元，主要体现在三个方面的投资上。

一是中投公司投资摩根士丹利和黑石集团的损失。2008年12月3日，中国2 000亿美元主权财富基金中投公司董事长楼继伟在香港表示，在投资摩根士丹利和黑石集团而损失60亿美元之后，海外金融机构已经不敢再投，而非金融产业公司还可以投资。

二是中国平安投资比利时富通集团的损失。中国平安2011年底和2012年初在二级市场购入约1.13亿股富通集团股票，2008年6月26日又参加闪电配售增持750万股，共计持有1.21亿股，合计成本为人民币238.38亿元。由于比利时富通集团爆发财务危机导致股价暴挫，手持富通股票的中国平安投资浮亏超过157亿元。平安由此宣布放弃收购富通集团的计划。

三是中国QDII基金海外投资损失。2011年9月中旬，中国首个股票型QDII南方基金全球精选火爆发行，当天被抢购一空，此后华夏、嘉实和上投摩根分别发行的QDII均受到内地投资者的追捧。一年后的QDII却出现巨额亏损。10只基金没有一只净值超过1元。规模最大的4只基金，浮亏分别为48.2%、62.7%、56.7%、47.4%。

海外金融资产收购和投资出现如此巨大的风险，原因在于不熟悉全球金融市场，尤其是不熟悉股票市场的周期性特点，而在高位并购，又恰好遇到了全球金融风暴爆发带来的影响。从理论上讲，中国平安的投资已成为损失，而中投公司的股权投资和QDII投资，只要被投资对象没有破产，都还有返本的可能。但对于这种视风险而如同不见的投资，的确是令人叹为观止。

3. 巨大的道德风险损失。在中国对外投资并购中，一些说不清道不明的投资项目，其实背后都或多或少存在着道德风险，或者是投资并购对象是近年在海外市场刚包装上市的企业，或者是投资并购的价格在某种人为安排下出现了超乎预期的高价收购，有的矿场甚至是一片废地，有的矿场和能源投资的价值显然不值中国公司付出的高价。

事实上，一些国有企业海外投资者利用境外串谋的方式做了不少类似的投资并购案例。由于国内对海外投资的前期和后期监管缺乏，导致投资并购后的目标资产价值大幅缩水或者甚至没有价值。与周永康案相关的中石油在印度尼西亚的两起收购案就是如此：中石油2009年宣布收购东爪哇的马杜拉油气开发项目80%的股权，收购价格为1.2亿美元。一名2014年到访过印度尼西亚的中国石油行业资深人士说，还不知道这处油田是否真的蕴藏油气资源。根据2013年被披露的转账信息，中石油下属的大庆油田支付8 500万美元购得在里迈的3个油气开发点，但事实证明，当地油气资源早已消耗殆尽。和20世纪60年代相比，产量不足原来的3%。当中石油大庆公司宣布这一购买计划时，对外界却没有公布多少相关的买卖细节。

4. 巨额的国别风险损失。政治风险也是海外投资必须考虑到的。由于中国海外矿业投资大多位于发达国家或一些深受发达国家价值观影响的地区，中国企业较大规模的海外收购经常受到发达国家在舆论和政治上的恶评，因此政治风险是中国企业投资海外大型资源项目所面临的主要系统性风险。如加拿大，虽然这是一个社会制度稳定、法律法规健全透明、政府职责清晰的国家，但依然存在一定的政治风险。2012年中海油斥资151亿美元收购加拿大尼克森公司，过程中遇到的困难正是"加拿大投资法"的修改和政府态度的摇摆。此后，加拿大对外国国有企业赴加投资的态度也发生了转变，造成了中国企业赴加投资热情的降温。

同时必须考虑疾病和战争等风险。让人闻之丧胆的埃博拉疫情大规模地摧毁了西非的矿业生产。相关媒体报道称，这个全球矿业经济曾经很有前途的前沿地带，现在布满了进度陷入停滞的矿业项目。埃博拉疫情的爆发阻吓了大量船舶和飞机，外国人纷纷放弃了在当地的投资，在疫情最严重的几内亚、利比里亚和塞拉利昂等国，成千上万的本地人丧失了就业机会。

事实上，中国过去对利比亚、伊拉克和苏丹（现在的南苏丹）的巨额投资都已经成为损失，一些也面临着较大的风险。

5. 不熟悉文化和社会责任导致的风险损失。对投资地的本土文化缺乏了解以及与土著居民的关系处理不当，也是很多项目失败的重要原因。很多中国企业在海外遇到了原住民、工会组织、环保人士和社会公众等对投资行为和企业运营的干扰。2014 年初，南非矿工罢工要求加薪给全球铂金三巨头造成了严重的损失；9 月份，全球最大铜矿——智利埃斯孔迪达铜矿将近 2 800 名矿工开始了 24 小时"警告性"罢工，要求企业提供更好的工作环境。因此，企业在投资初期需要与利益相关方达成协议，明确双方的权利和责任。

6. 高溢价并购的风险损失。为了实现在海外并购竞标成功的目标，中国企业特别是国企在交易中，所报出的价格远远高出目标公司市场价值的正常水平，业内人士称之为"中国溢价"。根据美国哥伦比亚大学 2012 年的研究报告，2008 年"中国溢价"的平均值仅为10%，到 2011 年，平均值跃升至近 50%。在 2012 年能源方面的并购案例中，三峡集团收购葡电集团的报价相当于葡电股份当日股市收盘价加 53.6% 的溢价。中海油对尼克森的要约收购价较尼克森的股价溢价 61%，更是创造了"中国溢价"2012 年的记录。付出"中国溢价"的常常是中国的国有企业。这常常是中国企业没能有效地把握并购时机，或者并购手段不当或追求过高控股权的结果。高溢价的结果常常是中国企业赢了面子，输了里子。

更为要命的是，高溢价尚不能保证海外并购的成功。2005 年中海油试图并购优尼科（Unocal）、2009 年中海油竞标高庚（Gorgon）、2009 年中铝试图并购力拓（Rio Tinto）案例中尽管中国溢价都很高，但均以失败告终。这说明仅仅财大气粗式的高溢价收购既不能保证股权投资者的利益，常常造成不必要的损失，也不能为国际市场所接受，核心在于未能设立市场公认的目标和后续融合的经营管理方式，缺乏对国际市场规则的运用和把握。

（四）中国国际投资可能因美元升值和美联储加息面临较大损失

随着美元升值和美联储加息，中国国际投资将面临着较大规模的汇兑损失和利率损失。从 2004 年到 2013 年，中国国际投资资产规模从 9 291 亿美元上升至 5.94 万亿美元，负债规模从 6 527 亿美元上升至 3.97 万亿美元，净资产从 2 764 亿美元上升至 1.97 万亿美元。从2004 年到 2013 年，中国国际投资资产中，我国对外直接投资规模从 527 亿美元上升至 6 091亿美元；证券投资（不含外汇储备）中股本投资从无上升至 1 530 亿美元，债券投资从 902

亿美元上升至 1 055 亿美元；其他投资从 1 658 亿美元上升至 1.19 万亿美元，其中贸易信贷从 432 亿美元上升至 3 990 亿美元，贷款从 590 亿美元上升至 3 089 亿美元，货币和存款从 553 亿美元上升至 3 772 亿美元，其他资产从 83 亿美元上升至 1 038 亿美元（见表 3）。但是，和 2013 年末达 3.82 万亿美元、2014 年 6 月末近 4 万亿美元的外汇储备一样，中国国际投资资产的币种结构却是不清楚的。

表 3　　　　　　　　　　2004—2013 年年末中国国际投资头寸表　　　　　　　　单位：亿美元

年份	2004	2005	2006	2007	2008	2009	2010	2011	2012	2013
净资产	2 764	4 077	6 402	11 881	14 938	14 905	16 880	16 884	18 665	19 716
A. 资产	9 291	12 233	16 905	24 162	29 567	34 369	41 189	47 345	52 132	59 368
1. 我国对外直接投资	527	645	906	1 160	1 857	2 458	3 172	4 248	5 319	6 091
2. 证券投资	920	1 167	2 652	2 846	2 525	2 428	2 571	2 044	2 406	2 585
2.1 股本证券	0	0	15	196	214	546	630	864	1 298	1 530
2.2 债务证券	920	1 167	2 637	2 650	2 311	1 882	1 941	1 180	1108	1 055
3. 其他投资	1 658	2 164	2 539	4 683	5 523	4 952	6 304	8 495	10 527	11 888
3.1 贸易信贷	432	661	922	1 160	1 102	1 444	2 060	2 769	3 387	3 990
3.2 贷款	590	719	670	888	1 071	974	1 174	2 232	2 778	3 089
3.3 货币和存款	553	675	736	1 380	1 529	1 310	2 051	2 942	3 906	3 772
3.4 其他资产	83	109	210	1 255	1 821	1 224	1 018	552	457	1 038
4. 储备资产	6 186	8 257	10 808	15 473	19 662	24 532	29142	32 558	33 879	38 804
4.1 外汇	6 099	8 189	10 663	15 282	19 460	23 992	28 473	31 811	33 116	38 213
B. 负债	6 527	8 156	10 503	12 281	14 629	19 464	24 308	30 461	33 467	39 652
1. 外国来华直接投资	3 690	4 715	6 144	7 037	9 155	13 148	15 696	19 069	20 680	23 475
2. 证券投资	566	766	1 207	1 466	1 677	1 900	2 239	2 485	3 361	3 868
2.1 股本证券	433	636	1 065	1 290	1 505	1 748	2 061	2 114	2 619	2 980
2.2 债务证券	133	130	142	176	172	152	178	371	742	889
3. 其他投资	2 271	2 675	3 152	3 778	3 796	4 416	6 373	8 907	9 426	12 309
3.1 贸易信贷	809	1 063	1 196	1 487	1 296	1 617	2 112	2 492	2 915	3 365
3.2 贷款	880	870	985	1 033	1 030	1 636	2 389	3 724	3 680	5 642
3.3 货币和存款	381	484	595	791	918	937	1 650	2 477	2 446	3 051
3.4 其他负债	200	257	377	467	552	227	222	214	384	252

资料来源：中国外汇管理局。

那么，如何权衡美国 QE 退出对中国境外权益的影响呢？最为核心的是要区分中国境外资产的币种结构。有学者通过 IMF 外汇储备的币种结构来推导中国的币种结构，应该说有一定的道理，尽管其中不包括中国外汇储备，也有 48% 的外汇储备无法区分。在 2014 年第一季度末，IMF 对 6.18 万亿美元中各币种资产的区分为：美元、欧元、英镑、日元、瑞士法郎、加拿大元、澳大利亚元和其他币种分别为 60.81%、24.33%、3.86%、3.93%、0.26%、1.87%、1.9% 和 3.03%。假定中国外汇储备资产币种也符合这种结构，包括中国组合投资的资产也符合这种结构，那么，基本可以得出中国目前包括外汇储备和组合投资的美元资产大约有 2.49 万亿美元，其他为 9 715 亿美元的非美元资产。2013 年末，中国对美国直接投资存量只有 171 亿美元，尽管对其他国家的投资都以美元为主，但基本上都兑换成当地货币投入了，故其他非美元直接投资存量约为 5 920 亿美元。中国其他投资都以美元为主，占比估计达 70% 左右。2013 年末，中国其他投资美元资产规模为 8 322 亿美元，非美元资产规模约为 3 566 亿美元。类似地，中国国际投资的负债币种结构也可以推导得出（见表 4）。

表 4 　　　　　　　　中国国际投资资产负债的币种结构 　　　　　单位：亿美元

	美元资产占比（%）	美元资产	非美元资产	小计
外汇储备	60.90	23 271.717	14 941.283	38 213
直接投资	2.81	171	5 920	6 091
组合投资	60.90	1 574.265	1 010.735	2 585
其他投资	70	8 322	3 566	11 888
小计		33 338.982	25 438.018	58 777
	美元负债占比（%）	美元负债	非美元负债	小计
直接投资	80	18 780	4 695	23 475
组合投资	60.90	2 355.612	1 512.388	3 868
其他投资	70	8 616.3	3 692.7	12 309
小计		29 751.912	9 900.088	39 652

资料来源：睿信国际。

以 2013 年末美元数据 80.2 为基数，假定美元升值 10%、20%、30%、40%、50% 和 60%，对美元资产、非美元资产，美元负债、非美元资产将会带来汇兑损益，通过综合加总，基本上得知，随着美元升值幅度加大，中国国际投资资产与负债将产生综合损失。当美元指数升值 10% 时，综合损失达 1 195 亿美元；当美元指数升值 30% 时，综合损失达 3 585 亿美元；当美元指数升值 40% 时，综合损失达 4 780 亿美元；当美元指数升值 50% 时，综合损失达 5 975 亿美元（见表 5）。当然，还可细算不同类别资产负债的汇兑损益。

表 5 　　　　　　　中国国际投资资产与负债因美元升值的汇兑损益 　　　　单位：亿美元

美元升值幅度（%）	美元指数	美元资产收益	非美元资产损失	美元负债损失	非美元负债收益	国际资产综合收益	国际负债综合收益	国际资产负债综合收益
0	80.2	0	0	0	0	0	0	0
10	88.22	3 333.9	− 2 543.8	− 2 975.2	990	790.1	− 1 985.2	− 1 195.1
20	96.24	6 667.8	− 5 087.6	− 5 950.4	1 980	1 580.2	− 3 970.4	− 2 390.2
30	104.26	10 001.7	− 7 631.4	− 8 925.6	2 970	2 370.3	− 5 955.5	− 3 585.3
40	112.28	13 335.6	− 10 175.2	− 11 900.8	3 960	3 160.4	− 7 940.7	− 4 780.3
50%	120.3	16 669.5	− 12 719	− 14 876	4 950	3 950.5	− 9 925.9	− 5 975.4
60	128.32	20 003.4	− 15 262.8	− 17 851.1	5 940.1	4 740.6	−11911.1	− 7 170.5

注：美元指数 2013 年底为 80.2。

资料来源：睿信国际。

　　此外，还可根据美元资产中债券与非债券的结构，计算出美国债券收益率上升不同程度导致的利率损失。假定美元资产中债券占比 75%，则达 2.5 万亿美元。假定美联储基准利率提升 1%，债券损失 0.5%。那么，当美联储基准利率提升 1% 时，债券损失将达 125 亿美元，当美联储基准利率上升 5% 时，损失将达 625 亿美元（见表 6）。同时，美元负债成本也将随着利率的上升而增加。

表6　　　　　　　　　　　联邦基金利率上升带来的美元债券损失推测

联邦基金利率上升幅度（%）	债券损失程度（%）	美元债券的损失额（亿美元）
1	0.50	125.02
1.50	0.75	187.53
2	1.00	250.04
2.50	1.25	312.55
3	1.50	375.06
3.50	1.75	437.57
4	2.00	500.08
4.50	2.25	562.59
5	2.50	625.1
5.50	2.75	687.61
6	3.00	750.12

资料来源：睿信国际。

三、防范全球经营的风险

　　前面对中国企业对外贸易、对外工程承包和对外投资的风险损失情况进行的初步的分析，是从中国改革开放以来对外贸易、企业"走出去"的角度和中国国际投资整体角度进行的分析，基本上体现了当前企业海外经营的风险。

　　但是，随着中国全球经营时代的到来，中国企业海外经营的风险更加凸显，国家整体的国际投资风险也日益成为影响国际金融实力的重大问题。不管是海外贸易、对外工程承包、对外直接投资还是外汇储备管理，不管是企业、银行还是国家机构，都面临着各种各样的全球经营风险。具体来看，任何一种全球经营行为将面临的全球系统性风险、国别风险、市场风险和行业风险的影响，都需要我们加以防范。不过，机遇与风险本质上是同一枚硬币的两面：如果全球经营主体的能力强，可以将风险转化为机遇，如果全球经营主体的能力弱，可能将机遇浪费为风险。这对于企业和政府都不例外！因此，企业和政府不仅要防范全球经营的风险，更重要的是构建全球经营能力，掌控全球机遇与风险！

　　（一）中国企业海外贸易的风险与应对

　　全球系统性风险上升，将对海外贸易带来以下几个方面的影响：一是需求下降，出口贸易大幅收缩。二是信用风险上升，违约或应收账款大幅上升。三是特殊行业产品可能没有销路。四是受竞争加剧影响，价格大幅下跌。例如，全球金融危机爆发后，全球贸易大幅萎缩，中国海外贸易虽然保持了一定的增速，但整体仍然较为困难。尤其是与受到全球金融风暴影响较重的欧美发达国家，后来深受欧债危机影响的欧洲五国的贸易影响较大。

随着地缘政治冲突加剧，如北非中东地区的颜色革命，后来发生在利比亚、叙利亚的战乱，之前在伊拉克、阿富汗发生的战争，以及俄乌冲突加剧导致的冲突。此外，还有一些国家因为内部政治冲突出现的动乱或政权更迭，或者因为经济发展不振导致的违约或资源的国有化，或者是货币贬值和加强外汇管制等。这两类国别风险对于企业海外贸易具有特别的影响，尤其是与那些出现风险的国家进行贸易时风险将显著上升，有时常常集中体现为汇率贬值风险和违约风险，许多时候不得不中断与这些国家的贸易，或者利用银行相关工具来规避风险。

行业风险与市场风险多与贸易商品的价格和交易货币的汇率走势相关，也常常与自身国家货币汇率走势相关。如果该行业商品价格大幅下跌，如钢材和煤炭的出口，常常会导致出口商利润的大幅下降，对于进口商非常有利，但如果终端产品需求下降和价格下跌，如铁矿石的贸易因钢材价格大幅下跌而出现极大的风险。对于中国海外贸易商而言，签订合同的货币非常关键，一般的规则是出口应签升值趋势的货币，进口应签贬值趋势的货币。如果没有注意汇率变化的风险，有时商业利润常常会被汇率风险损失冲销。

当然，对于海外贸易而言，关税与技术等贸易壁垒的影响非常巨大。恶意竞争会带来较大的损失，一些反倾销调查也会带来较大的损失。

因此，企业熟悉国际规则非常重要，企业熟悉系统性风险、国别风险、行业风险和市场风险等的防范方式也同样重要。为防范对外贸易风险，企业在对外贸易中可以对不同的国家进行恰当的经营组合，企业也可加大海外投资建厂规避关税壁垒等风险，当然也可依靠专业的服务机构利用相应的金融工具帮助对冲或锁定风险。当不可预测的风险真正来临时，争取政府的直接介入，或者是专业的服务机构介入，以恰当的方式化解海外贸易中的风险非常重要。

（二）中国对外工程承包的风险与应对

中国对外工程承包是中国企业"走出去"的重要组成部分，其重要特点是在亚非拉三个区域为主，近年来北美和欧洲的项目也有所上升。从2011年的数据来看，中国对外工程承包的合同数和合同金额中，亚非拉都占了总量的90%以上。

在中国对外工程承包的蓬勃发展中，首先，最为核心的就是国别风险，尤其是政治风险和违约风险。其次，是汇率风险。再次，是中资企业之间的恶意竞争风险。最后，对外工程承包向投资经营转化过程中，融资难的风险正在日益上升。

对外工程承包企业，防范风险有以下五方面的建议：一是项目的工程质量必须保证，这既是企业自身和中国企业在外的品牌形象，也是自身能获取收入的前提，这是立根之基。二是项目除了市场效益和行业分析外，国别风险的评估和组合非常关键，根据一些国家的安全情况要有必要的安全费用支出预算。三是关注商业合同及配套合同和融资合同的细节，关注合同的支付货币和相应货币汇率可能的变化趋势，采取必要手段锁定或对冲风险。四是国家应该采取措施防范中资企业的恶意竞争和恶意压价，要促进中资企业抱团出海。五是国家应该大力促进金融企业与对外工程承包企业的对接，设立融资担保基金也是必要的举措。

更为重要的是，国际工程项目近年来有向公私合营模式（PPP）和投资经营方向转化的大趋势。因此，中国对外工程承包企业，不能满足于当前的工程总包（EPC）的角色，而应积极向国际PPP转型，由EPC模式向建设—经营—转让模式（BOT模式）转型。这是企业未来生存和发展的关键！

（三）中国对外直接投资的风险与应对

中国对外直接投资，尤其是海外并购正在日益成为企业"走出去"的重要手段。但正如前面所分析的那样，不管是系统性风险，还是国别风险，还是行业风险和市场风险等，都会给对外直接投资带来较大的风险损失，未来全球经营的风险只会加剧而不会减轻。

全球系统性风险给了中资企业全球抄底的机会，同时，全球系统性风险的持续，也可能给中资企业的抄底带来较大的风险。如前面提到的矿业和能源的并购就是非常明显的例子。

企业的全球投资和经营使国别风险的出现成为必然。企业在全球投资和经营中，做好国别风险的识别和组合管理工作，以及国别风险的预警工作，是非常重要的。

对于不同行业的企业而言，尤其是经营大宗商品投资的企业而言，其最大的风险是大宗商品价格波动的风险。当大宗商品价格大幅下跌时，许多大宗商品股权投资项目将产生巨额亏损。

此外，对于海外直接投资企业而言，汇率的波动和金融市场价格的波动，也会带来直接的风险。而一些企业将金融市场风险防范搞成金融市场投机，更是会成倍放大自己的风险。

当然，企业应从以下几个方面应对海外直接投资中面临的风险：一是企业要不断提升自己全球投资和经营的能力，对海外直接投资有严格的决策流程和经营管理策略；二是企业也要充分识别全球风险，尤其要充分了解各种各样的风险预警指标；三是企业应该融入国际社会，遵守当地法律法规，尊重当地文化，履行社会责任，承担起中国企业全球经营品牌建设的重任；四是政府要在加强监管的同时，加强境外直接投资的监管，防范各种道德风险。

（四）中国国际投资的风险与应对

国际投资包括资产和负债两个方面，资产包括直接投资、证券投资、其他投资（贸易融资和银行信贷等）和外汇储备，负债包括前面三项。中国要防范国际投资的风险，并不仅仅是防范国际投资资产的损失，还要防范国际投资资产与负债不匹配可能带来的损失。当然，每个领域、每个企业和每个管理主体的经营都十分重要。

国际投资的资产与负债面临着汇率风险、利率风险、市场价格波动风险和信用风险的影响，汇率风险会影响到国际投资的每个方面。证券投资中的债券投资深受信用风险和利率风险的影响，股票和股权投资深受股票市场价格波动的影响，其他投资中的贸易融资和银行信贷都深受利率风险和信用风险的影响，而外汇储备管理深受各种市场风险的影响，中国外汇储备管理主要投资于发达国家的国债，并有一部分委托商业银行和政策性银行进行委托贷款，一部分用于新的投资基金和政策性金融机构股权投资。发达国家国债可能出现的违约（如欧猪五国）、发达国家国债价格大幅下挫、发达国家机构债券的大幅下挫等，都会给外汇储备管理带来重大影响。与国际投资相关的两类主体，二是归属于证券投资的 QDII，一是归属于直接投资和证券投资的主权财富基金，也都深受市场价格波动等风险的影响。

外汇储备管理看重的是外汇的流动性和资产的保值增值，而不是短期收益的最大化，因此，其所持有的资产常常都是风险相对较低的国债资产。外汇储备管理的核心可能更多的是外汇储备资产在不同币种资产上的平衡。

中投这一主权财富基金，其更看重的是资产的长期安全和投资收益，较外汇储备管理更看重资产的收益，但较一般金融机构的对外投资更看重风险。

中国目前对外证券投资的 QDII，账面损失巨大，关键在于建仓的时机不对。因此，中国未来 QDII 的管理，是中国居民全球财富配置的重要渠道，需要把握合适的建仓时机，并且有良好的产品对冲和汇率对冲。

四、掌控全球经营的机遇与风险

尽管企业是海外贸易投资和工程承包的主体，金融机构同样如此。但是，在全球化经营的时代，政府为提升企业和金融机构的全球化经营能力，不断提升自身在国际贸易和国际投资领域的影响力，提升人民币国际化水平和资本账户自由兑换水平，政府也成为全球经营的核心主体，具有日益重要的宏观战略指导作用，其顶层设计和自身全球经营能力的提升，对于中国企业的全球经营十分关键。当然，在全球化经营的时代，海外风险与机遇不能割裂，全球的机遇与风险相互转化。全球化经营的实质，就是各个主体对全球机遇与风险的有效掌控，政府在企业的全球经营中必须发挥恰当的支持作用，企业也必须不断提升自己的全球经营能力。

（一）加强政府支持企业全球经营的顶层设计

加强对企业全球经营的顶层设计，是有效贯彻国家资源能源战略、提升企业国际竞争能力、降低内耗的根本之道。目前可以考虑以下一些方面：

第一，考虑在国务院下成立政府推动企业和银行业全球经营和提升国际化水平、防范海外风险的全球经营促进办公室，规范和简化境外投资审批流程，推动相应法律法规和机制的完善，对战略性投资进行宏观管理和统一规划。当前的重点可放在银行业和境外能源资源行业上。

第二，对于海外战略性投资，引用"优惠"金融和税收政策，降低企业对外投资的顾虑，更为有效地鼓励我国企业对外投资获取资源，以促进国家战略性资源储备和安全。鼓励银行对优质"走出去"海外投资项目提供金融支持，银行进行专项授信不占用资本金、贷存比指标；建立激励性的税收政策，降低企业的税赋，提高企业的国际竞争力，例如对海外投资企业特别是中小企业给予一定期限的减免税优惠，对于海外投资带动设备、原材料和中间产品出口的给予免征关税，对于海外资源收购企业运回国的矿产资源实行关税减免等。

第三，建议国家有关部门大力推动双边、多边合作，签订双边、多边投资促进与保护协定，保护我国在境外投资企业的利益，为我国企业"走出去"和全球经营创造较好的宏观环境。

第四，利用政策和市场化手段相结合的方式，不断完善风险保障机制。政府应建立健全对企业海外投资的风险保障机制，进一步完善相关的风险评估与保障体系，鼓励相关保险机构加大对海外并购的中国企业提供风险保障的力度。除要充分发挥中信保的作用外，对于企业"走出去"和全球经营，政府应推动企业产能集群"走出去"的海外园区建设，还应有效地盘活境外资产，设立境外资产抵、质押担保基金，为企业海外融资和银行提供融资提供有效的风险缓释服务。

第五，建立企业使用外汇储备资金的通道。利用国家外汇储备资金支持能源企业获取海外优质资产，在锁定宝贵资源的同时实现外汇储备资金的保值增值。外汇储备资金用于能源企业"走出去"的通道建议包括：一是国家政策性银行或商业银行以优惠利率贷款对能源企业的委托贷款；二是战略性资源企业可以通过直接向中投公司发放定向企业债，以优惠票面值募得外汇资金；三是国家拿出部分外汇储备设立海外能源投资基金，对能源企业提供股权性融资安排；四是争取国务院批准，获得外汇注资；五是由国家外汇管理局使用外汇储备资金，按照同期美国国债收益率加收一定基点委托政策性银行，如国开行转投资给能源企业，银行收取一定手续费。

第六，建立配套的指标考核体系。国资委将海外经营投资情况纳入企业有关业绩考核指标，在企业考核中关注海外经营指标，鼓励企业走出去，树立"走出去"典型，培育试点。

第七，完善中介服务体系。我国应大力发展为海外并购和投资服务的中介机构组织，尤其要尽快建立在国际上具有一定声誉的、高水平的中介机构组织。应积极培育金融、法律、会计、咨询等市场中介组织，为中国企业的海外业务提供规范的中介服务。

（二）持续培育企业"国际化"经营能力

多年海外探索的成败得失，已为我国企业今后的发展做了方向引导。

第一，"走出去"企业要练好内功，提高自身对国际规则与管理的了解与适应，提高风险识别能力与防范意识，在每一个具体项目中做好充分的前期调研。具体来说，这些调研应包括对东道国投资政策、政治风险、经济风险、市场风险、技术适用性和文化差异等进行深入、细致的分析和比较。在进入国际市场初期实力尚不雄厚的情况下，要扬长避短，集中力量做好自身最具优势的业务，力争"专而精"，当发展到一定规模后再考虑进入新的领域。

第二，在风险防范方面，要建立完善的风险评估体系和科学的内部投资决策程序，尤其要建立海外投资风险的预警机制和突发事件的应对机制。在熟悉和运用国际规则方面，要加强对国际化经营管理人才的引进和培训，注重对当地管理人员的选拔和任用，提高跨文化管理水平，促进企业文化与当地文化的融合。此外，要增强自主创新能力，加大在标准、专利等方面的投入，重视对知识产权的积累和保护，这是企业提高核心竞争力并能在国际市场上扎根的根本所在。

第三，采取灵活的投资策略，淡化国有色彩。特别是对于资源类等敏感性行业，应避免以大型国有企业直接作为投资主体，最大限度地降低外国政府和企业对于中国政府可能施加影响力的担忧。可以根据国际规则和东道国的实际情况，灵活运用多种策略，创新对外投资合作方式。例如可以考虑以间接投资为主，可以不控股，至少在相当一段时间内不控股，从而尽可能减少阻力，可以考虑与外国跨国公司联合"走出去"。从长远看，还应加大对民营企业的培育与扶持力度，培养中国企业"走出去"的后续生力军，为更长久的国际布局奠定基础。

第四，国际化经营更是"走出去"的高级阶段。也就是说，不仅是直接投资并购，并购后如何整合和经营，和国内业务如何融合，经营管理团队如何建设，未来若干年的风险点在哪里以及如何应对，都应该有相应的系统预案。

（三）以顶层设计完善企业跨国经营的金融支持体系

第一，进一步放宽企业和金融机构跨国经营的外汇管制。一是放宽母公司向境外子公司放款的资格条件限制，为股东向境外子公司贷款提供便利。在审批程序上，可根据境外公司的经营规模，给其国内母公司核定一定的外汇额度，由银行在额度内直接办理资金汇兑，不再设置其他门槛。二是改进和完善境外投资外汇管理，健全境外投资项下跨境资金流出入的统计监测和预警机制。三是适当放松对企业和金融机构的控制。一方面，积极慎重地探索国内资本市场与国际资本市场的对接，逐步提高国内资本市场的国际化程度；另一方面，赋予适合条件的跨国经营企业以必要的海外融资权，开拓国际化融资渠道，并由国家给予必要的担保，允许其通过发行股票和债券、成立基金等方式，在国际金融市场上直接融资。

第二，鼓励境内商业银行等金融机构为企业跨国经营提供全方位的金融服务。一是加快境内商业银行的国际化步伐。建议参照外资银行奉行以本国企业为主要目标客户群的"跟随客户"经验，鼓励商业银行在民营企业对外投资比较集中的区域，尤其是境外经贸合作区、工业园区所在地，设立支行或办事处，为"走出去"的民营企业提供本地化金融服务。二是建议境内银行进一步与国际接轨，丰富金融产品，为企业跨国经营提供必要的融资支持。三是修订《贷款通则》中禁止资本金贷款的限制，允许银行贷款给企业用于境外公司的资本金投入，特别是面对越来越多的民营企业境外并购，探讨为企业提供包括杠杆收购在内的并购贷款。四是探讨企业以境外资产、股权、矿业开采权、土地等做抵押，由境外银行出具保函，为境外企业在国内取得贷款提供担保的"外保内贷"的融资模式。

第三，加大政策性银行对企业跨国经营的支持力度。国家政策性银行是国家"走出去"战略的直接实施者，不能仅以效益为导向，应充分体现其政策性、战略性和在战略目标下承担的风险性。因此建议：一是研究政策性金融的立法问题，出台政策性银行法，将政策、风险、效益统一在实施国家战略上；二是进一步提高进出口银行等政策性金融支持企业跨国经营的能力，增加资本金，增强银行抗风险的能力；三是加快政策性银行在境外设置分支机构的速度，特别是在一些市场前景好、潜力大，中国企业开始进入投资，但金融资源匮乏，商业银行不愿意设点的欠发达国家和新兴市场国家；四是创新适应经济全球化的金融工具，可在政策性银行先行先试。

第四，建立对外产业投资基金，进行专业化投资。一是针对企业"走出去"过程中对股权融资的需求，充分利用国家充足的外汇储备，根据民营企业的特征，针对特定的区域（国家）、特定的市场，设立若干类似中非发展基金的股权投资基金，直接对企业境外投资的项目和公司进行股本投资，基金可以采取国家、企业、银行、专业投资机构相结合的股权设计，实行商业化操作。二是设立对外并购基金（VC 或 PE），专门通过股权并购，在国际上获取知识产权、品牌、市场份额和资源。

第五，大力推动各级政府建立境外融资担保基金。中国企业对外直接投资并不简单地是在海外设立一家子公司或分公司，也不仅仅集中在能源和资源领域，而且在技术和市场领域也逐渐多了起来。更为重要的是，近年来出现并不断发展的境外合作园区的模式，作为有效的产业集群走出去和跨境产能的转移模式正在逐步发挥着越来越重要的作用。在"一带一路"区域，境外合作园区数量也非常多，2015 年以来再度快速上升。在有效地推进这种发展模式的同时，"走出去"企业和园区企业拥有越来越多的海外资产，如何盘活境外资产，既为企业海外经营提供资金支持，也为提供资金支持的金融机构降低风险，利用境外资产设立抵、质押担保基金的思路，受到了高度重视。因此，各级融资担保基金的建设十分重要。

第六，向商业性保险公司和融资性担保基金开放出口信用保险业务和海外投资保险业务，推动融资担保基金、商业保险公司与中信保的竞争协作。建议向商业保险公司和融资性担保基金开放出口信用保险业务和海外投资保险业务，在业务品种上、区域上与中信保有所区别，既要体现政策性与商业性的不同，又要形成一种适度的竞争关系，以有利于提高我国出口信用保险和海外投资保险的经营管理水平，降低保险成本，扩大信用保险整体规模、提高企业投保的积极性。同时，要推动政策性保险的发展，中央财政拨付专项基金用于特定项目的保险，各级政府可以视情况对投保企业进行保费补贴，鼓励更多企业参保，同时企业也要强化风险意识，学会自我保护。融资担保基金和商业保险公司可以与中信保起到竞争促进作用。

（四）防范系统性金融风险，不断提升中国国际投资实力

我国政府部门在金融开放和对外投资中必须把握好节奏，以系统性金融风险的防范为前提，不断提升国际投资实力。具体来说有四个方面：

第一，银行监管当局和货币政策当局应着重建立防范金融机构系统性风险的机制，尤其要重视国内市场的一体化，防范外资银行的恶性竞争，而放开一些不必要对外放贷的管制。

第二，货币政策当局应把握好利率市场化、人民币升值预期、人民币国际化和资本账户开放的节奏，为中国银行业的国内竞争和国际化创造良好的条件。

第三，证监会和公安部应加强对洗钱、地下钱庄、内外勾结恶意操纵市场行为的监管力度，建立资本市场被恶意做空的有效防范体系，防范资本市场的系统性风险。

第四，政府相关部门应该根据世贸组织的对等开放的原则，通过海外自贸区建设和投资合作协定等方式，创造有利于中国企业和中国银行业国际化发展的条件。

　　第五，逐渐开放境外货币市场和资本市场，引导外资机构和政府有序进入，扩大人民币资产的国际化地位，推动人民币国际化的进一步发展。

　　第六，监控全球风险对国际投资的影响，防范全球系统性风险对中国国际投资带来的冲击，把握全球系统性风险给中国提供的投资良机，不断提升国际投资实力。